浙江文化艺术发展基金资助项目
PROJECTS SUPPORTED BY ZHEJIANG CULTURE AND ARTS DEVELOPMENT FUND

正道前行

中国式现代化的重大原则

颜晓峰 主编　陶文昭 著

「中国式现代化研究」丛书

浙江人民出版社

图书在版编目（CIP）数据

正道前行：中国式现代化的重大原则 / 陶文昭著；颜晓峰主编． — 杭州：浙江人民出版社，2024.5
ISBN 978-7-213-11449-6

Ⅰ．①正… Ⅱ．①陶… ②颜… Ⅲ．①现代化建设-研究-中国 Ⅳ．①D616

中国国家版本馆CIP数据核字（2024）第076275号

正道前行
——中国式现代化的重大原则
陶文昭　著　　颜晓峰　主编

出版发行	浙江人民出版社（杭州市环城北路177号　邮编　310006）
	市场部电话：(0571)85061682　85176516
责任编辑	陶辰悦
助理编辑	王易天晓
责任校对	陈　春
责任印务	程　琳
封面设计	异一设计
电脑制版	杭州兴邦电子印务有限公司
印　　刷	浙江新华数码印务有限公司
开　　本	710毫米×1000毫米　1/16
印　　张	21
字　　数	256千字
版　　次	2024年5月第1版
印　　次	2024年5月第1次印刷
书　　号	ISBN 978-7-213-11449-6
定　　价	58.00元

如发现印装质量问题，影响阅读，请与市场部联系调换。

目　录

导　言 ……………………………………………001

第一章　中国式现代化重大原则的战略地位…………021

前进道路上必须牢牢把握中国式现代化"五个坚持"的重大原则，重大原则是中国式现代化理论体系的重要组成部分，澄明了全面建设社会主义现代化国家的目标规定，凸显了风云变幻的国内外形势的现实要求。

第一节　中国式现代化重大原则的理论地位　/ 023
第二节　中国式现代化的任务所决定的　/ 036
第三节　中国式现代化面临的形势所要求的　/ 048

第二章　坚持和加强党的全面领导………………………063

坚持和加强党的全面领导是中国式现代化重大原则之首。中国共产党的领导决定了中国式现代化作为社会主义现代化的根本性质，确保中国式现代化沿着正确方向行稳致远，集聚推进中国式现代化的磅礴力量。

第一节　党的领导决定中国式现代化根本性质　/ 065

第二节　党的领导确保中国式现代化行稳致远　/ 080

第三节　党的领导凝聚中国式现代化磅礴力量　/ 095

第三章　坚持中国特色社会主义道路……………………113

中国特色社会主义道路是党和人民历经千辛万苦、克服千难万险取得的宝贵成果。无论遇到什么风浪，在坚持中国特色社会主义道路这个根本问题上都要一以贯之。随着新时代坚持和发展中国特色社会主义的伟大实践不断向前，我们的道路必将越走越宽广。

第一节　坚持"一个中心、两个基本点"　/ 115

第二节　坚持独立自主、自力更生　/ 124

第三节　坚持道不变、志不改　/ 136

第四章　坚持以人民为中心的发展思想…………………157

人民立场是中国共产党的根本政治立场，是马克思主义政党区别于其他政党的显著标志。百余年来，中国共产党始终坚持发展为了人民、依靠人民和惠泽人民，为团结带领中国人民全面建设社会主义现代化国家迈出坚实步伐。

第一节　民心是最大的政治　/ 159

第二节　不断实现发展依靠人民　/ 172

第三节　不断实现发展成果由人民共享　/ 184

第五章　坚持深化改革开放·····199

坚持深化改革开放作为中国式现代化在未来发展前进过程中的重大原则之一，将不断在实践中展现提升我国政治、经济、文化、社会、生态文明等各项事业建设效能的潜力，展现壮大我国国际地位和国际影响力的潜力，展现彰显中国特色社会主义制度优势的潜力，推动社会主义现代化建设取得新的更大的成就。

第一节　深入推进改革创新　/ 201
第二节　坚定不移扩大对外开放　/ 217
第三节　不断完善各领域体制机制，推动国家治理
　　　　现代化　/ 230

第六章　坚持发扬斗争精神·····247

敢于斗争、敢于胜利，是中国共产党不可战胜的强大精神力量。我们党诞生于国家内忧外患、民族危难之时，一出生就铭刻着斗争的烙印，一路走来就是在斗争中求得生存、获得发展、赢得胜利。

第一节　坚定斗争意志　/ 249
第二节　统筹发展与安全　/ 263
第三节　依靠顽强斗争打开事业发展新天地　/ 276

第七章　切实贯彻中国式现代化的重大原则·····291

要守好中国式现代化的本和源、根和魂，毫不动摇坚持中国

式现代化的中国特色、本质要求、重大原则，确保中国式现代化的正确方向。

第一节　系统把握中国式现代化的重大原则　/ 293

第二节　在总体布局中贯彻落实中国式现代化的重大原则　/ 303

主要参考文献 …………………………………………………323

后　记 …………………………………………………………329

导 言

实现中华民族伟大复兴，是中华民族的最高利益和根本利益，是中国共产党矢志不渝的奋斗目标。一百多年来，中国共产党团结带领中国人民进行的一切奋斗、一切牺牲、一切创造，归结起来就是一个主题：实现中华民族伟大复兴。党的二十大报告明确提出：从现在起，中国共产党的中心任务就是团结带领全国各族人民全面建成社会主义现代化强国、实现第二个百年奋斗目标，以中国式现代化全面推进中华民族伟大复兴。

一、中国式现代化何以可能

"中国式现代化"的命题，其本身就隐含着"他国式现代化"的存在。"中国式现代化"与"他国式现代化"的平行、并列，则意味着世界上的现代化不是单一模式，而是多模式的。逻辑上，如果世界上只有一种模式现代化，那么就不存在中国式现代化；只有世界现代化存在多种模式，中国式现代化才可能成立。关于世界现代化的模式，习近平指出，"世界上既不存在定于一尊的现代化模式，也不存在放之四海而皆准的现代化标准"①，这两个鲜明地"不"表明了中国立场。

世界现代化的多模式论，符合马克思主义基本原理。基于唯物辩证法看世界现代化：第一，社会是不断发展进步的，生产力推动每一个社会都要朝着现代化发展、经历现代化阶段。第二，实现现代化不限于一条道路，不同国家道路有所不同。这正如"一切民族都将走向社会主义，这是不可避免的，但是一切民族的走法却不会完全一样"②。马克思指出："人们自己创造自己的历史，但是他们并不是随心所欲地创造，并不是在他们自己选定的条件下创造，而是在直接碰到的、既定的、从过去承继下来的条件下创造"③。采取何种模式的现代化道路，与一个国家的历史文化、地理环境、社会发展等各方面有着内在关系。

世界现代化的多模式论，契合世界现代化实践。现代化实质上也是一种文明模式。从历史看，世界文明是多线发展的。古代就存在多种文明，各种文明发展道路各不相同。从当下看，世界文明依然是多样化的，姹紫嫣红、百花齐放。多线条的文明路线，多中心的文明发展，与现代化多模式是一致的。历史和现实表明，条条大路通罗马，各国都要实现现代化，而现代化进程不可能一模一样、不可能一成不变。

世界现代化的单一模式论，理论上是不成立的。单一模式论在认识上是机械的单线条的。它们人类社会和文化的进化是单线进化的。

---

① 《高举中国特色社会主义伟大旗帜　奋力谱写全面建设社会主义现代化国家崭新篇章》，载《人民日报》2022年7月28日。
② 《列宁选集》（第二卷），人民出版社2012年版，第777页。
③ 《马克思恩格斯选集》（第一卷），人民出版社2012年版，第669页。

由于欧洲民族发展较快，处于进化阶段上的最高阶段，世界上所有处于低、中级阶段的民族，都将沿着西欧民族所走过的道路向前发展。在现代化上，就是其他国家都要按照西方模式走现代化道路。由此来看，单一模式论、单线进化论与"欧洲中心论""西方中心论"是贯通的。这个论点在历史上站不住脚，在政治上更遭到发展中国家的驳斥。

世界现代化的单一模式论，实践上是失败的。现代化是当代人类历史发展的潮流，这似乎是普遍共识，但现代化有无目标之异、道路之别，则一直争论不休。实践是检验理论是否正确的标准，究竟现代化单一模式是否行得通，要看看当今遍及世界各地的现代化实践结果。从20世纪开始，不少发展中国家由于各种原因，照搬了西方现代化模式，成功者寥寥。有的不仅没有实现现代化，反而失去了发展自主性，落入了发展陷阱。实践表明，各种国家以一个模式推进现代化，此路不通。

世界上现代化国家，主要代表性包括：西欧的英国、法国、德国，北欧的瑞典，东欧的俄国，北美的美国、加拿大，亚洲的日本、韩国、新加坡，当然还有中国。这些国家比较有代表性、比较有影响力，它们之间或多或少存在着一定的差别，或浓或淡都带有一定的特色，也可以称之为以单个国家命名的模式，或以某一类国家命名的模式。比如瑞典，既可以称之为瑞典模式，也是斯堪的纳维亚模式的代表。

现代化从不同的维度，可以进行多种的模式分类。比如从历史分，有不同年代的现代化，19世纪的现代化、20世纪的现代化、21世纪的现代化，先发现代化、后发现代化。比如从技术分，有经典现代化，从农业经济向工业经济、从农业社会向工业社会转变；有新型现代化，从工业经济向信息经济、从工业社会向信息社会转变。而发展中国家往往既要实现工业化，又要追赶信息化。比如从自主性分，有内生主导型现代化、外向依附型现代化。西方老牌国家是内生主导型现代化。发展中国家很多是外向依附型现代化，它们是被迫纳入世界体系、被动卷入世界现代化潮流。20世纪中后期一些学者用"中心—外围"理论分析世界资本主义体系，"外围"国家为"中心"国家所支配，依附地位决定其难以实现真正独立的现代化。

现代化模式分类中，更具有本质性的分类是社会制度分类：资本主义现代化、社会主义现代化。历史上现代化首先是资本主义的产物，老牌资本主义国家率先走上现代化道路。马克思主义认为，社会主义必然代替资本主义，社会主义是比资本主义更高级的社会形态。国际共产主义运动中，一些相对落后的还未实现现代化的国家，跨越卡夫丁峡谷走上社会主义道路，它们在社会主义制度下去完成现代化任务。这是历史上从未有过的现代化，也是一种更高社会形态的现代化。

中国式现代化这种以国家命名的现代化，是一种综合性模式，具有丰富的内涵。要从现代化各种坐标中，厘定中国现代化。中国是社会主义国家，既坚持科学社会主义基本原则，又具有鲜明的中国特色。中国式现代化在制度维度是社会主义现代化，不同世界上主要国家的资本主义现代化。中国现代化从经济文化比较落后起步，现代化过程中工业化和信息化并举，是一种后发的现代化。但中国坚持走独立自主道路，不同于许多发展中国家，不是依附性现代化。中国实行社会主义市场经济，在政府与市场关系上具有独创性，这也是不同于其他国家的重要之处。

二、中国式现代化何以形成

可能性不等于现实性。可能要变为现实，既需要客观条件，也需要主观努力。现代化多模式使得中国式现代化具有可能，而中国式现代化能否最终形成、特色是否鲜明，则要深入分析中国的独有国情和中国共产党的自觉努力。

中国独特国情是中国式现代化的客观基础。国情指国家的基本情况和特点，包括许多方面。与现代化关联的重要方面有：一是历史国情。现代化就是在传统的基础上因应现代发展而不断革新。尽管传统与现代之间并非简单的线性延展，但两者之间确有内在的传承，现代中不能不有传统的基因。总体说来，一个国家历史传统越深厚、越丰富，现代化也就越特殊、越多彩。中华民族"走过了不同于世界其他文明体的发展历程"[①]，有着悠久的发展历史，有着绵延不绝的文明脉络，有着独特的价值诉求，有着讲仁爱、重民本、守诚信、崇正义、尚和合、求大同的精神特质和发展形态，等等。这与世界上许多国家不同，与美国这样只有短暂历史的国家更不同。中华民族深厚的历史文化积淀，是中国式现代化的历史根基。二是自然国情。中国是世界上幅员最为广大的国家之一，自然地理环境复杂独特。世界上许多国家只有中国省一级甚至更小的规模，地理上单一的平原国家，岛国或半岛国家，乃至很小的城市国家。超大国家现代化是巨大的量变，而量变之中包含着质变。中国这样世界上地理环境最为复杂、人口最为众多的国家实现现代化，既是前所未有的，也不能不是独特

[①] 习近平：《把中国文明历史研究引向深入增强历史自觉坚定文化自信》，载《求是》2022年第14期。

的。三是发展国情。近代中国属于半殖民地半封建社会，经济文化相对落后，而且发展很不平衡。中国社会主义现代化在这样的基础上起步，"这就决定了我们必须经历一个很长的初级阶段，去实现别的许多国家在资本主义条件下实现的工业化和生产的商品化、社会化、现代化"①。当然，中国的发展国情也是不断发展的，中国现代化分阶段逐步推进。中国特色社会主义进入新时代，我国经济实力、科技实力、国防实力、综合国力进入世界前列，社会主要矛盾已经转化为人民日益增长的美好生活需要和不平衡不充分的发展之间的矛盾，全面建设社会主义现代化国家有了新的台阶。

中国共产党的自觉努力是中国式现代化的主观前提。独特的现代化模式不可能自发形成，都是基于客观实际进行主观努力、主动形塑的结果。中国共产党的这种主观努力可从两个层面看。一是坚持走自己的路。这是指独立自主走革命、建设道路。"走自己的路，是党的全部理论和实践立足点，更是党百年奋斗得出的历史结论"②；"中国共产党坚持一切从实际出发，带领中国人民探索出中国特色社会主义道路。历史和实践已经并将进一步证明，这条道路，不仅走得对、走得通，而且也一定能够走得稳、走得好"③。很显然，独立自主的精神是中国式现代化的精神指引。中国道路、中国特色社会主义，是比中国式现代化层次更高的范畴。没有中国特色社会主义，当然也就没有中国式现代化。邓小平指出："过去搞民主革命，要适合中国情况，走毛泽东同志开辟的农村包围城市的道路。现在搞建设，也要适

---

① 《改革开放三十年重要文献选编》（上），人民出版社2008年版，第474页。

② 《习近平谈治国理政》（第四卷），外文出版社2022年版，第10页。

③ 《习近平谈治国理政》（第四卷），外文出版社2022年版，第427页。

合中国情况，走出一条中国式的现代化道路"[1]。二是坚持从实际出发。"我们的现代化建设，必须从中国的实际出发"[2]；"历史条件的多样性，决定了各国选择发展道路的多样性。人类历史上，没有一个民族、没有一个国家可以通过依赖外部力量、跟在他人后面亦步亦趋实现强大和振兴。那样做的结果，不是必然遭遇失败，就是必然成为他人的附庸"[3]。现代化是发展问题，"中国幅员辽阔、人口众多，要想发展振兴，最重要的就是立足国情、走自己的路"[4]。

中国式现代化是不断奋斗、持续探索出来的。在新民主主义革命时期，我们党团结带领人民，浴血奋战、百折不挠，经过北伐战争、土地革命战争、抗日战争、解放战争，推翻帝国主义、封建主义、官僚资本主义三座大山，建立了人民当家作主的中华人民共和国，实现了民族独立、人民解放，为实现现代化创造了根本社会条件。新中国成立后，我们党团结带领人民进行社会主义革命，消灭在中国延续几千年的封建制度，确立社会主义基本制度，实现了中华民族有史以来最为广泛而深刻的社会变革，建立起独立的比较完整的工业体系和国民经济体系，社会主义革命和建设取得了独创性理论成果和巨大成就，为现代化建设奠定根本政治前提和宝贵经验、理论准备、物质基础。改革开放和社会主义建设新时期，我们党作出把党和国家工作中心转移到经济建设上来、实行改革开放的历史性决策，大力推进实践基础上的理论创新、制度创新、文化创新以及其他各方面创新，实行社会主义市场经济体制，实现了从生产力相对落后的状况到经济总量

---

[1] 《邓小平文选》（第二卷），人民出版社1994年版，第163页。
[2] 《邓小平文选》（第三卷），人民出版社1993年版，第2页。
[3] 《习近平谈治国理政》（第一卷），外文出版社2017年版，第29页。
[4] 《习近平给"国际青年领袖对话"项目外籍青年代表回信》，载《人民日报》2021年8月12日。

跃居世界第二的历史性突破，实现了人民生活从温饱不足到总体小康、奔向全面小康的历史性跨越，为中国式现代化提供了充满新的活力的体制保证和快速发展的物质条件。

改革开放后，我们逐渐明确了中国式现代化概念。"我们党在现阶段的政治路线，概括地说，就是一心一意地搞四个现代化"①。1979年邓小平第一次提出"中国式的四个现代化"概念："我们定的目标是在本世纪末实现四个现代化。我们的概念与西方不同，我姑且用个新说法，叫做中国式的四个现代化"②。邓小平用"小康"来描述中国式的现代化："我们要实现的四个现代化，是中国式的四个现代化。我们的四个现代化的概念，不是像你们那样的现代化的概念，而是'小康之家'"③。现代化成了历次党代会的主题词，并且内涵日益丰富：诸如党的十三大"建设成为富强、民主、文明的社会主义现代化国家"，党的十七大"建设富强民主文明和谐的社会主义现代化国家"，党的十八大"建设富强民主文明和谐美丽的社会主义现代化国家"，从"三位一体"发展到"五位一体"。这一时期开创了中国特色社会主义道路，中国经济在快速增长中创造了世界奇迹，形成了充满新活力的社会主义市场经济体制，实现了人民生活从温饱不足到总体小康、奔向全面小康的历史性跨越，中国式现代化基本成型。

进入新时代新征程，习近平指出，"在新中国成立特别是改革开放以来的长期探索和实践基础上，经过党的十八大以来在理论和实践

---

① 《邓小平文选》（第二卷），人民出版社1994年版，第276页。

② 《邓小平年谱（1975—1997）》（上卷），中央文献出版社2004年版，第496页。

③ 《邓小平文选》（第二卷），人民出版社1994年版，第237页。

上的创新突破，我们成功推进和拓展了中国式现代化"①。中国式现代化的理论和制度体系日趋完善，物质基础更为坚实，对走中国式现代化道路更加自信。

一方面，在认识上更加深刻、更加自觉。这主要包括：明确新时代推进中国特色社会主义现代化建设的目标任务和战略安排，从2020年到2035年基本实现社会主义现代化，从2035年到21世纪中叶把我国建成富强民主文明和谐美丽的社会主义现代化强国；提出推进国家治理体系和治理能力现代化新命题，党的十八届三中全会首次提出并将之纳入全面深化改革的总目标，党的十九届四中全会对之作出了全面部署；提出推进"新四化"同步实现，即推动新型工业化、信息化、城镇化、农业现代化同步发展。在以上基础上，明确使用"中国式现代化"概念，从庆祝中国共产党成立一百周年大会的讲话，到中共中央关于党的百年奋斗重大成就和历史经验的决议，到新近的在省部级主要领导干部"学习习近平总书记重要讲话精神，迎接党的二十大"专题研讨班上的重要讲话，都明确使用并更加重视"中国式现代化"，其以成为理论和实践的重点、热点、增长点。

另一方面，在实践上取得了推进现代化的历史性成就。评价一种现代化模式，不仅看理论认识，更要看发展事实。如果没有取得发展成就，没有进入现代化阶段，哪怕最好的理念和设想，都不能称之为中国式现代化。中国特色社会主义进入新时代，全面建成小康社会，实现了第一个百年奋斗目标，开启建设社会主义现代化国家新征程，现代化建设进入了新阶段。习近平指出，"我们党领导人民不仅创造了世所罕见的经济快速发展和社会长期稳定两大奇迹，而且成功走出

---

① 《高举中国特色社会主义伟大旗帜　奋力谱写全面建设社会主义现代化国家崭新篇章》，载《人民日报》2022年7月28日。

了中国式现代化道路，创造了人类文明新形态"①。

总之，中国式现代化是在马克思主义指导下，发挥历史主动精神，践行"两个结合"，通过艰辛理论和实践探索的伟大创造，展现了中国共产党的历史担当和历史主动。中国共产党探索走向现代化的成功之路并不平坦，走过一些弯路，遭遇过一些困难和挫折，但党和人民建设社会主义现代化国家的意志和决心始终没有动摇。在这个过程中，我们党对建设社会主义现代化国家的认识不断深入、战略不断成熟、实践不断丰富。正是在这种认识与实践、理论与现实的循环往复、交相作用中，我们创造了一条中国式现代化道路。党的二十大在过去理论和实践探索基础上，水到渠成全面阐述了中国式现代化。

三、中国式现代化理论体系的科学认识

任何体系都是由多种要素逻辑性构成为一体。作为理论体系，既需要多方面的重要论断作为支撑，也需要一定的时间凝练沉淀。认识和把握中国式现代化的理论体系，必须回答两个问题：一是这个体系是否已经形成，二是这个体系发展到什么样的水平。

第一，从横向维度：中国式现代化要素不断丰富呈现出体系化。

中国式现代化理论体系的初步构建首先表现为中国式现代化理论的各种要素不断提出和丰富。特别是最近几年，一些重要的论断陆续并集中提出。

具体而言：一是党的十九大提出了新时代坚持和发展中国特色社会主义的总目标与总任务。其中，总目标是"为把我国建设成为富强

---

① 习近平：《以史为鉴、开创未来埋头苦干、勇毅前行》，载《求是》2022年第1期。

民主文明和谐美丽的社会主义现代化强国而奋斗"①，总任务则是"新时代中国特色社会主义思想，明确坚持和发展中国特色社会主义，总任务是实现社会主义现代化和中华民族伟大复兴，在全面建成小康社会的基础上，分两步走在本世纪中叶建成富强民主文明和谐美丽的社会主义现代化强国"②。二是党的十九届五中全会首次提出中国社会主义现代化的中国特色，即中国的现代化是人口规模巨大的现代化、全体人民共同富裕的现代化、物质文明和精神文明相协调的现代化、人与自然和谐共生的现代化、走和平发展道路的现代化，并指出"世界上既不存在定于一尊的现代化模式，也不存在放之四海而皆准的现代化标准"③。三是党的二十大将上述目标任务和中国特色纳入到中国式现代化理论中，并提出中国式现代化的本质要求和重大原则。其中，中国式现代化的九条本质要求是"坚持中国共产党领导，坚持中国特色社会主义，实现高质量发展，发展全过程人民民主，丰富人民精神世界，实现全体人民共同富裕，促进人与自然和谐共生，推动构建人类命运共同体，创造人类文明新形态。"④中国式现代化的五项重大原则分别是坚持和加强党的全面领导、坚持中国特色社会主义道路、坚持以人民为中心的发展思想、坚持深化改革开放和坚持

---

① 《十九大以来重要文献选编（上）》，中央文献出版社2019年版，第9页。

② 《十九大以来重要文献选编（上）》，中央文献出版社2019年版，第13—14页。

③ 《十九大以来重要文献选编（中）》，中央文献出版社2021年版，第824页。

④ 习近平：《高举中国特色社会主义伟大旗帜　为全面建设社会主义现代化国家而团结奋斗——在中国共产党第二十次全国代表大会上的报告》，人民出版社2022年版，第23—24页。

发扬斗争精神。①四是党的二十大以后，习近平在多个党和国家重大活动中进一步延伸发展中国式现代化理论。首先，在学习贯彻党的二十大精神研讨班开班式上阐释中国式现代化的六个重大关系："推进中国式现代化是一个系统工程，需要统筹兼顾、系统谋划、整体推进，正确处理好顶层设计与实践探索、战略与策略、守正与创新、效率与公平、活力与秩序、自立自强与对外开放等一系列重大关系。"②其次，在中国共产党与世界政党高层对话会上提出中国式现代化的五项世界主张，包括："坚守人民至上理念，突出现代化方向的人民性"③、"秉持独立自主原则，探索现代化道路的多样性"④、"树立守正创新意识，保持现代化进程的持续性"⑤、"弘扬立己达人精神，增强现代化成果的普惠性"⑥、"保持奋发有为姿态，确保现代化领导的坚定性"⑦。还有在文化传承发展座谈会上提出了中国式现代化的文化形态等。由此可见，有关中国式现代化形成了以目标任务、中国特色、本质要求、重大原则、重大关系和世界主张等包括6

---

① 习近平：《高举中国特色社会主义伟大旗帜　为全面建设社会主义现代化国家而团结奋斗——在中国共产党第二十次全国代表大会上的报告》，人民出版社2022年版，第26—27页。

② 《正确理解和大力推进中国式现代化》，载《人民日报》2023年2月8日。

③ 习近平：《携手同行现代化之路——在中国共产党与世界政党高层对话会上的主旨讲话》，人民出版社2023年版，第2页。

④⑤ 习近平：《携手同行现代化之路——在中国共产党与世界政党高层对话会上的主旨讲话》，人民出版社2023年版，第3页。

⑥ 习近平：《携手同行现代化之路——在中国共产党与世界政党高层对话会上的主旨讲话》，人民出版社2023年版，第4页。

⑦ 习近平：《携手同行现代化之路——在中国共产党与世界政党高层对话会上的主旨讲话》，人民出版社2023年版，第5页。

个方面30多条的重大论断，毫无疑义已经符合体系性的要求。

第二，从纵向维度：中国式现代化在长期探索中逐步沉淀凝练。

实现现代化是近代以来中国的仁人志士的不断追求。中国共产党自成立以来承担这一重大历史使命。习近平在学习贯彻党的二十大精神研讨班开班式上的讲话叙述了中国共产党对现代化的探索历程。新中国的成立和社会主义革命为中国式现代化奠定根本社会条件、政治前提和宝贵经验、理论准备、物质基础。改革开放以来，中国共产党大力推进实践基础上的理论创新、制度创新、文化创新以及其他各方面创新，为中国式现代化提供了充满新的活力的体制保证和快速发展的物质条件，积累了大量现代化建设经验。

党的十八大以来，中国式现代化进入了加速阶段，我们在已有基础上继续前进，不断实现理论和实践上的创新突破，成功推进和拓展了中国式现代化。一是认识上不断深化。习近平新时代中国特色社会主义思想是马克思主义中国化时代化的最新理论成果，为中国式现代化提供了根本遵循。提出许多中国式现代化的重大论断，丰富中国式现代化理论体系。二是战略上不断完善。现代化的推进和拓展离不开战略的支撑，针对各具体领域制定的战略方针是落实中国式现代化各项部署的着力点。科教兴国战略、人才强国战略、乡村振兴战略等一系列重大战略的推进，为中国式现代化提供坚实战略支撑。中国式现代化的战略体系与中国式现代化的理论体系相辅相成，相互促进。"五位一体"总体布局和"四个全面"战略布局为中国式现代化理论体系的初步构建提供充足的理论实践来源，中国式现代化的理论体系则为党和国家重大战略方针的制定和执行提供有力指导。三是实践上不断丰富。从中国式现代化的原创性理论，通过一系列变革性实践、突破性进展，取得了一系列标志性成果。尤其是我们历史性地完成了脱贫攻坚，实现全面建成小康社会目标，踏上了建设社会主义现代化国家的新征程。

总体来看，有关中国式现代化理论体系可以做这样的判断：一方面，中国式现代化的理论体系已经形成，各方面有比较成熟的观点，实践上也发展到一定的水平，经过了时间的沉淀凝练，作为完成时，我们开辟了一条道路，形成了基本理论，全面建成了小康社会。中国特色社会主义日臻成熟，中国式现代化也日趋完善。另一方面，中国还处于社会主义初级阶段，还正在踏上社会主义现代化建设新征程的初始阶段，中国式现代化不是完成时，而是进行时，还有许多理论和实践问题需要探索。行百里者半九十，中国发展水平距离世界最发达国家还有不小的距离，建设社会主义现代化强国还有不少困难需要克服，难题需要破解，风险需要应对。

四、中国式现代化重大原则的系统把握

理解中国式现代化的重大原则，要将之放到整个中国式现代化的理论体系中准确把握。而把握中国式现代化的理论体系，必须联系新时代党和国家事业发展面临的重大时代课题，必须放到习近平新时代中国特色社会主义思想的理论体系中把握。中国式现代化理论体系，直接针对的是"三个重大时代课题"中的"建设什么样的社会主义现代化强国、怎样建设社会主义现代化强国"这一课题。

中国特色和本质要求重在回答"建设什么样的社会主义现代化强国"。现代化的重大时代课题中，"什么样"是摆在第一位的。中国式现代化理论体系中，中国特色和本质要求等集中阐述了中国社会主义现代化建设过程所包含的环节、特征和目标，二者互为表里，共同构成了社会主义现代化强国的概念内涵，是何为社会主义现代化强国的中国答案。

导 言

中国式现代化的中国特色是社会主义现代化强国的外在表征。中国式现代化的五大中国特色论述了中国式现代化的特点和表现，展现了社会主义现代化强国的主要特征。人口规模巨大的现代化强调了建设社会主义现代化强国的艰巨性和复杂性，要求我们坚持稳中求进、循序渐进、持续推进。全体人民共同富裕的现代化是建设社会主义现代化强国的出发点和落脚点，坚决防止两极分化。物质文明和精神文明相协调的现代化是建设社会主义现代化强国的根本要求，促进物的全面丰富和人的全面发展。人与自然和谐共生的现代化是建设社会主义现代化强国的生态要求，坚定不移走生产发展、生活富裕、生态良好的文明发展道路，实现中华民族永续发展。走和平发展道路的现代化是建设社会主义现代化强国的对外主张，在坚定维护世界和平与发展中谋求自身发展，又以自身发展更好维护世界和平与发展。

中国式现代化的本质要求是社会主义现代化强国的内在核心。中国式现代化的九大本质要求论述了中国式现代化的性质和要求，是中国式现代化根本区别于西方现代化等其他现代化道路的依据。坚持中国共产党领导强调党的领导直接关系中国式现代化的根本方向、前途命运、最终成败。坚持中国特色社会主义指明中国式现代化是社会主义现代化而不是其他的现代化。实现高质量发展是全面建设社会主义现代化国家的首要任务。全过程人民民主是社会主义民主政治的本质属性，是最广泛、最真实、最管用的民主。丰富人民精神世界要求建设社会主义文化强国，发展面向现代化、面向世界、面向未来的，民族的科学的大众的社会主义文化，激发全民族文化创新创造活力。实现全体人民共同富裕鲜明地指出中国式现代化以消灭剥削、消除两极分化的社会主义本质。促进人与自然和谐共生体现尊重自然、顺应自然、保护自然的全面建设社会主义现代化国家内在要求。推动构建人类命运共同体是中国式现代化的世界主旨，展现了中国和平崛起的坚

正道前行
——中国式现代化的重大原则

定决心。创造人类文明新形态是中国式现代化的文明观，既要建设中华民族现代文明，又要维护世界文明多样性。

中国式现代化的重大原则和重大关系着重回答"怎样建设社会主义现代化强国"。对于当下中国来说，现代化不是理念概念，而是活生生的实践，"怎样干"是迫切的直接指导行动的问题。

党的二十大阐述了中国式现代化的五项重大原则：坚持和加强党的全面领导，坚持中国特色社会主义道路，坚持以人民为中心的发展思想，坚持深化改革开放，坚持发扬斗争精神。习近平总书记阐述了中国式现代化的六个重大关系：正确处理好顶层设计与实践探索的关系，正确处理好战略与策略的关系，正确处理好守正与创新的关系，正确处理好效率与公平的关系，正确处理好活力与秩序的关系，正确处理好自立自强与对外开放的关系。中国式现代化的重大原则和重大关系等，则指明了中国社会主义现代化建设过程应当遵循的基本准则和需要考量的系统工作，是建设社会主义现代化强国的重要指导方针。

把握重大原则首先要坚持和加强党的全面领导。坚持和加强党的全面领导，是作为中国式现代化根本遵循的习近平新时代中国特色社会主义思想的重要内容。"十个明确"的第一条即明确中国特色社会主义最本质的特征是中国共产党领导，中国特色社会主义制度的最大优势是中国共产党领导，中国共产党是最高政治领导力量，全党必须增强"四个意识"、坚定"四个自信"、做到"两个维护"。"十四个坚持"基本方略的第一条即坚持党对一切工作的领导。党政军民学，东西南北中，党是领导一切的。"十三个方面成就"第一条是关于坚持党的全面领导的成就。党的领导直接关系中国式现代化的根本方向、前途命运、最终成败。党的领导决定中国式现代化的根本性质，只有毫不动摇坚持党的领导，中国式现代化才能前景光明、繁荣兴盛，否则就会偏离航向、丧失灵魂，甚至犯颠覆性错误。党的领导确保中国式现代化锚定奋斗目标行稳致远，我们党的奋斗目标一以贯之，一代一代地接力推进，取得了举世瞩目、彪炳史册的辉煌业绩。党的领导激发建设中国式现代化的强劲动力，我们党勇于改革创新，不断破除各方面体制机制弊端，为中国式现代化注入不竭动力。党的领导凝聚建设中国式现代化的磅礴力量，我们党坚持党的群众路线，坚持以人民为中心的发展思想，发展全过程人民民主，充分激发全体人民的主人翁精神。坚持和加强党的全面领导，就是深刻领会"两个确立"的决定性意义，坚决维护党中央权威和集中统一领导，把党的领导落实到党和国家事业各领域各方面各环节，使党始终成为风雨来袭时全体人民最可靠的主心骨，确保我国社会主义现代化建设正确方向，确保拥有团结奋斗的强大政治凝聚力、发展自信心，集聚起万众一心、共克时艰的磅礴力量。

把握重大原则要坚持中国特色社会主义道路。中国式现代化是社会主义现代化，社会主义是贯穿中国式现代化的中国特色、本质要求和重大原则的红线。在中国特色中，共同富裕是中国特色社会主义的本质要求。物质贫困不是社会主义，精神贫乏也不是社会主义，两个文明相协调，物质富足、精神富有是社会主义现代化的根本要求。资本主义、帝国主义走的是剥夺、侵略、殖民和战争之路，走和平发展道路是社会主义的内在要求。在本质要求中，坚持中国特色社会主义是单列的重要的一条，而实现高质量发展、发展全过程人民民主、丰富人民精神世界、实现全体人民共同富裕、促进人与自然和谐共生、推动构建人类命运共同体等，是中国特色社会主义在各个方面的要求和特征。在重大原则中，坚持中国特色社会主义道路是重要的一条。当今世界有多种现代化模式，中国式现代化与过去的现代化、与当今世界其他国家的现代化，最重要的区别就是社会主义制度性质。无论

正道前行
——中国式现代化的重大原则

搞革命、搞建设、搞改革，道路问题都是最根本的问题。中国特色社会主义道路，是符合中国客观实际的道路、是反映中国人民意愿的道路、是适应时代发展要求的道路，是实现中华民族伟大复兴的唯一正确道路。当今世界"西强东弱"与"东升西降"同时存在，我们既要坚定中国特色社会主义道路自信、理论自信、制度自信、文化自信，又要对面临的现实挑战和潜在威胁保持清醒，绝不能麻痹大意和盲目乐观。

把握重大原则要坚持以人民为中心的发展思想。中国式现代化是十四亿多人口整体迈进现代化社会，规模超过现有发达国家人口的总和，艰巨性和复杂性前所未有，我们始终坚持以人为本，不是把人口作为包袱，也不是把人作为手段，而是从人口多这个基本国情出发想问题、作决策、办事情。我们坚持把实现人民对美好生活的向往作为现代化建设的出发点和落脚点，着力维护和促进社会公平正义，着力促进全体人民共同富裕，坚决防止两极分化。我们不断夯实人民幸福生活的物质条件，同时大力发展社会主义先进文化，促进物的全面丰富和人的全面发展。我们坚持以人民为中心的发展思想，致力实现高质量发展，发展全过程人民民主，丰富人民精神世界，实现全体人民共同富裕。坚持以人民为中心的发展思想是习近平新时代中国特色社会主义思想的世界观和方法论、立场观点方法的体现。人民性是马克思主义的本质属性。中国共产党的初心使命就是为中国人民谋幸福、为中华民族谋复兴。习近平总书记指出，"只有坚持以人民为中心的发展思想，坚持发展为了人民、发展依靠人民、发展成果由人民共享，才会有正确的发展观、现代化观"。

把握重大原则要坚持深化改革开放。改革开放是决定当代中国命运的关键抉择，是当代中国发展进步的活力之源，是党和人民事业大踏步赶上时代的重要法宝，是坚持和发展中国特色社会主义、实现中华民族伟大复兴的必由之路。新时代我们以巨大的政治勇气全面深化改革，加强对全面深化改革的顶层设计和整体谋划，增强改革的系统性、整体性、协同性，取得了历史性成就、发生了历史性变革，为全面建成小康社会、开启全面建设社会主义现代化国家新征程提供有力制度保障。实践发展永无止境，改革开放也永无止境，改革只有进行时、没有完成时，要夺取全面建设社会主义现代化国家新胜利，还要靠深化改革开放。新时代新征程，我们要以更大的政治勇气进一步解放思想，全面深化改革开放，深入推进改革创新，坚定不移扩大开放，着力破解深层次体制机制障碍，不断彰显中国特色社会主义制度优势，不断增强社会主义现代化建设的动力和活力，把我国制度优势更好转化为国家治理效能。

把握重大原则要发扬斗争精神。敢于斗争、敢于胜利，是中国共产党不可战胜的强大精神力量。建立中国共产党、成立中华人民共和国、实行改革开放、推进新时代中国特色社会主义事业，都是在斗争中诞生、在斗争中发展、在斗争中壮大的。我们党依靠斗争走到今天，也必然要依靠斗争赢得未来。新时代新征程，面对我国社会主要矛盾变化带来的新特征新要求，面对错综复杂的国际环境带来的新矛盾新挑战，我们必须增强忧患意识、始终居安思危，敢于斗争，善于斗争，把握新的伟大斗争的历史特点，发扬斗争精神，把握斗争方向，把握斗争主动权，坚定斗争意志，掌握斗争规律，增强斗争本领。要增强全党全国各族人民的志气、骨气、底气，不信邪、不怕鬼、不怕压，知难而进、迎难而上，统筹发展和安全，全力战胜前进道路上各种困难和挑战，依靠顽强斗争打开事业发展新天地。

第一章

中国式现代化重大原则的战略地位

前进道路上必须牢牢把握中国式现代化"五个坚持"的重大原则，重大原则是中国式现代化理论体系的重要组成部分，澄明了全面建设社会主义现代化国家的目标规定，凸显了风云变幻的国内外形势的现实要求。

党的二十大是在进入全面建设社会主义现代化国家新征程的关键时刻召开的一次十分重要的大会，以习近平同志为核心的党中央站定时代潮头，探析国内外风云，贯通历史、现实和未来，承前启后又继往开来，既深刻总结新时代十年的伟大变革，成功推进和拓展了中国式现代化，又高瞻远瞩擘画新时代新征程的目标蓝图，致力于以中国式现代化全面推进中华民族伟大复兴，踔厉奋发、笃行不怠。党的二十大报告以中国式现代化为核心命题和中心任务，提出一系列理论创新和思想创造，初步构建起中国式现代化理论体系。其中，中国式现代化的重大原则即"五个坚持"作为重要原创性贡献，是中国式现代化理论体系的重要组成部分，为新时代新征程全面建成社会主义现代化强国提供了根本遵循和行动指引，凝聚起了以中国式现代化全面推进中华民族伟大复兴的磅礴伟力，为世界现代化理论和实践作出重要贡献。提出中国式现代化重大原则，是前进道路上目标任务的现实应然，也是当前我国发展所面临问题的现实必然。

第一节
中国式现代化重大原则的理论地位

党的二十大报告以中国式现代化为核心主线，初步构建包括本质要求、中国特色和重大原则在内的中国式现代化的理论体系。其中重大原则在理论上是中国式现代化理论体系的重要组成部分，在实践上是中国式现代化理论体系付诸实践的基本遵循，在价值上重大原则的长期坚持是世界现代化理论和实践的伟大创新。

一、重大原则是中国式现代化理论体系的核心组成

理论体系是关于范畴、命题、理念、思想、话语等因素的统一体，在内容组成上包括思想核心的性质、要求、特征、判断、意义、方法等在内的有机结构，在形成过程上内含理论的产生、创新、丰富和发展的历史脉络。中国式现代化理论体系是对我国基本国情下如何建设社会主义现代化国家、走出一条中国特色的现代化道路的理论回应，是系统研究中国式现代化建设本质规律的科学。同时中国式现代化理论体系是以我国社会主义现代化建设的长期实践和探索为客观基础，不断趋向成熟和完善。

第一，从研究对象看，重大原则是中国式现代化的必然要素。从

正道前行
——中国式现代化的重大原则

整个世界发展进程来看，现代化是由传统走向现代的历史必然阶段，是整体社会的全方位转变，将带来社会各个方面、环境和结构的深层次变革。早期现代化始于西方，资本主义生产方式的确立直接推动了西方现代化的历史变迁，因此起初"现代化是在历史唯物主义的基本规定下资本主义生产方式的具体展开样式"，"'现代'这个概念是以大生产力形态作为世界历史发展坐标的主轴对这个新时代的新定位"[①]。早期世界现代化是按照资本主义的生产方式和发展样貌建构起来的社会发展阶段，其本质是资本统摄下的现代化过程，历史必然的结果是资本逻辑下对无产阶级的剥削压迫、整个现代化发展过程的无政府状态以及日益严重的两极分化。马克思和恩格斯基于唯物史观认识到现代化的历史必然性以及资本主义现代化的根本弊端和局限性，并初步揭示出未来现代化发展的全新可能路径，为社会主义现代化发展提供理论基础。中国共产党在现代化任务上长期奋斗、不懈探索，历经革命、建设、改革和新时代，走出了中国式现代化道路，创造了人类文明新形态，突破了西方资本现代化的陷阱和负面效应，又对资本主义现代化进行积极扬弃，为世界现代化发展的必然难题提供了全新的解决范式。中国式现代化的开启、推进和拓展既遵循着世界现代化的一般特征和共同规律，又身处我国社会主义初级阶段和中国特色社会主义新时代，带有鲜明的中国特色和独特规律，是中国式的现代化样本。习近平总书记指出："走自己的路，是党的全部理论和实践立足点，更是党百年奋斗得出的历史结论。"[②] 中国式现代化是

---

① 罗荣渠：《现代化新论——世界与中国的现代化进程》，商务印书馆2009年版，第101、424—425页。

② 习近平：《在庆祝中国共产党成立100周年大会上的讲话》，人民出版社2021年版，第13页。

第一章
中国式现代化重大原则的战略地位

历史发展的伟大成果,也是未来现代化进程的继续,彰显了中国在社会主义现代化上的独特创造,是符合中国实际、反映人民诉求、观照未来目标的现代化样板。从中国式现代化自身来看,其开创、推进和拓展必然内含深层次的重大原则,既为中国式现代化深化发展提供实践遵循,又为世界现代化提供崭新的发展逻辑。

第二,从基本内容看,重大原则是中国式现代化理论体系的核心组成。中国式现代化是中国共产党带领全国各族人民历经百年奋斗,经过浴血奋战、百折不挠,自力更生、艰苦奋斗,发愤图强、锐意进取,自信自强、守正创新,开辟的反映中国现实、独具中国特色和回应中国需求的现代化新道路。中国式现代化理论体系彰显出现代化发展的中国特色,提出一系列的本质要求,厘清推进中国式现代化的重大关系,以回应我国现代化发展所面临的世界之变、时代之变和历史之变,实现以中国式现代化全面推进中华民族伟大复兴的任务目标。本质要求决定实践,特征影响实践。中国式现代化的本质要求与特征之规定,预示着实践中中国式现代化的重大原则必然指向这几方面:即坚持和加强党的全面领导,坚持中国特色社会主义道路,坚持以人民为中心的发展思想,坚持深化改革开放,坚持发扬斗争精神。

从本质要求来看,本质是事关事物成立的固有属性,本质要求的内容往往是事物得以存在和发展所要遵循的根本规定。本质存在即事物存在,若本质发生变化,事物也必将随之改变。中国式现代化的本质要求既包括本质,又内含要求。其中,中国共产党的领导规定执政力量,中国特色社会主义规定制度属性,二者明确揭示出中国式现代化的本质是社会主义的现代化。而高质量发展、全过程人民民主、精神世界、共同富裕和人与自然和谐共生是中国式现代化在"五位一体"总体布局上的具体展开,是对内在本质的实践演绎。人类命运共同体和人类文明新形态是将中国式现代化推向世界,从世界向度呈现其本质。因此，从整体来看，中国式现代化的本质要求呈现为总的规定和横向展开的结构。而中国式现代化的重大原则，即"五个坚持"依循本质要求的具体内容进行提炼总结，既直接包括党的领导和中国特色社会主义的性质规定，又对具体展开中的共性要求予以提炼，形成中国式现代化发展的重大原则，进一步指导全面建设社会主义现代化强国的全局事业。

从中国特色来看，特色是事物表现出来的区别于其他事物的独特内容、风格等，在一定基础上，特色是本质规定下的外在表现，共同诠释出事物的整体样态。中国式现代化的独特特征是关于现代化发展在中国视域中的特色呈现，正因为特性的存在才促使中国式现代化发展内含重大原则。一是中国式现代化是在世界上最大的发展中国家、人口基数大的基本国情下提出的，带领十四亿人口进入现代化必然要求党的坚强领导。只有在中国共产党的领导下，中国式现代化才能秉持初心，带领全体人民实现共同富裕而迈入现代化发展水平。二是改革开放以来，我国建设即坚持经济建设和精神文明建设同步发展，致力于推进现代化发展下全体人民的物质和精神共同富裕，这是社会主义现代化的本质要求和价值体现。进入新征程，中国式现代化要求共同富裕取得更为明显的实质性进展，就要坚持中国特色社会主义的唯一正确道路和以人民为中心的工作导向，在中国特色社会主义的道路指引下纵深推进改革，实现中国式现代化的全面发展。三是人与自然、国家与世界是现代化发展以来难以避免的突出矛盾。中国式现代化吸取资本主义现代化和苏联现代化发展的经验教训，找到人与自然和谐共生和走和平发展道路的正确选择，要求新征程中国式现代化发展要坚守正确方向和坚持发扬斗争精神，以不懈奋斗的精神风貌推动中国式现代化发展任务的顺利完成。

从重大关系来看，关系是事物之间相互联系、相互影响和相互作用的复杂状态，表明事物形成和发展全过程、各环节的结构脉络。党的二十大后，习近平总书记在学习贯彻党的二十大精神研讨班开班式上侧重于从中国式现代化的发展角度全面辩证地分析中国式现代化的重大关系，"推进中国式现代化是一个系统工程，需要统筹兼顾、系统谋划、整体推进，正确处理好顶层设计与实践探索、战略与策略、守正与创新、效率与公平、活力与秩序、自立自强与对外开放等一系列重大关系"①。重大关系的提出在理论上包括中国式现代化发展进程中全局与局部、坚持与发展、规律与价值、国内与国际等方面的辩证关系，在实践上澄明中国式现代化推进和拓展的具体工作方法。相较于中国式现代化理论体系的其他部分，中国特色和本质要求侧重于回答"是什么"的本体回答，重大原则关乎"依据什么干"的规则表述，重大关系回应"具体怎么干"的方法解答，重大原则与重大关系两者之间是贯通的、统一的。

因此，中国式现代化的本质要求和特色表征是中国式现代化重大原则提出的源头所在，没有本质要求和特色表征的存在，就没有重大原则的具体内容；而重大关系是对重大原则的深化与落实，体现重大原则的核心要义。中国式现代化的本质要求、中国特色、重大原则和重大关系初步构建起中国式现代化的理论体系。

二、重大原则是推进拓展中国式现代化的基本遵循

原则是行动依据的法则或者标准，是规则、规范和标准等的同义语，是提出问题、分析问题和解决问题必须坚守的准则。从哲学层面

---

① 《正确理解和大力推进中国式现代化》，载《人民日报》2023年2月8日。

分析，原则的存在是对事物客观规律的正确理论反映和实践遵循。中国式现代化的重大原则是理论概括，更是实践要求，是事物付诸实践所要遵循的行动准则，侧重于实践领域。

第一，从整体来看，中国式现代化理论体系为我国全面建设社会主义现代化国家提供了根本遵循。党的二十大召开后，习近平总书记在学习贯彻党的二十大精神研讨班开班式上明确提出："我们进一步深化对中国式现代化的内涵和本质的认识，概括形成中国式现代化的中国特色、本质要求和重大原则，初步构建中国式现代化的理论体系，使中国式现代化更加清晰、更加科学、更加可感可行。"[①]中国式现代化是党和人民长期艰苦奋斗的伟大成就，包括关于中国式现代化的认识更加深入，厘清社会主义现代化建设的独特规律，理顺现代化建设过程中的一系列复杂联系；包括全面建设社会主义现代化国家中的战略部署不断成熟，总的战略布局和战略步骤更加科学，创新驱动发展战略、乡村振兴战略等具体战略日渐完善；包括中国式现代化的实践不断推进，高质量发展要求下的供给侧结构性改革、新发展阶段中的新发展格局、伟大社会变革中的各方面综合创新，等等。中国式现代化理论体系是对中国式现代化伟大实践的理论概括、总结和升华，是历史与逻辑、理论与实践、守正与创新的统一。其内容蕴含着关于中国式现代化建设的规律性认识和独特性经验，未来新征程全面建设社会主义现代化国家必须要以中国式现代化理论体系为遵循，毫不动摇地坚持中国式现代化的性质内涵、本质要求和鲜明特色，毫不动摇地贯彻中国式现代化的重大原则，在中国式现代化理论体系的基础上实现更大的理论创新和实践突破。

---

① 《正确理解和大力推进中国式现代化》，载《人民日报》2023年2月8日。

第一章
中国式现代化重大原则的战略地位

第二，从具体来看，重大原则的提出表明中国式现代化理论体系付诸现实的实践中介，理顺了中国式现代化理论体系与实践之间的重大关系。新时代新征程，面对需要什么样的现代化和怎样实现现代化之问，习近平总书记提出中国式现代化的中国特色和本质要求，进而印证了中国式现代化重大原则提出的实践必然性。坚持党的领导表明中国式现代化的根本领导力量，事关中国式现代化发展的方向选择和前途命运，要求坚持党的领导不动摇，确保党始终是中国式现代化建设的领导核心，"党的领导激发建设中国式现代化的强劲动力，我们党勇于改革创新，不断破除各方面体制机制弊端，为中国式现代化注入不竭动力"[①]。坚持中国特色社会主义道路澄明中国式现代化的制度属性和鲜明的中国特色，凸显出现代化进程在各国多样文明下的自主选择和独特图景，要求坚持中国特色社会主义道路不动摇，将世界现代化建设的一般规律和中国式现代化的特殊规律相结合，将现代化建设放在自己力量的基点上。坚持以人民为中心体现出中国式现代化的人民立场，现代化的终极目标归宿是人的现代化，要求中国式现代化发展站稳人民立场、了解人民诉求、解决人民"急难愁盼"、回应人民美好生活需要，一切为了人民、一切依靠人民、发展成果由人民共享。坚持改革开放呈现出中国式现代化发展的创新特质，要不断守正创新、与时俱进，要直面问题挑战、勇于突破发展阻碍，要掀起中国式现代化建设过程中的制度创新、理论创新、实践突破、文化创新、科技创新等，为中国现代化发展注入强大活力。坚持斗争精神，表明现代化建设在取得巨大成就的同时面临着多重复杂问题与挑战，前进道路上要踔厉奋发、笃行不怠，坚定斗争意志、磨炼斗争本领，

[①]《正确理解和大力推进中国式现代化》，载《人民日报》2023年2月8日。

注意防范风险挑战，将问题解决在萌芽之时，不断进行中国式现代化的伟大斗争。

三、重大原则是世界现代化理论和实践的伟大创新

新时代新征程，这是一个需要思想也必将产生思想的时代。中国式现代化理论体系的提出生逢其时，科学总结了长期以来党带领全党全国人民在现代化建设征途中不懈奋斗的历史经验，系统深化了继续推进中国式现代化的具体要求，为世界现代化理论与实践发展作出更大的原创性贡献。习近平总书记指出："中国式现代化蕴含的独特世界观、价值观、历史观、文明观、民主观、生态观等及其伟大实践，是对世界现代化理论和实践的重大创新。"[①]重大原则作为中国式现代化理论体系的重要组成部分，其理论提出和实践贯彻为世界现代化发展提供了智慧方案和路径选择。

现代化是人类社会发展的必然转型，"现代化是人类历史上最剧烈、最深远并且显然是无可避免的一场社会变革"[②]，是由传统走向现代、落后走向先进的伟大跃升，彰显了世界化和普遍化的社会变迁和文明转变。综观世界现代化发展的普遍规律，在领域要义上，现代化是要在经济上从自然农业经济走向发达的社会化商品经济，在政治上由公正民主代替封建专制，在文化上用科学理性代替蒙昧落后，在社会上用法治化和福利化代替利益两极分化，在生态上用绿色环保代

[①] 《正确理解和大力推进中国式现代化》，载《人民日报》2023年2月8日。

[②] ［美］吉尔伯特·罗兹曼主编：《中国的现代化》，国家社会科学基金"比较现代化"课题组译，江苏人民出版社1995年版，第4—5页。

第一章
中国式现代化重大原则的战略地位

替以牺牲自然为代价,等等。现代化象征着人类对未来社会发展的美好夙愿,意味着世界视域下的潮流趋势和前景预判。但从过程来看,世界现代化发展是始终处于动态变化的历史行为,是由一系列的具体进程和复杂的系统结构协同共促的整体变革。就聚焦于世界现代化的路径选择而言,"现代化不是单选题。历史条件的多样性,决定了各国选择发展道路的多样性"[①]。世界现代化发展始于西方,西方国家在自由市场经济、现代科学技术、理性思想的支撑下率先走上现代化发展道路,开创了资本主义现代化的发展模式,并由资本家在世界各地的奔走落户间向全世界范围内渗透延伸,取得现代化发展的强有力地位,致力于构建一个资本主义现代化样式的世界现代化体系。但与此同时,随着资本主义的深入发展,资本主义的滥觞在现代化各领域呈现并加深,经济上资本剥削和无政府状态,政治上民主陷阱和政党失效,文化上享乐主义和个人主义价值观浓重,社会中两极分化态势明显,生态上环境破坏严重,世界上金融危机爆发、局部战争不断、恐怖主义影响世界,等等。因此,虽然20世纪50年代起,欧美开始鼓吹和盛行"现代化=西方化"的模式和论调,但资本主义现代化的内在固有弊端已经出现并愈加根深蒂固,迫切要求世界现代化发展扬弃资本主义现代化的局限性,破解人类社会现代化发展的难题挑战。长期以来,中国式现代化以全新的制度属性和方案图景谋求现代化进步,其突出进展和伟大成就为世界现代化发展提供了崭新选择,注入了别样活力。

第一,中国式现代化的重大原则为世界现代化发展贡献理论智慧。新时代新征程,面临"我们究竟需要什么样的现代化?怎样才能

---

① 习近平:《共同开创中阿关系的美好未来》,载《人民日报》2016年1月22日。

正道前行
——中国式现代化的重大原则

实现现代化?"①的现代化之问,中国式现代化理论体系应时出场。中国式现代化理论体系呈现出鲜明的现实针对性,是长期现代化建设的经验总结,意蕴未来社会主义现代化建设的根本要求。贯彻中国式现代化的重大原则推进党和国家事业勇毅笃行,有利于积累丰富的现代化实践资料,进而不断推进党的理论创新和思想创造。

历史证明,中国式现代化的重大原则是党在革命、建设、改革中艰苦奋斗、砥砺前行的理论成果,更是新时代十年中国特色社会主义事业发展的理论成就。前瞻未来,中国式现代化发展的中心任务是全面建设社会主义现代化国家、全面推进中华民族伟大复兴,贯彻中国式现代化重大原则是其中的必然要求。作为中国式现代化理论体系的重要组成部分,重大原则的深入贯彻将彰显中国式现代化理论体系的开放性和发展性,促使整个理论体系更趋向完善化和科学化。一方面,重大原则将进一步深化对中国式现代化的内涵和本质的认识。重大原则其内容本身就是对中国式现代化的根本性质、规范和依据的具体呈现和展开,着重凸显出中国式现代化的坚定性、人民性和方向性。新时代新征程始终坚持贯彻中国式现代化,不断深入对其中具体内容的把握和丰赡,将进一步厘清中国式现代化的根本性质、具体内涵和制度优势。另一方面,重大原则将进一步完善对中国式现代化独有特色的认识。当今世界现代化始于西方,资本主义现代化长期以来被看作现代化发展的独有样板,中国式现代化是不同于西方的全新选择,创造了人类文明新形态。未来中国将始终坚守中国式现代化发展的方向、道路和方案,促使中国特色更加鲜明、更加全面。性质内涵、本质要求、中国特色和重大原则初步构建起中国式现代化理论体

---

① 习近平:《携手同行现代化之路——在中国共产党与世界政党高层对话会上的主旨讲话》,载《人民日报》2023年3月16日。

第一章
中国式现代化重大原则的战略地位

系，重大原则的深化将进一步推进其他理论组成部分的综合创新和系统融通，彰显中国式现代化的丰富成果和理论力量。

第二，中国式现代化重大原则的贯彻和落实为世界现代化发展增添实践伟力。中国式现代化是一项系统工程，牵涉全主体、全环节、全动力的多元合力。重大原则的提出和落实，强化了全面建设社会主义现代化进程中领导力量、主体力量以及精神力量等等。习近平指出："政党作为引领和推动现代化进程的重要力量"[1]，有责任对现代化发展作出科学回答，突出现代化方向的人民性、道路的多样性、进程的持续性、成果的普惠性和领导的坚定性，不断发挥政党在现代化进程中的引领力、影响力和凝聚力。具体到我国，在马克思主义的科学指导和科学社会主义的先进本质下，中国共产党承担起推进社会主义现代化的历史使命，成为全面建设社会主义现代化国家的领导核心，在中国式现代化道路上自立自强、不懈探索，为世界现代化发展提供了经验借鉴和实践选择。首先，党的领导确保了中国式现代化的正确方向，充分彰显了社会主义制度的优越性和中国特色社会主义的可行性，在现代化发展上展现了不同于西方现代化样板的最新图景，创造了人类文明新形态，走出了一条基于中国共产党领导的社会主义现代化道路，为世界现代化发展提供了新的路径和方案，促使新时代新征程党在全面推进中华民族伟大复兴道路上长期奋斗。其次，"党的领导激发建设中国式现代化的强劲动力，我们党勇于改革创新，不断破除各方面体制机制弊端，为中国式现代化注入不竭动力"[2]。中

---

[1] 习近平：《携手同行现代化之路——在中国共产党与世界政党高层对话会上的主旨讲话》，载《人民日报》2023年3月16日。

[2]《正确理解和大力推进中国式现代化》，载《人民日报》2023年2月8日。

正道前行
——中国式现代化的重大原则

国式现代化是历史基础之上的理论创新和实践突破，形成了包括重大原则在内的中国式现代化理论体系，开创了新时代中国特色社会主义事业发展的崭新局面。未来在党的领导下继续秉持中国式现代化的重大原则，将进一步深化关于中国式现代化、社会主义现代化和世界现代化发展规律的认识和总结，进一步推进党的理论创新和思想创造，进一步突破制约现代化发展的利益藩篱，进一步扩大对外开放，进一步进行有关中国式现代化发展的不懈斗争。再次，党的领导是全国各族人民谋求更大发展的主心骨，凝聚起全体人民建设社会主义现代化国家的强大共识和力量。人民群众是社会主义现代化的主体力量和最终归宿，党领导的中国式现代化站稳人民立场，将人民的所急所需所盼永远作为战略布局的首要考量；激发人民首创精神，不断提高全体人民推进中国式现代化事业的积极性、主动性和创造性；在斗争精神支撑中坚持历史主动，在战略清醒、战略自信中增强战略主动，促使广大人民在中国式现代化全过程中主动应变、主动求变。最后，习近平总书记强调："推进中国式现代化是一个系统工程，需要统筹兼顾、系统谋划、整体推进，正确处理好顶层设计与实践探索、战略与策略、守正与创新、效率与公平、活力与秩序、自立自强与对外开放等一系列重大关系。"[1]重大关系是中国式现代化重大原则在实践中的细化落实，重大关系的研析和贯彻理顺了现代化发展内在的复杂关系，包括在贯彻长期规划的基础上大胆探索全新领域，在以重大问题为突破口的基础上整体推进现代化事业，在保持战略的长期稳定基础上灵活运用现代化实践策略，在守正方向、道路和原则基础上谋求思想创新和实践突破，等等。概而言之，中国式现代化重大原则的提

---

[1] 《正确理解和大力推进中国式现代化》，载《人民日报》2023年2月8日。

出、贯彻以及进一步深化下的重大关系,融通了中国式现代化事业各环节、各链条之间的叙事力量,有利于推进和拓展中国式现代化伟大事业,有利于"以中国式现代化新成就为世界发展提供新机遇,为人类对现代化道路的探索提供新助力,为人类社会现代化理论和实践创新作出新贡献"[1]。

---

[1] 习近平:《携手同行现代化之路——在中国共产党与世界政党高层对话会上的主旨讲话》,载《人民日报》2023年3月16日。

第二节
中国式现代化的任务所决定的

党的二十大报告指出:"从现在起,中国共产党的中心任务就是团结带领全国各族人民全面建成社会主义现代化强国、实现第二个百年奋斗目标,以中国式现代化全面推进中华民族伟大复兴。"[1]为顺利完成这一中心任务,牢牢把握五条重大原则是极其必要的。"五个坚持"是在我国现代化长期历史探索中得出的基本遵循,是党的二十大报告规划强国目标、总体目标和未来五年部署的任务要求,亦是以中国式现代化全面推进中华民族伟大复兴的长远所需。

一、历史积淀:伟大实践基础上的经验总结和理论创新

时代风云变幻、形势瞬息万变,现代化发展是人类社会必然要经历的动态进程,但并不存在定于一尊的固定样板,必然呈现出与众不同的发展路径。百年征程,党领导全国人民奋力建设社会主义现代

---

[1] 习近平:《高举中国特色社会主义伟大旗帜 为全面建设社会主义现代化国家而团结奋斗——在中国共产党第二十次全国代表大会上的报告》,人民出版社2022年版,第21页。

第一章
中国式现代化重大原则的战略地位

化,在此过程中不断将马克思主义同中国具体实际相结合,取得重大而丰富的实践成就和理论智慧,现代化发展的重大原则是代表性成果之一,是党中央站在历史高度上总结社会主义现代化建设求索过程得出的经验启示。未来中国式现代化发展要继续笃行真理、坚守原则,体现出了重大原则的历史积淀性。

拨开现代化发展的历史画卷,中国的现代化以鸦片战争后中国被迫打开国门为历史起点,洋务运动、戊戌变法和新文化运动作为标志性事件,仁人志士分别从西方资本主义国家的器物、制度和思想中找寻实现现代化的有效路径,自此实现现代化成为事关国家富强和人民幸福的理想追求。但落后的经济基础和腐朽制度的束缚,近代现代化探寻难逃夭折宿命。中国该往何处去?如何实现现代化和民族复兴?这是近代中国面对国家蒙辱、人民蒙难、文明蒙尘发出的存亡之问。中国共产党感应时代号召和依据真理指导应运而生,承担起实现社会主义现代化的历史重任,现代化求索之路自此奔涌向前。

以毛泽东同志为主要代表的中国共产党人深谙资本主义现代化的先进实力和中国的落后现实,明确要求"我们共产党是要努力于中国的工业化"[①],工业化成为当时现代化目标的代名词和同义语。当时对现代化发展原则的认识主要集中在党的领导方面,提出"没有中国共产党的努力,没有中国共产党人做中国人民的中流砥柱,中国的独立和解放是不可能的,中国的工业化和农业近代化也是不可能的"[②];在实践中已经涉及关于改革和人民立场的内容,党中央集中统一领导国民经济的恢复与发展,根据现实状况及时调整各项大政方针,研究社会生产关系、阶层关系的复杂结构,面对积重已久的现实

[①]《毛泽东文集》(第三卷),人民出版社1996年版,第146页。
[②]《毛泽东选集》(第三卷),人民出版社1991年版,第1098页。

苦难和外部威胁强调始终不渝坚守人民初心、了解人民诉求、改善人民生活和谋求人民发展，等等。这一时期，为中国式现代化重大原则的提出奠定了理论基础和社会条件。

以邓小平同志为主要代表的中国共产党人冲破"左"倾思想的禁锢，掀起党和国家历史上最具深远意义的伟大转折，开启改革开放的社会主义现代化建设新时期。相比于革命和建设时期对重大原则的初步涉及，改革开放时期社会主义现代化建设的原则内容开始崭露头角。邓小平庄严宣告"为社会主义现代化而奋斗"，要求"根据自己的实际情况和自己的条件，以自力更生为主"，"对外开放政策只会变得更加开放"。[1]邓小平科学准确地判断改革阶段现代化建设的现实基础，"人民的积极性调动起来了，又有一定的物质基础，有丰富的资源，加上利用世界的先进技术，我们实现四个现代化是有可能的"[2]，"工人阶级一定会在这些改革中起大公无私的模范先锋作用"[3]等。以江泽民同志为主要代表的中国共产党人关于中国式现代化重大原则的认识愈发清晰，提出现代化发展要不断加强巩固党自身的建设和将党的领导贯穿始终，是社会主义现代化事业的必然要求；要注重对外开放，引进世界现代化发展先进的技术和经验；要"在推进改革开放和现代化建设的实践中不断提高自身素质，坚持做到自重、自省、自警、自励，始终保持振奋的精神状态"，[4]等等。以胡锦涛同志为主要代表的中国共产党人对中国式现代化重大原则的认识更加全面，明确"社会主义改革开放和现代化建设要搞得更好更快，

---

[1]《邓小平文选》（第三卷），人民出版社1993年版，第29页。
[2]《邓小平文选》（第二卷），人民出版社1994年版，第111页。
[3]《邓小平文选》（第二卷），人民出版社1994年版，第136页。
[4]《江泽民文选》（第三卷），人民出版社2006年版，第4页。

国家要长治久安和繁荣富强，关键在我们党"①；认为"中国特色社会主义道路，是实现社会主义现代化的必由之路，是创造人民美好生活的必由之路"②；指明人民是社会主义现代化建设的主体，要充分调动全国各族人民的积极性；强调"积极推进各方面改革，直接关系到我国社会主义现代化建设进程"③；要求在改革开放和现代化建设过程中弘扬艰苦奋斗和勤俭节约的精神。

新时代，以习近平同志为核心的党中央运用党史观和大历史观深入现代化的长期探索概括总结和提炼升华中国式现代化发展的规律认识，系统提出包括党的领导、中国特色社会主义、以人民为中心、改革开放和斗争精神在内的五个重大原则，形成关于中国式现代化的领导力量、制度保障、价值立场、关键动力和精神风貌在内的原则范式，与性质规定、中国特色、本质要求和重大关系共同初步构建起中国式现代化的理论体系，既反映了社会主义现代化建设的历史联动，又对中国式现代化的拓展和深化作出实践回应。重大原则的提出不能止步于书房作纯而又纯的理论箴言，要将重大原则付诸实践笃行真理以解决问题。中国式现代化的伟大事业牵涉党、国家、社会和个人各方面主体，包含经济、政治、文化、社会、生态、党建、外交和国防等各领域实践，又影响国际国内、党内党外、当前和未来，是新时代新征程上我国最为宏大的实践叙事，对真理的坚持和践行提出了必然性的要求。新时代新征程，以中国式现代化全面建设社会主义国家是时代赋予的党最为重要的题和卷，在中国式现代化的推进、拓展和深化过程中要毫不动摇地坚持和贯彻重大原则，在此基础上进一步守正

---

① 《胡锦涛文选》（第一卷），人民出版社2016年版，第51页。
② 《胡锦涛文选》（第三卷），人民出版社2016年版，第526页。
③ 《胡锦涛文选》（第一卷），人民出版社2016年版，第79页。

创新形成党的创新理论，书写下中国式现代化的最新篇章。

二、现实目标：夺取全面建设社会主义现代化国家新胜利

2021年，习近平总书记在庆祝中国共产党成立一百周年大会的讲话中向全世界宣告：我国第一个百年目标全面建成小康社会如期实现，标志着我国顺利开启向第二个百年目标全面建成社会主义现代化强国奋斗的新征程。党的二十大恰逢其时，处于我国第二个百年目标开局阶段，深远擘画了我国未来现代化发展的总体目标、强国目标和未来五年的主要目标，体现出了中国式现代化重大原则的实践契合性。

第一，基本实现现代化的总体目标。现代化发展是动态的变化过程，其目标的实现也是渐次实现的。新时代新征程，以习近平同志为核心的党中央立足全党全国全世界的高远站位，身处于党史、国史、改革开放史的历史脉络，坚持现代化战略安排的长期贯通性，在现代化征途中赓续奋斗。党的二十大报告根据我国完成第一个百年目标的阶段方位以及我国的经济实力、科技实力以及综合国力的现实基础，进一步具体安排全面建成社会主义现代化强国的战略规划，即到2035年基本实现现代化和到本世纪中叶建成富强民主和谐美丽的社会主义现代化强国。关于到2035年的总体目标，党的二十大报告从八个方面进行具体阐释。在经济方面，要达到中等发达国家水平；在科技方面，要进入创新型国家前列；在现代化的内容上，要基本实现新型工业化、信息化、城镇化和农业现代化；在政治方面，要基本实现第五个现代化，即国家治理体系和治理能力的现代化；在文化方面，要基本建成科教文卫体等方面的强国；在社会方面，要促使"人

第一章
中国式现代化重大原则的战略地位

的全面发展、全体人民共同富裕取得更为明显的实质性进展"[①]；在生态方面，要基本实现美丽中国目标；在国防方面，要基本实现国防和军队现代化。

2035年是全面建成社会主义现代化强国征程中的关键节点，现代化将会发生显著性的飞跃，实现社会主义现代化的基本样态。党的二十大报告关于2035年目标的论述，在发展水平上，一方面呈现出内容上的全面性和先进性，是社会主义现代化强国的阶段性完成和部分性实现，其发展水平远高于当前我国的综合实力，展现出社会主义现代化强国的基本风貌；另一方面凸显出现代化实现的基本性和总体性，其发展水平仅仅是接近社会主义现代化的实现，仅是从总体上表露社会主义现代化样态，仍存在很大的发展空间，需要继续以中国式现代化推进社会主义现代化强国建设。从内容上分析，总体目标具有社会主义的性质属性，将党的领导落实到各方位各环节，彰显出共同富裕、居民收入、人的全面发展等人民性，内含生态环境、收入分配等改革需求，需要长期奋斗、笃行不怠，要求现代化发展继续秉持中国式现代化的重大原则，有力推进目标任务的顺利完成。

第二，全面实现现代化的强国目标。由建设社会主义现代化国家到全面建成社会主义现代化强国，表明我国现代化事业的承继性和发展性。党的二十大报告设计基本实现社会主义现代化的总体目标后，指明要"继续奋斗，到本世纪中叶，把我国建设成为综合国力和国际

[①] 习近平：《高举中国特色社会主义伟大旗帜　为全面建设社会主义现代化国家而团结奋斗——在中国共产党第二十次全国代表大会上的报告》，人民出版社2022年版，第24页。

影响力领先的社会主义现代化强国"①。现代化强国是自近代以来中华民族和全国人民内心的良久夙愿，是党和国家事业发展的理想追求，关涉国家发展的全方位、全主体和全范围。党的二十大报告中关于社会主义现代化强国的目标意涵，既延续党的长期部署并涉及"五位一体"的总体布局，也站立世界舞台提出现代化的实现将凸显出强烈的世界意义，我国综合国力和国际影响力将处于领先地位。一方面，社会主义现代化强国是全面的强国。改革开放后，邓小平强调中国式的现代化即是要实现全面小康。党的十九大，社会主义现代化强国内涵进一步丰富完善至涉及经济政治文化社会生态"五位一体"总体布局各方面，即富强民主文明和谐美丽，构筑起中国式现代化的物质基础、政治保障、文化底蕴、社会条件和生态环境。另一方面，社会主义现代化强国是先进的现代化。社会主义现代化强国是高质量的强国，要建成社会主义教育强国、科技强国、人才强国、体育强国等；标志着进入世界舞台的领先前列，综合国力显著提升，中国将成为世界和平的建设者、世界发展的贡献者、世界稳定的压舱石，走向世界舞台中央；是社会主义的现代化强国，将愈发呈现出社会主义制度的优越性，发挥日益重要的世界影响力和号召力。

基于要建成社会主义现代化强国的目标任务，党的二十大报告开始对实现社会主义现代化强国任务建基立柱，全文以"为全面建设社会主义现代化国家而团结奋斗"为题目，以迈入全面建设社会主义现代化国家新征程为背景，将以中国式现代化全面推进中华民族伟大复兴作为党的中心任务。除此之外，全文共有八十几处提及现代化，表

---

① 习近平：《高举中国特色社会主义伟大旗帜　为全面建设社会主义现代化国家而团结奋斗——在中国共产党第二十次全国代表大会上的报告》，人民出版社2022年版，第25页。

第一章
中国式现代化重大原则的战略地位

明社会主义现代化目标深入到党和国家事业的各处，也厘清了实现社会主义现代化任务所存在的不足、面临的风险考验等，要求坚定不移地秉持中国式现代化发展的重大原则。

第三，未来五年的具体任务部署。党的二十大是基于党的十九大后五年的现代化积累而召开的一次大会，是对未来五年我国基于新时代的重要成就和伟大变革进而要继续踔厉奋发、笃行不怠全面建设社会主义现代化国家而召开的重要会议。其报告内容既是马克思主义的纲领性文件，也是坚持和发展中国特色社会主义以实现全面建成社会主义现代化强国的政治宣言，更是基于现实基础而对未来五年党和国家事业的战略布局和系统安排，其中明确呈现和贯彻中国式现代化发展的重大原则。党的二十大报告首先从战略地位和时间向度上强调未来五年的重要性，"未来五年是全面建设社会主义现代化国家开局起步的关键时期"[①]，即既是开局阶段又是关键阶段。继而，党的二十大报告澄明未来五年现代化建设的主要目标任务，主要从八个方面谋篇布局。在经济方面，要把握好新发展阶段进而在现代化经济体系上着重用力；在改革方面，要深入推进国家治理体系和治理能力现代化；在政治方面，健全与现代化发展相适应的全过程人民民主；在文化方面，丰富精神文化生活，凝聚现代化发展共识和精神力量；在社会方面，现代化发展进程中不断提高人民生活水平；在生态方面，美丽中国是社会主义现代化强国建设的重要内容；在国防方面，统筹国家发展和安全；在国际方面，社会主义现代化建设意味着我国国际影响力的不断增强。

---

① 习近平：《高举中国特色社会主义伟大旗帜　为全面建设社会主义现代化国家而团结奋斗——在中国共产党第二十次全国代表大会上的报告》，人民出版社2022年版，第25页。

未来五年在实践中是中国式现代化发展的关键时期，在理论上是中国式现代化重大原则首次完整提出后需要明确贯彻的阶段。八个方面的主要目标无一不是来自党的领导的结果，也无一可以离开党的领导继续推进，党的领导是未来五年目标任务的根本领导力量。国家治理体系和治理能力现代化、中国特色社会主义法治体系、新发展格局的推进等均是社会主义现代化在中国的独特创造和实践创新，坚持和发展中国特色社会主义是中国式现代化发展的正确道路。人民精神文化生活、全过程人民民主、居民收入、人居环境等归根结底表明中国式现代化的人民性，人民是现代化发展的出发点和立足点。同时，改革开放的纵深推进、居民收入分配的改革、法治体系的完善、生态环境的保护等离不开系统深入开展全面深化改革，通过改革创新破除我国的体制机制障碍是中国式现代化发展的有力举措。最后，党的二十大报告在论述未来五年的目标任务时即表明要继续奋斗，目标任务的艰巨性和挑战性要求继续发扬斗争精神，依靠顽强斗争开创事业发展的新局面是中国式现代化发展的精神风貌。

三、未来展望：为人类文明的发展图景作出新的更大贡献

世界现代化起步于西方资本主义现代化，随着资本主义生产方式在全世界各地奔走落户，世界历史渐次描绘，为现代化文明的展开提供了空间场域、实践平台和基本进路。中国的现代化建设自近代之后实实在在地嵌入世界图景中，成为世界现代化多元文明构建的先行者，从那时起人类现代化征途开始出现全新的模式探索，致力于开辟出一条扬弃资本主义现代化悖论的中国式现代化道路。新时代，以习近平同志为核心的党中央在中国特色社会主义道路下拓展了中国式现

第一章
中国式现代化重大原则的战略地位

代化，创造了人类文明新形态。人类文明新形态取代了资本逻辑的剥削与压迫，实现以人民为中心的理念革新，致力于追寻人的自由而全面发展，实现现代化的文明重塑和主体重构。

第一，在人类文明新形态中重塑文明。现代化肇始于西方，以资本为核心，以资本和劳动之间的利益剥削关系为主轴，促使资本主义国家纷纷实现从传统社会进入工业社会，整个世界发生全方位改变。西方资本主义现代化创造了"比过去一切世代创造的全部生产力还要多，还要大"[1]，为人的自由全面发展提供了可能性前提。但同时，西方现代化引发的对人的压迫、环境的破坏和精神的摧残成为西方现代化模式不可避免被取代的重要原因。百年来，在党的领导之下我国现代化事业不断探索、守正创新，扬弃西方现代化模式，继承反思苏联现代化，但又根本区别和超越于二者，成功走出一条中国式现代化道路。习近平总书记在中国共产党成立百年之际讲话提出："我们坚持和发展中国特色社会主义，推动物质文明、政治文明、精神文明、社会文明、生态文明协调发展，创造了中国式现代化新道路，创造了人类文明新形态。"[2]人类文明新形态的开创遵循马克思主义对人类社会发展价值一致性和路径多元性的科学设想，标志着人类社会发展的全新方案，意味着中国式现代化将以独特的中国智慧融入世界，为世界现代化发展提供了新的可能性，促使世界现代化发展发生根本变革。

目标的首创性和整体性要求实践的有效性，人类文明新形态的构建要具体落实于中国式现代化发展的伟大实践当中，将文明推进与现

---

[1]《马克思恩格斯选集》（第一卷），人民出版社2012年版，第405页。

[2] 习近平：《在庆祝中国共产党成立100周年大会上的讲话》，载《人民日报》2021年7月2日。

代化实践紧密关联。其中,波澜壮阔的世界视域下人类文明新形态目标意味着发展的人民主体性、要义全面性以及旨归的世界性等,内在包含着对正确发展道路、坚实物质基础、有力精神支撑等的迫切需要,进而要求中国式现代化发展牢牢坚持党的领导、中国特色社会主义道路、改革开放、以人民为中心和斗争精神的重大原则,在原则的锻造中以伟大成就和实践变革全面推进中华民族伟大复兴,在原则的坚守中以人类文明新形态达到对世界资本主义文明模式的祛魅,为人类社会发展提供既有高度现代化水平又扬弃资本逻辑的全新文明形态。

第二,在实现人自身的现代化中重构主体。相较于西方现代化,中国式现代化的根本不同在于出发点和价值导向的不同。西方现代化以资本为逻辑,资本与劳动的压迫与被压迫、剥削与被剥削成为资本现代化的主要增殖方式,现代化的实现与人的贫困成为资本主义发展的一体两面。而社会主义现代化从根本上破除资本主义现代化的根本矛盾和内在缺陷,其关注的中心由"物"转向"人",致力于实现人的自由而全面发展。因此,具象上,中国式现代化关乎每一个中国人的切实生活,归根结底是人的现代化变革,实现人自身的现代化是中国式现代化的本质要求和主体重构。

习近平总书记明确指出,"现代化的本质是人的现代化"[1],人是中国式现代化的哲学主体和价值主体。从整体要义来看,习近平将中华民族伟大复兴的中国梦简要概括为国家富强、民族振兴和人民幸福,人民的幸福感和获得感是中华民族伟大复兴中国梦的落脚点和价值旨归。从执政理念来看,新时代,习近平提出坚持以人民为中心,

---

[1]《习近平关于社会主义经济建设论述摘编》,中央文献出版社2017年版,第164页。

第一章
中国式现代化重大原则的战略地位

将人民看作中国式现代化发展的价值主体，提出中国式现代化发展要"站稳人民立场、把握人民愿望、尊重人民创造、集中人民智慧"[1]，要求中国式现代化发展成果要由人民共享，实现全民共享、全面共享、共建共享和渐进共享。从实践部署来看，党的二十大报告根据过去五年的工作成就和新时代十年的伟大变革，从经济、科技、政治、文化、民生、生态、国防、党建等多方面规划中国式现代化未来五年的行动方案，以人民为中心的工作导向和人民至上的价值取向深入贯彻其中，其中经济方面推进以人为核心的现代化建设，科技方面强化现代化建设的人才支撑，政治方面保证人民民主，法治方面力求让人民群众感受到公平正义，文化方面筑牢全国人民团结奋斗的思想基础和精神支撑，民生方面致力于实现人民对美好生活的向往，生态方面促进人与自然和谐共生，国防方面始终坚持以人民安全为宗旨，世界方面致力于推动构建人类命运共同体。综上所述，人民福祉是中国式现代化发展的出发点和立足点，中国式现代化的一切方案、行动和举措都是依靠人民并为了人民。只有实现中国式现代化发展，全体人民和人民的各项能力素质才能真正得到自由而全面的发展。这就要求实现中国式现代化的主体现代化需要拥有坚强的领导核心、正确的发展道路、以人民为中心、深化改革和不懈奋斗。

---

[1] 习近平：《高举中国特色社会主义伟大旗帜　为全面建设社会主义现代化国家而团结奋斗——在中国共产党第二十次全国代表大会上的报告》，人民出版社2022年版，第19页。

第三节
中国式现代化面临的形势所要求的

从形势上，党的二十大报告指出，我国发展进入战略机遇和风险挑战并存、不确定难预料因素增多的时期，各种"黑天鹅""灰犀牛"事件随时可能发生，全党同志必须准备经受风高浪急甚至惊涛骇浪的重大考验。在这种情境下，必须从世界百年未有之大变局、我国发展重要战略机遇期的大背景和防范重大风险挑战的大前提出发提出中国式现代化的重大原则，这是有效应对各种形势考验的根本遵循。

一、世界百年未有之大变局下，突出矛盾和深重挑战层出不穷

现代化建设并非是各国在自我封闭的孤岛中独立完成，而是融入世界、时刻处于全球发展当中。新时代，以习近平同志为核心的党中央以全球视野审视世界格局和态势，作出世界正处于百年未有之大变局的科学判断。2017年12月，习近平总书记在接见驻外使节工作会议上正式提出世界百年未有之大变局，此后党中央对百年未有之大变局的认识愈发完善。正是因为世界局势的演变催生了中国式现代化，同时也促使中国式现代化提出科学的应对方案，这是中国式现代化重

第一章
中国式现代化重大原则的战略地位

大原则对现实需求的有效回应。

第一，世界百年未有之大变局加速演进，国际力量对比深刻调整。时代风云变幻，时局波谲云诡，中国式现代化发展处于世界百年未有之大变局中。特别是科技革命和产业革命的深入发展之下，当今世界的变化之快和变革之广前所未有。其实早在资本主义现代化发展的初期，马克思就已经认识到科学技术对社会变革的重要作用。中国共产党在百年推进现代化建设的实践中，毛泽东要求重视改造知识分子，改革开放时期党中央强调科学技术是第一生产力，新时代习近平更指出科技是全面建设社会主义现代化国家的战略支撑和科技是第一竞争力。当今世界，新一轮科技革命积蓄深厚力量并获得巨大发展，人工智能、大数据、量子信息、生物技术等尖端科技取得重大突破，为我国现代化发展中核电、新能源、载人航天等科技运用提供了有利条件和技术基础。同时科技的发展必然引发产业的随之改变，催生一系列的战略性新兴产业和变革经济发展新模式等。这就促使中国式现代化继续纵深推进改革，建立新型举国体制，在时代浪潮和格局之变下实现新的跨越式发展。与此同时，我国现代化发展始终在世界舞台上与其他各国同台竞技，世界百年未有之大变局加速演进的另一突出表现是国际力量对比的变化。当前，世界多极化趋势显著，以中国为代表的新兴国家是世界百年未有之大变局中力量格局变化的最大变量。习近平指出："国际力量对比发生深刻变化，新兴市场国家和一大批发展中国家快速发展，国际影响力不断增强，是近代以来国际力量对比中最具革命性的变化。"[①]从制度属性来看，党的百年决议鲜明认识到当前世界已经发生有利于社会主义国家和社会主义制度的转

---

① 《习近平关于总体国家安全观论述摘编》，中央文献出版社2018年版，第241页。

变，东升西降的力量演变越发明显。单从经济数据来看，中国在全球经济实力占比从2%增加到16%，中国对世界经济增长的贡献率已经超过30%。因此，新时代新征程，中国式现代化发展理应运用全球视野和战略眼光，提出全面而有力的实践原则，在世界百年未有之大变局中把握好中国式现代化的发展航向和有效进路，为世界现代化发展作出更大贡献。

第二，逆全球化思潮抬头，世界经济复苏乏力。当前，世界进入新的动荡变革期，我国发展面临着一系列的风险考验和难题挑战，但"危和机总是同生并存的，克服了危即是机"[①]。一方面，经济建设是现代化发展的主攻方向，是世界变革的物质基础，在中国式现代化事业中具有举足轻重的作用。但当前"世界经济深度衰退，全球产业链、供应链遭受冲击"，"经济全球化遭遇逆流，加剧了世界经济中的风险和不确定性"[②]。逆全球化是资本逻辑实现无限制增殖的必然选择，资本主义发达国家为了维系自身的国际地位和核心利益进行资本结构和对外政策的调整，大范围挑起贸易争端和贸易摩擦，企图掩盖和转移资本主义体系内部的固有矛盾，将国内问题和国际问题的生成缘由简单地归咎于全球化，从而构建有选择性的全球化，导致全球化发展的方向逆转。中国式现代化正处于全面建设社会主义现代化国家开局的关键时期，逆全球化带来的世界经济的波动性、全球市场公平秩序的破坏、经济发展受阻等不利影响将加大中国式现代化发展的挑战系数和风险程度。另一方面，自新冠疫情发生后，各国经济、制

---

① 《统筹推进疫情防控和经济社会发展工作 奋力实现今年经济社会发展目标任务》，载《人民日报》2020年4月2日。

② 习近平：《构建新发展格局 实现互利共赢》，载《人民日报》2020年11月20日。

度、社会保障、医疗卫生等受到严峻挑战，整个世界处于紧急状态之下，结构性、复杂性、利益性等多重问题加重集聚。三年疫情对世界各方面带来的冲击并未消散，例如制度存在不足、社会矛盾突出、政府公信力受到影响、人民内心的怀疑不安等都对现代化发展提出了不小的挑战。因此，当今世界经济仍很大程度上处于萧条当中，后疫情的潜在影响将长期迟滞世界经济复苏进程，使得世界经济复苏更加缓慢曲折。中国式现代化发展作为世界经济环境当中重要的确定性力量，将对未来经济发展前景产生重要影响，这也要求中国式现代化准确提出和始终贯彻其中的重大原则，不断深入推进和拓展中国式现代化。

第三，世界进入新的动荡变革期，全球性问题加剧。随着世界现代化进程的长期推进，现代化建设之下内含的深层次矛盾不断加深，发达资本主义国家内部的固有矛盾并未缓解，发达国家与发展中国家的矛盾挑战愈演愈烈以及新兴国家所面临的外部矛盾逐渐加剧。一方面，单边主义和保护主义明显上升，霸权主义犹存。从不同领域来看，在经济上，为扭转资本主义国家的贸易不利局势，贸易保护主义被西方发达资本主义国家大力推行，大多通过实施关税壁垒、技术转让等其他经济手段促使本国保持经济竞争的有利地位。在政治上，以美国为代表的资本主义发达国家频繁退出各大国际组织、机构和机制，对国际公共产品的付出采取消极态度。从整体来看，国际发展的四大赤字正在不断扩大，治理赤字，即全球治理格局受到冲击而新的全球治理体系还未形成；和平赤字，即强权干涉、极端主义和恐怖主义等不断发生；信任赤字，即地缘博弈、单边主义加重，国际间的合作受阻；发展赤字，即在保护主义和逆全球化影响下全球发展态势不强。另一方面，局部冲突和动荡频发，全球性问题加剧。和平与发展是当今世界现代化建设的主题，但不可否认的是，因领土、宗教、种族、利益等引发的地区冲突从未停止，现代化建设的环境内部动荡不安，极大增加了各国现代化发展和国际和平稳定秩序构建的难度。特别是俄乌冲突成了当前全球秩序的重要变量，对世界稳定前行等造成不小影响。中国作为世界上最大的发展中国家，越来越从世界舞台的边缘走向中央，越来越与整个世界成为一个联系紧密的共同体，越来越在现代化建设中发挥着举足轻重的关键作用。世界深刻影响着中国，中国也牵涉着世界。在合作共赢、共同发展成为世界百年未有之大变局的大势所趋之时，世界现代化的发展为中国式现代化提供了丰富经验、深厚资源和有利环境，推动中国式现代化的变革创新不断加快。与此同时，这也要求中国式现代化依据有力的领导、正确的道路、有益的价值、有效的方式和有为的精神既始终坚守初心和坚持原则，又聆听时代浪潮和顺应格局之变，推动中国式现代化前进，为世界现代化发展提供崭新选择。

二、中华民族伟大复兴战略全局下，不确定和难预料因素增多

世界百年未有之大变局下，中国已然成为世界百年未有之大变局的关键变量，是维护世界和平和促进世界发展的压舱石和定盘星，要始终将发展的立足点放置于自身的力量基点之上，致力于在我国的改革发展稳定、内政国防外交和治党治国治军全局中形成全面系统的行动合力。因此，全面建成社会主义现代化强国和推动世界更为积极发展需要在我国现实国情中勇立潮头、奋楫扬帆深入解析中国式现代化重大原则提出所面临的现实需要，以确保我国现代化建设持续稳定发展。

第一，国内改革发展稳定全局下，我国发展正在经受重大考验。

第一章
中国式现代化重大原则的战略地位

在特殊的国情下,党的十一届三中全会将党和国家的工作重心转移到经济建设上,划时代地提出要实行改革开放,标志着开启我国历史上的改革篇章,自此之后改革成为我国发展的主要聚焦点,"改革是中国的第二次革命"[①]。党的十八大后,中国特色社会主义进入新时代,以习近平同志为核心的党中央根据我国发展所处的历史方位划时代地开启全面深化改革阶段,改革进一步向系统、全面发展。新时代十年,在全面深化改革的推进下,我国改革发展稳定全局取得长足发展和重大成就,同时也内含着不小的问题域,面临着艰巨任务和重重阻碍。这就要求提取中国式现代化的重大原则,在重大原则的依循中完成改革任务和全面建成社会主义现代化强国。

新时代以来,我国"打响改革攻坚战,加强改革顶层设计","坚决破除各方面体制机制弊端,各领域基础性制度框架基本建立,许多领域实现历史性变革、系统性重塑、整体性重构"[②]。成就的取得并不意味着问题的消解,改革视域下我国发展所面临的现实难题躲不开也避不过,许多深层次矛盾仍然植根于我国发展的深处。党的二十大报告主要从六个方面提及我国改革全局下所遇到的难题考验,包括高质量发展下的不平衡不充分问题、发展中所涉及的重大安全问题、改革当中的硬骨头问题、意识形态问题、收入分配问题、生态保护问题等。面对改革背景下的突出问题,习近平指出:"面对新形势新任务,我们必须通过全面深化改革,着力解决我国发展面临的一系列突

[①]《邓小平年谱(1975—1997)》(下卷),中央文献出版社2004年版,第1036页。

[②] 习近平:《高举中国特色社会主义伟大旗帜 为全面建设社会主义现代化国家而团结奋斗——在中国共产党第二十次全国代表大会上的报告》,人民出版社2022年版,第9页。

出矛盾和问题。"①改革是我国社会主义现代化建设的强劲动力和关键举措，关乎党和国家事业发展的现实与未来。新征程，问题的存在倒逼改革，要求在推进中国式现代化中不断深化改革，在改革的长期奋斗中建成社会主义现代化强国，实现中华民族伟大复兴。而改革所面临的难题挑战和重大考验进一步要求现代化建设需要党的领导，需要人民群众的参与和实践，需要始终保持昂扬奋斗的精神面貌。

第二，现代化建设的前进道路上，难预料的突发事件可能发生。防控风险是全面建设社会主义现代化国家进程中的重要举措，关系着党和国家事业的发展安全。新时代，习近平曾多次就防范化解重大风险进行过系统论述，指出："越是取得成绩的时候，越是要有如履薄冰的谨慎，越是要有居安思危的忧患"②，要将增强忧患意识防范风险挑战一以贯之。新征程中，我国现代化建设的总体形势良好，但国际形势风云变幻、世界潮流涌动，现代化发展的风险难以实时把握，各种复杂风险形势严峻，例如国内改革处于深水区，高质量发展所面临的风险深重；党内自我革命仍在路上，执政风险和考验不断；世界单边主义、零和博弈思维泛滥，现代化建设的外部环境严峻，"来自外部的打压遏制随时可能升级"③，等等。除此之外，党的二十大报告特别强调要注意"黑天鹅"和"灰犀牛"事件的发生。"黑天鹅"是小概率、难以预料的突发性高风险事件。"灰犀牛"是大概率、早

---

① 习近平：《论坚持全面深化改革》，中央文献出版社2018年版，第24页。
② 《以时不我待只争朝夕的精神投入工作　开创新时代中国特色社会主义事业新局面》，载《人民日报》2018年1月6日。
③ 习近平：《高举中国特色社会主义伟大旗帜　为全面建设社会主义现代化国家而团结奋斗——在中国共产党第二十次全国代表大会上的报告》，人民出版社2022年版，第26页。

第一章
中国式现代化重大原则的战略地位

有征兆的高风险事件,但往往在初期阶段没有得到足够重视而导致严重后果。新征程,我国发展在重大成就基础上继续启航,但各种概率的事件随时可能发生,例如金融危机、贸易摩擦、社会矛盾、环境退化等等。因此,面对潜在的风险问题,习近平强调"既要打好防范和抵御风险的有准备之战,也要打好化险为夷、转危为机的战略主动战"①。党的二十大报告再次指出:"增强忧患意识,坚持底线思维,做到居安思危、未雨绸缪。"②前进道路上,要提高防控能力,就要科学提出和牢牢坚持中国式现代化的重大原则,不断探索社会主义现代化,以此抵御随时可能发生的风险挑战。

中国式现代化理论体系当中重大原则的提出为防控风险挑战提供了根本保障。党的领导是风雨袭来时坚定的主心骨,守正全面建设社会主义现代化国家的根本方向,凝聚起全党全国人民的共识与力量,朝着实现中华民族伟大复兴的远大目标不懈奋斗。中国特色社会主义道路是防范风险挑战的正确路径,只有坚持和发展中国特色社会主义,才能保证经济快速发展和社会长期稳定。坚持以人民为中心是直面风险挑战的坚定立场,在中国式现代化推进过程中要始终了解人民诉求、汲取人民智慧,一切风险的防范与解决都要做到人民至上。全面深化改革是新时代新征程应对日益繁重的风险挑战的有效措施,要利用改革不断破解我国发展局面下的艰难险阻,要在开放中用好国际国内两种资源来应对各种难以预料的风险挑战。弘扬斗争精神是难题困局面前必不可少的精神动力,要以坚定的信心、决心和勇气在破解

---

① 《习近平关于中国特色大国外交论述摘编》,中央文献出版社2020年版,第262页。

② 习近平:《高举中国特色社会主义伟大旗帜 为全面建设社会主义现代化国家而团结奋斗——在中国共产党第二十次全国代表大会上的报告》,人民出版社2022年版,第26页。

时代难题面前勇于斗争、敢于斗争，踔厉奋发、笃行不怠。

三、党走过百年奋斗的历史征程下，面临的独有难题亟待破解

中国共产党是中国特色社会主义的最本质特征，是我国现代化事业的执政力量。从世界范围看，中国共产党是具有全世界影响力的世界第一大执政党，领导着最大的发展中国家。从历史逻辑探析，中国共产党历经百年风华正茂，顺利领导党和国家事业完成革命、建设和改革；进入新时代后，党领导全体人民创造了经济快速发展和社会长期稳定两大奇迹，党的自我净化、自我完善、自我革新和自我提高能力也显著增强，党在革命性锻造中更加坚强有力。但现代化建设新征程中，党的自身建设仍然存在不少的问题，党的十九届六中全会将"建设什么样的长期执政的马克思主义政党、怎样建设长期执政的马克思主义政党"作为习近平新时代中国特色社会主义思想需要回答的三大时代课题之一。党的二十大报告在此基础之上对党的建设存在的问题又进行了诸多详细论述，主要有"一些党员、干部缺乏担当精神，斗争本领不强，实干精神不足，形式主义、官僚主义现象仍较突出；铲除腐败滋生土壤任务依然艰巨，等等"[①]。

第一，党员、领导干部缺乏担当精神和能力不足。中国共产党是中国式现代化事业的领导核心，党的领导关乎全面建设社会主义现代化国家的前途命运，党员、领导干部作为现代化建设事业当中的关键

---

① 习近平：《高举中国特色社会主义伟大旗帜　为全面建设社会主义现代化国家而团结奋斗——在中国共产党第二十次全国代表大会上的报告》，人民出版社2022年版，第14页。

第一章
中国式现代化重大原则的战略地位

少数,对中国式现代化的推进和拓展起着至关重要的作用。党的十九大上,习近平就已经指明中国共产党的初心和使命是为人民谋幸福和为民族谋复兴。党的二十大上,习近平再次强调党目前的中心任务就是强国建设和民族复兴。但党员群体中存在部分党员对党的初心使命认识不足、坚持不牢,对担当精神没有一以贯之,存在不作为、懒作为等现象,面对社会主义现代化建设当中的"硬骨头"推诿扯皮,难以承担起奋斗新时代新征程的重担。同时中国共产党作为社会主义现代化事业的执政力量,党员干部深入现代化事业的各领域各方面和各环节中,直接影响着现代化事业的大政方针政策,但当前部分党员干部的学习能力、决策能力、政治能力、战略思维能力、改革攻坚能力、群众工作能力、抓落实能力等都存在明显的不足,政治判断力、政治领悟力和政治执行力都有待提高,严重影响党员干部在新征程中会干事、能干事和干成事。

第二,党内形式主义和官僚主义问题突出。新时代,党已经从革命党转变为长期执政党,执政环境发生前所未有的改变,但党长期所具备的优良传统不能丢失,党仍要脚踏实地、立足实际,发扬斗争精神以开创中国式现代化事业的崭新局面。"四风"问题是党的十八大后习近平重点关注和集中解决的突出问题,曾多次指出要以作风问题为突破口,在形式主义和官僚主义问题上形成专项整治,必须要落地见效。在长期的抓紧抓实抓细下,"四风"问题得到有效改善,党的作风建设取得显著成效。但部分党员仍缺乏对党的优良传统和初心使命的坚守,面对"四大风险"和"四大考验"退缩不前,安于现状享受,甚至擅用党和人民赋予的权力,形式主义和官僚主义色彩浓厚。例如,特权思想和违纪行为经常发生,对形式主义的整治存在反弹现象,执纪监督的贯彻落实仍需不断提高,等等。因此,新征程上,习近平强调,"要持之以恒加固中央八项规定堤坝,对享乐奢靡之风露头就打，对顶风违纪行为从严查处，坚决防反弹回潮、防隐形变异、防疲劳厌战，重点纠治形式主义、官僚主义"[①]。

第三，党内腐败问题严重。现代化发展进程中，党员干部的腐败问题触目惊心，严重损害党的执政形象和干群关系。例如，塌方式腐败、群众身边的蝇贪、用人用权和资金腐败、区域性腐败和领域性腐败交织，组织腐败、司法腐败和社会腐败形式各样。以习近平同志为核心的党中央认识到腐败现象对群众利益的损害和对现代化事业发展的严重破坏，以刮骨疗毒、壮士断腕的决心和勇气反腐惩恶，打响党内自我革命的攻坚战，一体推进不敢腐、不能腐和不想腐，党的自我革命取得重大疗效。但官员腐败问题仍然不能松懈，特权贪腐思想仍普遍存在，勇于自我革命是全面从严治党探索治乱兴衰历史周期率的第二个答案，需要进一步加强自我革命，以伟大自我革命引领伟大社会革命。习近平指出，反腐败不是刮一阵风的暂时性工作，而是一项长期、复杂而艰巨的党的建设任务，要在反腐败斗争中不断增强党自我净化、自我完善、自我革新和自我提高的能力，不断保持党的先进性和纯洁性。因此，党的二十大后，全面建设社会主义现代化强国、以中国式现代化全面推进中华民族伟大复兴，关键是要持之以恒推进全面从严治党，在党的坚强领导下提出和坚持中国式现代化的重大原则，交出一份满意的现代化答卷。

党的二十大报告是未来五年全面建设社会主义现代化国家的行动纲领，在内容上形成了中国式现代化的科学理论体系，提出了前进道路上必须牢牢把握的重大原则：坚持和加强党的全面领导，坚持中国特色社会主义道路，坚持以人民为中心的发展思想，坚持深化改革开

[①]《分析研究二〇二三年经济工作　研究部署党风廉政建设和反腐败工作》，载《人民日报》2022年12月8日。

放，坚持发扬斗争精神。首先，从整个中国式现代化理论体系来看，中国式现代化五大重大原则与本质要求、中国特色等的最新阐述共同组成中国式现代化理论体系。本质决定原则，特征影响实践，中国式现代化的本质要求和中国特色必然指向中国式现代化的重大原则。同时，重大原则作为中国式现代化理论体系付诸实践的中介，其深入贯彻也必将为世界现代化发展作出更大贡献。其次，中国式现代化重大原则的提出是目标的必然要求，即当前中国共产党的中心任务是团结带领全国人民全面建成社会主义现代化强国，以中国式现代化全面推进中华民族伟大复兴。伟大目标的实现需要依据正确道路、恪守重大原则，重大原则的提出为全面建设社会主义现代化强国提供了根本遵循。最后，现实逻辑上，中国式现代化重大原则的提出是党和国家事业面临前所未有的机遇挑战和风险考验下的结果。新时代新征程，世界百年未有之大变局下战略机遇和风险挑战并存，国内现代化建设不确定和难预料的因素不断增多，党内顽固性问题和多发性问题犹存，中国式现代化的重大原则是有效应对各种困难考验的现实需求。基于此，中国式现代化的重大原则分别从现代化建设的领导力量、发展道路、发展思想、发展动力、发展精神等五个方面着手，为全面建设社会主义现代化国家提供了实践框架。

正道前行
——中国式现代化的重大原则

延伸阅读

"中国式现代化与世界"蓝厅论坛*

2023年4月21日"中国式现代化与世界"蓝厅论坛在上海北外滩"世界会客厅"胜利举行。论坛开幕式上习近平主席发来贺信,美国前驻华大使博卡斯、金砖国家新开发银行行长罗塞夫、埃及前总理沙拉夫、亚洲协会董事会联席主席桑顿等300多名海内外政要、专家学者、工商界代表、外国驻华使节和国际组织驻华代表等高度评价中国式现代化的世界意义,并就中国式现代化、中国新发展等议题发表见解和交流互动,旨在探究中国式现代化的成功密码,为人类现代化发展提供全新模式和坚实助力。

习近平在贺信中指出,中国式现代化是中国共产党团结带领全国各族人民进行长期探索找到的符合中国实际要求的现代化道路。坚持党的全面领导确保了中国式现代化在前进道路上的正确方向,凝聚起以中国式现代化全面推进中华民族伟大复兴的磅礴伟力。

埃及前总理沙拉夫认为,中国式现代化的机制是一个赠予世界的礼物。金砖国家新开发银行行长罗塞夫指出,中国提出并推动的现代化,提供了一个全新的选择。中国式现代化以中国特色社会主义为制度机制,既彰显了社会主义制度的优越性,又创新了世界现代化的道路模式,为人类探索和实现现代化提供了中国智慧。

外交部前副部长崔天凯指出,中国式现代化背后的根本推动力实际上是中国为人民谋幸福、为民族谋复兴,中国人民追求幸福生

---

* 参见《以中国式现代化新成就为世界发展提供新机遇》,载《人民日报》2023年4月22日。编者对内容有所修改。

第一章
中国式现代化重大原则的战略地位

活和民族复兴的权利不可剥夺。以人民为中心是中国式现代化前进道路上矢志不渝的价值立场,将为实现人民对美好生活的向往目标上踔厉奋发、笃行不怠。

亚洲协会董事会联席主席桑顿强调,中国式现代化是一个很好的愿景,也是一种行为选择,具有持久生命力。强国建设、民族复兴征程中,要继续深化改革开放,不断增强社会主义现代化建设活力,要坚持发扬斗争精神,在斗争中打开事业发展的崭新局面。

"中国式现代化与世界"蓝厅论坛提供了一个审视世界发展和中国成就的重要平台,中国式现代化的中国特色、重大原则、世界意义等在论坛中引起广泛讨论和深入研究。巴基斯坦总理特别助理扎法尔称中国式现代化打破了"现代化＝西方化"的迷思,冈比亚外长坦加拉致辞提出中国式现代化以及其对全球繁荣的推动力是符合历史规律的,中国式现代化的推进将会给世界带来更多机遇,让我们的未来变得更加美好!

第二章

坚持和加强党的全面领导

坚持和加强党的全面领导是中国式现代化重大原则之首。中国共产党的领导决定了中国式现代化作为社会主义现代化的根本性质，确保中国式现代化沿着正确方向行稳致远，集聚推进中国式现代化的磅礴力量。

中国式现代化是中国共产党领导全国各族人民在长期探索和实践中历经千辛万苦、付出巨大代价取得的重大成果，中国共产党的全面领导贯穿于中国式现代化的形成、构建、推进和拓展全部过程中，并发挥了居功至伟的决定性作用。中国共产党自1921年成立以来，始终把为人民谋幸福、为中华民族谋复兴作为自己的初心使命，始终坚持共产主义理想和社会主义信念，团结带领全国各族人民为争取民族独立、人民解放和实现国家富强、人民幸福而不懈奋斗，书写了中华民族几千年历史上最恢宏的史诗。[1]习近平指出："中国共产党领导是历史的选择、人民的选择，是党和国家的根本所在、命脉所在，是全国各族人民的利益所系、命运所系。没有中国共产党，就没有新中国，就没有中华民族伟大复兴。"[2]党的二十大报告指出："全面建设社会主义现代化国家、全面推进中华民族伟大复兴，关键在党。"[3]党的领导决定中国式现代化的根本性质、激发建设中国式现代化的强劲动力、凝聚建设中国式现代化的磅礴力量。坚持和加强党的全面领导作为中国式现代化五个重大原则之首，是以中国式现代化实现中华民族伟大复兴的重中之重。

---

　　[1]《习近平新时代中国特色社会主义思想纲要》，学习出版社2023年版，第15页。

　　[2] 习近平：《在纪念辛亥革命110周年大会上的讲话》，人民出版社2021年版，第6—7页。

　　[3] 习近平：《高举中国特色社会主义伟大旗帜　为全面建设社会主义现代化国家而团结奋斗——在中国共产党第二十次全国代表大会上的报告》，人民出版社2022年版，第63页。

第一节
党的领导决定中国式现代化根本性质

党的二十大报告开宗明义地指出："中国式现代化，是中国共产党领导的社会主义现代化。"①这一重大判断鲜明地揭示了中国共产党的领导是中国式现代化的最根本性质，并决定着中国式现代化的其他所有性质。中国共产党是中国特色社会主义事业的领导核心，是中国式现代化的领导核心。党的领导是党和国家的根本所在、命运所在，是全国各族人民的利益所系、命运所系。②2023年2月习近平总书记在学习贯彻党的二十大精神研讨班开班式上进一步指出："党的领导直接关系中国式现代化的根本方向、前途命运、最终成败。"③理论基础上，中国共产党对中国式现代化的全面领导是马克思主义时代化中国化的必然产物，是对马克思主义现代化理论的创新发展。历

---

① 习近平：《高举中国特色社会主义伟大旗帜　为全面建设社会主义现代化国家而团结奋斗——在中国共产党第二十次全国代表大会上的报告》，人民出版社2022年版，第22页。

② 《习近平新时代中国特色社会主义思想学习纲要》，学习出版社、人民出版社2023年版，第16页。

③ 《正确理解和大力推进中国式现代化》，载《人民日报》2023年2月8日。

史溯源上，中国式现代化形成于中国共产党领导全国各族人民对中国现代化道路的探索中，并在党的坚强领导下沿着正确方向行稳致远。现实实践上，党的十八大以来，以习近平同志为核心的党中央带领全党在领导社会主义现代化建设中取得理论和实践上的创新突破，成功推进和拓展了中国式现代化。

一、理论依据：马克思主义赋予党领导社会主义现代化的使命

中国共产党作为马克思主义政党，其领导中国式现代化的理论依据直接来自马克思主义关于无产阶级夺取现代化主导权实现社会主义乃至共产主义的思想。这一思想主要有两个立足点：第一，基于唯物史观科学客观地指出现代化是人类社会进步发展的必然趋势，是必须坚持和推动的；第二，资本主义下的现代化伴随着资产阶级对包括无产阶级在内的广大劳动人民施加残酷剥削和压迫，其引发的贫富差距扩大、阶级矛盾日益尖锐、自然环境遭受破坏、对外侵略和世界大战等危机严重威胁现代人类文明的存续。"资产阶级的生产关系和交换关系，资产阶级的所有制关系，这个曾经仿佛用法术创造了如此庞大的生产资料和交换手段的现代资产阶级社会，现在像一个魔法师一样不能再支配自己用法术呼唤出来的魔鬼了。"[①]无产阶级作为实际推动现代化发展的先进阶级，其在生产力掌握、政治参与能力和阶级意识觉悟等方面不断成熟，为从资产阶级手中夺取现代化主导权、实现全人类解放奠定条件。共产党作为无产阶级的先锋队，代表着现代化中先进生产力的发展要求、先进文化的前进方向和最广大人民的根

[①]《马克思恩格斯文集》（第二卷），人民出版社2009年版，第37页。

本利益，负有领导无产阶级夺取现代化主导权并进一步推动现代化发展的天然使命。中国共产党对中国现代化的坚强领导既是上述马克思主义思想理论的有力证明，也是马克思主义中国化时代化的重要内容。

马克思、恩格斯提出无产阶级夺取现代化领导权的思想。生活在资本主义生长最为野蛮时代的马克思和恩格斯，揭露与批判资产阶级所造成的现代化问题，特别是用辛辣的笔锋讽刺了自诩民主自由的资本主义政治制度："现代的国家政权不过是管理整个资产阶级的共同事务的委员会罢了。"[1]在这些政治制度中，资产阶级政党制度更是充满肮脏的政治利益交换："轮流执政的两大政党中的每一个政党，又是由这样一些人操纵的，这些人把政治变成一种生意……或是以替本党鼓动为生，在本党胜利后取得职位作为报酬。"[2]时至今日，资本主义国家的政党制度依旧存在马克思和恩格斯批判的金钱政治与权钱交易，而且进一步演变为相互否定的否决政治，各项改革措施难以持续，社会矛盾日益尖锐。其深层原因是作为统治阶级的资产阶级无力根治由自身阶级本性所造成的贫富两极分化等社会问题，逐渐丧失对现代化的领导能力。在此基础上，马克思和恩格斯提出由无产阶级领导，指出无产阶级的任务是通过革命成为统治阶级，争得民主，进而"将利用自己的政治统治，一步一步地夺取资产阶级的全部资本，把一切生产工具集中在国家即组织成为统治阶级的无产阶级手里，并且尽可能快地增加生产力的总量"[3]。其中，集中生产工具并增加生

---

[1]《马克思恩格斯文集》（第二卷），人民出版社2009年版，第33页。

[2]《马克思恩格斯全集》（第二十九卷），人民出版社2020年版，第237页。

[3]《马克思恩格斯文集》（第二卷），人民出版社2009年版，第52页。

产力总量就是无产阶级领导和开展现代化的主要内容。但同时恩格斯指出无产阶级"一旦取得统治权，就不能继续运用旧的国家机器来进行管理"①，应当铲除全部旧的压迫机器，确保无产阶级专政。在这一过程中，共产党人作为"各国工人政党中最坚决的、始终起推动作用的部分"②，始终代表工人运动和无产阶级的利益。虽然马克思恩格斯由于时代条件所限没有能够明确提出共产党全面领导社会主义现代化和共产主义事业的思想理论，但两位革命导师对共产党的政党性质和历史使命的阐述为后来各国的共产主义政党领导无产阶级革命和社会主义现代化建设的理论和实践探索奠定思想基石。

列宁提出共产主义政党领导理论，开辟出一条由共产党领导的社会主义现代化道路。进入20世纪后，主要帝国主义国家已将世界瓜分完毕，在第二次工业革命中得到极大发展的资本主义现代化面临严重的危机。经济危机、社会动荡和世界大战无不预示着资产阶级对现代化的统治与掌控摇摇欲坠。无产阶级如何通过革命夺取现代化领导权并推进现代化，成为以列宁为代表的无产阶级革命家所要面对的现实具体问题。20世纪初，为粉碎经济主义、机会主义和工联主义思想对无产阶级革命的阻碍，发挥马克思主义政党对工人运动的领导作用，列宁撰写了《怎么办？》一书，提出建立一个统一的集中的马克思主义政党，成为革命力量的先锋队。他指出："任何革命运动，如果没有一种稳定的和能够保持继承性的领导者组织，就不能持久。"③1904年，面对布尔什维克和孟什维克日益激烈的党内斗争，

---

① 《马克思恩格斯全集》（第二十九卷），人民出版社2020年版，第237页。
② 《马克思恩格斯文集》（第二卷），人民出版社2009年版，第44页。
③ 《列宁全集》（第六卷），人民出版社2013年版，第118页。

列宁写作《进一步,退两步》,批判了孟什维克鼓吹的自治制建党方式,坚持自上而下、纪律严明的集中制建党原则,"不仅要求普通党员,而且要求'上层人物'履行党员的义务"[①]。1917年十月革命胜利,世界上第一个社会主义国家建立,布尔什维克在捍卫革命成果的同时肩负着领导苏维埃人民进行社会主义国家现代化建设的历史使命。1921年列宁总结十月革命以来布尔什维克领导社会主义现代化工作的经验教训,指出共产党对社会主义现代化的领导"不是要'亲手'包办'一切'……要一面指导工作,一面向那些有知识的人(专家)和有组织大企业经验的人(资本家)学习"[②],同时强调共产党对国家现代化的全面领导地位:"在我国,国家政权的一切政治经济工作都由工人阶级觉悟的先锋队共产党领导。"[③]列宁提出的民主集中制成为后来各国共产主义政党的建党原则,为其有效领导本国的现代化提供理论、组织和制度保障。

中国共产党人基于中国国情提出了党领导中国现代化的理论。党全面领导中国式现代化是马克思主义中国化的重要组成部分,中国共产党人在理论创新和实践探索中不断发展党的全面领导理论,为中国共产党对中国现代化的全面领导提供直接依据。1949年新中国成立,中国共产党正式确立在探索中国现代化道路、发展中国现代化事业上的全面领导地位。改革开放以后,中国共产党的全面领导成为中国特色社会主义事业和社会主义现代化顺利推进的"定海神针",确保中国在激荡变革的国内发展与风云变幻的国际形势中保持社会主义性质和社会和谐稳定,形成了中国共产党全面领导中国式现代化的历史路

---

① 《列宁全集》(第八卷),人民出版社2017年版,第395页。
② 《列宁全集》(第四十一卷),人民出版社2017年版,第230页。
③ 《列宁全集》(第四十二卷),人民出版社2017年版,第381页。

径。中国共产党领导人对于中国共产党全面领导现代化的地位和能力均有过经典论述。毛泽东指出中国共产党之所以具有全面领导中国现代化的能力，是因为"共产党是以马克思主义为思想基础的，它对于将来和前途看得清楚，对于社会各个阶级向什么方向发展也看得清楚"①。邓小平指出坚持四项基本原则的核心，就是坚持中国共产党的领导："我们人民的团结，社会的安定，民主的发展，国家的统一，都要靠党的领导。"②江泽民指出中国共产党的领导地位，是在领导中国人民进行革命、建设、改革的长期实践中形成的，是历史的必然选择："新中国成立以后，在复杂的国内外条件下，中国始终保持团结统一，社会主义建设不断前进，根本原因就是有了中国共产党的坚强领导。"③胡锦涛指出中国共产党是中国特色社会主义事业的领导核心，必须加强和改善党的领导："加强和改善党的领导，是实现全面建设小康社会宏伟目标、开创中国特色社会主义事业新局面的关键。"④习近平指出新时代党的全面领导对于中国式现代化的重大意义："坚持和加强党的全面领导，关系党和国家前途命运，我们的全部事业都建立在这个基础之上，都根植于这个最本质特征和最大优势。"⑤

---

① 《毛泽东文集》（第三卷），人民出版社1996年版，第394页。
② 《邓小平文选》（第二卷），人民出版社1994年版，第342页。
③ 《江泽民文选》（第三卷），人民出版社2006年版，第224页。
④ 《胡锦涛文选》（第二卷），人民出版社2016年版，第74页。
⑤ 习近平：《论坚持党对一切工作的领导》，中央文献出版社2019年版，第222页。

二、历史沿革：中国共产党承担探索中国式现代化的历史重任

中国共产党成立于近代仁人志士对中国现代化道路的追寻与求索中，并因马克思主义思想的先进性和无产阶级政党的革命性成为探索符合中国国情的现代化道路的主要参与者和领导者。1921年，党的一大将广泛发展但四处分散的各共产主义组织整合成由一个中心领导的政党，并以领导包括无产阶级在内的广大中国人民实行社会革命为主要任务，中国共产党由此成为中国式现代化形成与推进的主要承担者和内涵赋予者。尽管那时的中国共产党人没有直接提出或明确使用"中国式现代化"一词，但他们都在不同时期以党的代表大会、全会等方式，通过将马克思主义基本原理与中国各时期具体实际情况相结合的方式，不断丰富和深化中国式现代化的科学内涵，推进中国式现代化在理论和实践层面的发展。在历届党中央的坚强领导下，一代又一代中国共产党人以实现中华民族伟大复兴为己任，接力推进中国式现代化。

以毛泽东同志为主要代表的中国共产党人奠定了中国式现代化的坚实基础。中国共产党领导的新民主主义革命推翻了帝国主义、封建主义和官僚资本主义三座大山，实现了民族独立、人民解放，为实现现代化创造了根本社会条件。早在1945年4月党的七大上，毛泽东就提出了实现中国现代化的任务："中国工人阶级的任务，不但是为着建立新民主主义的国家而斗争，而且是为着中国的工业化和农业近代化而斗争。"[①]在1949年3月中国共产党即将取得新民主主义革命全面

[①]《毛泽东选集》（第三卷），人民出版社1991年版，第1081页。

胜利之际召开的七届二中全会上，毛泽东进一步提出党要领导中国向现代化方向发展："占国民经济总产值百分之九十的分散的个体的农业经济和手工业经济，是可能和必须谨慎地、逐步地而又积极地引导它们向着现代化和集体化的方向发展的，任其自流的观点是错误的。"①新中国成立后，特别是三大改造完成、社会主义制度确立以后，中国的现代化建设走上社会主义道路。1957年3月，毛泽东提出："建设一个具有现代工业、现代农业和现代科学文化的社会主义国家。"②1964年12月，周恩来在毛泽东的提议下正式提出："把我国建设成为一个具有现代农业、现代工业、现代国防和现代科学技术的社会主义强国。"③自此，由农业、工业、国防和科学技术现代化构成的"四个现代化"成为中国式现代化的最早内涵和最初目标。在这一社会主义革命和建设时期，党团结带领人民建立起独立的比较完整的工业体系和国民经济体系，为现代化建设奠定根本政治前提和宝贵经验、理论准备、物质基础。

以邓小平同志为主要代表的中国共产党人实现现代化道路探索的重大创新。1978年12月党的十一届三中全会决定把全党工作的重心转到实现四个现代化上来④，邓小平在继承毛泽东"四个现代化"思想的同时，为中国式现代化的发展做出新的贡献，基于社会主义初级阶段的基本国情提出了中国式现代化的新内涵。改革开放初的1979年3月，邓小平在党的理论工作务虚会上指出实现四个现代化、把我

---

① 《毛泽东选集》（第四卷），人民出版社1991年版，第1432页。

② 中共中央文献研究室编：《建国以来重要文献选编》（第十册），中央文献出版社1994年版，第111页。

③ 中共中央文献研究室编：《建国以来重要文献选编》（第十九册），中央文献出版社1998年版，第483页。

④ 《邓小平文选》（第二卷），人民出版社1994年版，第140页。

第二章
坚持和加强党的全面领导

国建成社会主义强国是一个非常艰巨的任务:"现在搞建设,也要适合中国情况,走出一条中国式的现代化道路。"①"中国式"一词正式与现代化合用。在1982年党的十二大开幕式上,邓小平提出"走自己的道路,建设有中国特色的社会主义"②,奠定了中国式现代化基于自己国情的中国特色基调。此外,邓小平提出"三步走"发展战略,为社会主义现代化建设定下阶段性目标。"第一步,实现国民生产总值比一九八〇年翻一番,解决人民的温饱问题……第二步,到本世纪末,使国民生产总值再增长一倍,人民生活达到小康水平。第三步,到下个世纪中叶,人均国民生产总值达到中等发达国家水平,人民生活比较富裕,基本实现现代化。"③同时,邓小平提出"三个有利于"作为衡量改革开放中现代化方向正确与否的标准:"是否有利于发展社会主义社会的生产力、是否有利于增强社会主义国家的综合国力、是否有利于提高人民的生活水平。"④坚持"三个有利于"的判断标准,保证了社会主义现代化始终在实现中华民族伟大复兴的正确方向上。自此,实现社会主义现代化成为社会主义初级阶段中国共产党的基本路线、奋斗目标,中国式现代化新道路开始成型。

以江泽民同志为主要代表的中国共产党人维护并推动社会主义现代化道路。20世纪90年代初,国内政治动乱和国际苏东剧变导致中国社会主义现代化建设一度陷入内外交困之中。改革开放是否继续、社会主义现代化能否实现考验着中国共产党人,以江泽民同志为主要代表的中国共产党人把握危中有机、转危为机的历史关键时刻,捍卫

---

① 《邓小平文选》(第二卷),人民出版社1994年版,第163页。
② 《邓小平文选》(第三卷),人民出版社1993年版,第3页。
③ 中共中央文献研究室编:《十三大以来重要文献选编》(上),人民出版社1991年版,第16页。
④ 《邓小平文选》(第三卷),人民出版社1993年版,第372页。

并推进社会主义现代化建设。在党的十四大上，江泽民指出以实现现代化为目标的改革开放"不是要改变我们社会主义制度的性质，而是社会主义制度的自我完善和发展"①，从思想理论上捍卫了中国式现代化的社会主义本质。江泽民进一步强调改革"是中国现代化的必由之路"②，解决了中国式现代化的动力和路径问题。同时，江泽民提出改善党的领导，发挥党在社会主义现代化建设中的领导核心作用："社会主义的改革开放和现代化建设要搞得更好更快，国家要长治久安和繁荣富强，关键在于我们党……"③党的十五大上江泽民基于改革开放以来已经取得的成就，在邓小平"三步走"战略的基础上，提出新的"三步走"设想："第一个十年实现国民生产总值比二〇〇〇年翻一番，使人民的小康生活更加宽裕，形成比较完善的社会主义市场经济体制；再经过十年的努力，到建党一百年时，使国民经济更加发展，各项制度更加完善；到世纪中叶建国一百年时，基本实现现代化，建成富强民主文明的社会主义国家。"④自此，改革开放新局面和社会主义现代化建设得以由危转机，并在深入发展中取得举世瞩目的成就，为中国式现代化提供充满活力的体制保证。

以胡锦涛同志为主要代表的中国共产党人进一步总结与发展中国社会主义现代化。面对霸权主义、强权政治横行，以及恐怖主义和分裂势力等非传统安全威胁日益加剧，以胡锦涛同志为主要代表的中国共产党人坚持和平与发展的时代主题，抓住新世纪社会主义现代化的重大战略机遇期。党的十六大以来，胡锦涛提出科学发展观，为中国

---

① 《江泽民文选》（第一卷），人民出版社2006年版，第212页。
② 《江泽民文选》（第一卷），人民出版社2006年版，第219页。
③ 《江泽民文选》（第一卷），人民出版社2006年版，第245页。
④ 《江泽民文选》（第二卷），人民出版社2006年版，第4页。

社会主义现代化建设的内涵提供新的注解。他继承邓小平"发展才是硬道理"的思想，进一步提出"发展是我们党执政兴国的第一要务"①，为中国式现代化确立"发展"的价值导向。2005年，胡锦涛提出构建社会主义和谐社会是"全面推进中国特色社会主义事业的重要保障"②，能"更好实现继续推进现代化建设"③，进一步提出实现并维护社会和谐是实现中国式现代化的社会条件。党的十七大进一步指出："发展对于全面建设小康社会、加快推进社会主义现代化……具有决定性意义。"④胡锦涛指出发展社会主义现代化的内外条件："我国改革开放和现代化建设的进程，是我们从基本国情出发，解放思想、实事求是、与时俱进，不断开辟新的发展道路的进程，也是我们在复杂多变的国际环境中抓住机遇、应对挑战，努力发展自己的进程。"⑤同时，胡锦涛强调要加强党的执政能力建设，培养中国式现代化所需人才，"形成一支……能够适应现代化建设需要的高素质人才队伍。"⑥这一时期社会主义中国的综合国力发展突飞猛进，GDP总量由2003年的世界第六跃升至2010年的世界第二，成为世界上最大的发展中国家，为中国式现代化的快速发展提供了雄厚充足的物质条件。

---

① 《胡锦涛文选》（第二卷），人民出版社2016年版，第39页。
②③ 《胡锦涛文选》（第二卷），人民出版社2016年版，第277页。
④ 《胡锦涛文选》（第三卷），人民出版社2016年版，第3页。
⑤ 《胡锦涛文选》（第二卷），人民出版社2016年版，第84页。
⑥ 《胡锦涛文选》（第二卷），人民出版社2016年版，第147页。

三、现实实践：中国共产党成功推进和拓展中国式现代化

党的十八大以来，在新中国成立特别是改革开放以来长期探索和实践基础上，实现了理论和实践上的创新突破，成功推进和拓展了中国式现代化。以习近平同志为核心的党中央在领导和推进社会主义现代化建设的实践中不断深化对中国现代化道路的认识，提出了习近平新时代中国特色社会主义思想，实现了马克思主义中国化时代化的新飞跃，为中国式现代化提供了根本遵循。

作为马克思主义时代化中国化的最新理论成果，习近平新时代中国特色社会主义思想凝结了以习近平同志为核心的党中央在理论和实践层面的探索创新和经验总结，是推进中国式现代化的根本遵循。习近平新时代中国特色社会主义思想，从理论和实践结合上系统回答了新时代坚持和发展什么样的中国特色社会主义、怎样坚持和发展中国特色社会主义，建设什么样的社会主义现代化强国、怎样建设社会主义现代化强国，建设什么样的长期执政的马克思主义政党、怎样建设长期执政的马克思主义政党等重大时代课题，是马克思主义中国化最新成果，是当代中国马克思主义、21世纪马克思主义，是党和国家必须长期坚持的指导思想。习近平新时代中国特色社会主义思想深化对共产党执政规律、社会主义建设规律、人类社会发展规律的认识，开辟了马克思主义中国化新境界。中国式现代化作为习近平新时代中国特色社会主义思想的重要组成部分。习近平新时代中国特色社会主义思想提供推进中国式现代化的立场观点方法，包括坚持人民至上、坚持自信自立、坚持守正创新、坚持问题导向、坚持系统观念和坚持胸怀天下。推进中国式现代化必须坚持解放思想、实事求是、与时俱

第二章
坚持和加强党的全面领导

进、求真务实,一切从实际出发,着眼解决新时代改革开放和社会主义现代化建设的实际问题,不断回答中国之问、世界之问、人民之问、时代之问,作出符合中国实际和时代要求的正确回答,得出符合客观规律的科学认识,形成与时俱进的理论成果。

初步构建中国式现代化理论体系。党的二十大报告系统提出了包括重大原则在内的中国式现代化理论体系的重大论断。第一,提出了中国式现代化的中国特色,诠释了作为现代化定语的"中国式"的科学内涵。中国式现代化是人口规模巨大的现代化,是全体人民共同富裕的现代化,是物质文明和精神文明相协调的现代化,是人与自然和谐共生的现代化,是走和平发展道路的现代化。第二,提出了中国式现代化的本质要求。坚持中国共产党领导,坚持中国特色社会主义,实现高质量发展,发展全过程人民民主,丰富人民精神世界,实现全体人民共同富裕,促进人与自然和谐共生,推动构建人类命运共同体,创造人类文明新形态。[1]这些本质要求既定义了中国式现代化的组成部分,又为如何实现中国式现代化定下具体目标和标准。第三,提出中国式现代化的宏伟蓝图。在全面建成小康社会的基础上,提出了全面建设社会主义现代化强国的"两步走"战略,深化发展"三步走"战略的第三步。从二〇二〇年到二〇三五年基本实现社会主义现代化;从二〇三五年到本世纪中叶把我国建成富强民主文明和谐美丽的社会主义现代化强国。[2]第四,明确了中国式现代化的重大原则,

---

[1] 习近平:《高举中国特色社会主义伟大旗帜 为全面建设社会主义现代化国家而团结奋斗——在中国共产党第二十次全国代表大会上的报告》,人民出版社2022年版,第23—24页。

[2] 习近平:《高举中国特色社会主义伟大旗帜 为全面建设社会主义现代化国家而团结奋斗——在中国共产党第二十次全国代表大会上的报告》,人民出版社2022年版,第24页。

正道前行
——中国式现代化的重大原则

即坚持和加强党的全面领导,坚持中国特色社会主义道路,坚持以人民为中心的发展思想,坚持深化改革开放,坚持发扬斗争精神。第五,指明中国式现代化的重大关系。推进中国式现代化是一个系统工程,需要统筹兼顾、系统谋划、整体推进,正确处理好顶层设计与实践探索、战略与策略、守正与创新、效率与公平、活力与秩序、自立自强与对外开放等一系列重大关系。

为中国式现代化作坚实战略支撑。战略问题是一个政党、一个国家的根本性问题。战略上判断得准确,战略上谋划得科学,战略上赢得主动,中国式现代化就大有希望。党的十八大以来,以习近平同志为主要代表的中国共产党人对新时代党和国家事业发展作出科学完整的战略部署,提出实现中华民族伟大复兴的中国梦,以中国式现代化推进中华民族伟大复兴,统揽伟大斗争、伟大工程、伟大事业、伟大梦想,明确"五位一体"总体布局和"四个全面"战略布局,确定稳中求进工作总基调,统筹发展和安全,明确我国社会主要矛盾是人民日益增长的美好生活需要和不平衡不充分的发展之间的矛盾,并紧紧围绕这个社会主要矛盾推进各项工作,不断丰富和发展人类文明新形态。以习近平同志为主要代表的中国共产党人在推进中国式现代化的过程中不断完善党和国家的各项重大战略,深入实施科教兴国战略、人才强国战略、乡村振兴战略等一系列重大战略。这些重大战略构成了中国式现代化在各具体领域中的工作内容,是中国式现代化内涵的延伸拓展,也是衡量中国式现代化推进程度的具体标准。中国共产党站在战略的高度,发挥总揽全局的能力,放眼全局谋一域,把握形势谋大事,从全局角度、以长远眼光看问题,从整体上把握事物发展趋势和方向,制定科学可行的战略方案,根据环境变化及时调整战略方案,确保中国式现代化沿着正确方向深化发展。

取得了中国式现代化一系列成果。党的十八大以来,以习近平同志为核心的党中央团结带领全党全军全国各族人民，全面贯彻党的基本理论、基本路线、基本方略，采取一系列战略性举措，推进一系列变革性实践，实现一系列突破性进展，取得一系列标志性成果，经受住了来自政治、经济、意识形态、自然界等方面的风险挑战考验，党和国家事业取得历史性成就、发生历史性变革，推动我国迈上全面建设社会主义现代化国家新征程。新时代十年的伟大变革，是在以习近平同志为核心的党中央坚强领导下、在习近平新时代中国特色社会主义思想指引下全党全国各族人民团结奋斗取得的。经济上，提出并贯彻新发展理念，着力推进高质量发展，推动构建新发展格局，实行更加积极主动的开放战略，共建"一带一路"，实现了全面小康。政治上，全面深化改革，坚持走中国特色社会主义政治发展道路，全面发展全过程人民民主，深入推进全面从严治党。思想上，创立了新时代中国特色社会主义思想，确立和坚持马克思主义在意识形态领域指导地位的根本制度，党的创新理论、社会主义核心价值观和中华优秀传统文化深入发展。社会上，深入贯彻以人民为中心的发展思想，打赢了人类历史上规模最大的脱贫攻坚战。生态文明上，坚持"绿水青山就是金山银山"理念，坚持山水林田湖草沙一体化保护和系统治理，全方位、全地域、全过程加强生态环境保护。

第二节

党的领导确保中国式现代化行稳致远

社会主义现代化事业的顺利推进离不开党的全面领导，中国式现代化在党的坚强领导下稳步推进，取得了举世瞩目、彪炳史册的辉煌业绩。第二次世界大战以来，许多新兴独立国家走上了现代化道路，并在短期内实现快速发展。然而，这些国家多数未能完成现代化，相反因快速现代化产生的社会矛盾陷入社会动荡和经济倒退的困境，现代化进程中断甚至倒退。造成这一结果的重要原因是这些国家缺乏坚强的领导核心力量持之以恒地推动现代化不断前进和拓展，资本主义制度下的拉美国家在独裁和民粹交替下落入"中等收入陷阱"，社会主义国家中的苏联和东欧国家因放弃共产党领导而走向解体和剧变。新中国成立以来，中国共产党的全面领导是社会主义现代化在重大考验和关键转折中行稳致远的根本保障。"党政军民学，东西南北中，党是领导一切的，这是党领导人民进行革命、建设、改革最可宝贵的经验。"[①]健全总揽全局、协调各方的党的全面领导制度体系，"坚决维护党中央权威和集中统一领导，把党的领导落实到党和国家事业各

[①]《习近平谈治国理政》（第四卷），外文出版社2022年版，第501页。

第二章
坚持和加强党的全面领导

领域各方面各环节"①，是马克思主义中国化时代化的重大成果，体现了新时代中国共产党人对共产党执政规律、社会主义建设规律、人类社会发展规律的深刻认识。

一、党中央权威和领导把握中国式现代化顶层设计

党的十八大以来，以习近平同志为核心的党中央把马克思主义基本原理同中国社会主义现代化建设具体实际相结合，与时俱进，守正创新，锚定中国式现代化的奋斗目标，指明中国式现代化的正确方向，加强了党中央对中国式现代化的权威和集中统一领导，为中国式现代化行稳致远、进而有为提供顶层设计保障。全面建成社会主义现代化强国的目标和世界百年未有之大变局的内外形势对党中央的权威和集中统一领导提出了更高的时代要求。必须紧密团结在以习近平同志为核心的党中央周围，正确理解中国式现代化，全面学习、全面把握、全面落实党的二十大精神，深刻领悟"两个确立"的决定性意义，牢记"国之大者"，增强"四个意识"、做到"两个维护"，把思想和行动统一到党中央决策部署上来。

党的领导锚定中国式现代化的奋斗目标。从2012年至今，党中央以党的代表大会为节点，每五年为一阶段提出中国式现代化的具体奋斗目标，团结带领全党全国各族人民以奋发有为的精神把新时代中国特色社会主义不断推向前进。党的十八大后，习近平提出了中华民族伟大复兴的总目标："我们比历史上任何时期都更接近中华民族伟

---

① 习近平：《高举中国特色社会主义伟大旗帜　为全面建设社会主义现代化国家而团结奋斗——在中国共产党第二十次全国代表大会上的报告》，人民出版社2022年版，第26页。

大复兴的目标，比历史上任何时期都更有信心、有能力实现这个目标。"①习近平强调："到中国共产党成立100年时全面建成小康社会的目标一定能实现，到新中国成立100年时建成富强民主文明和谐的社会主义现代化国家的目标一定能实现，中华民族伟大复兴的梦想一定能实现。"②党的十九大进一步提出"决胜全面建成小康社会，夺取新时代中国特色社会主义伟大胜利"③，将全面建成小康社会作为建党百年之际中国式现代化的阶段性目标，并提出从二〇二〇年到本世纪中叶的现代化战略安排："第一个阶段，从二〇二〇年到二〇三五年，在全面建成小康社会的基础上，再奋斗十五年，基本实现社会主义现代化"④，"第二个阶段，从二〇三五年到本世纪中叶，在基本实现现代化的基础上，再奋斗十五年，把我国建成富强民主文明和谐美丽的社会主义现代化强国"⑤。建党百年之际全面建成小康社会胜利达成后，党的二十大提出新时代新征程中国共产党的使命任务："从现在起，中国共产党的中心任务就是团结带领全国各族人民全面建成社会主义现代化强国、实现第二个百年奋斗目标，以中国式现代化全面推进中华民族伟大复兴。"⑥中华民族伟大复兴由此成为推进

---

① 习近平：《在庆祝中国共产党成立95周年大会上的讲话》，人民出版社2016年版，第27页。

② 本书编写组编：《习近平的小康情怀》，人民出版社2022年版，第5页。

③ 中共中央党史和文献研究院编：《十九大以来重要文献选编》（上），中央文献出版社2019年版，第1页。

④⑤ 中共中央党史和文献研究院编：《十九大以来重要文献选编》（上），中央文献出版社2019年版，第20页。

⑥ 习近平：《高举中国特色社会主义伟大旗帜 为全面建设社会主义现代化国家而团结奋斗——在中国共产党第二十次全国代表大会上的报告》，人民出版社2022年版，第21页。

中国式现代化的奋斗目标。党的二十大深化全面建成社会主义现代化强国的"两步走"战略安排，详细规划二〇三五年基本实现现代化的各项总体目标，并对未来五年这一全面建设社会主义现代化国家开局起步的关键时期提出更为具体的目标任务。党中央统筹中华民族伟大复兴战略全局和世界百年未有之大变局，锚定中国式现代化的总体和阶段目标，确保了中国式现代化有的放矢、有章可循。

党的领导指明中国式现代化的正确方向。党的全面领导作为中国式现代化的重大原则，事关中国式现代化的正确方向。"现代化"一词的意涵是向着"现代"这个状态进行变"化"的过程，从字面意思和历史实践中不难理解，人类社会由"前现代"的状态点向"现代"的状态点过渡本身就表明了一种发展上的方向性。"原则"作为人们总结长期经验所形成的行事依据被应用在现代化当中时，会与"方向"相辅相成，发生共鸣。"原则"是定义和保持"方向"的标准，"方向"则是构建和落实"原则"的指引。因此，现代化方向的指明和引领至关重要。党中央作为全党和全国的领导核心，指明中国式现代化的正确方向既是其职责，也是彰显其对中国式现代化的集中统一领导能力。贯彻正确方向是中国式现代化取得成就的关键原因。选对正确方向，国家现代化事业就能事半功倍。党的十一届三中全会以来，历届党中央领导集体始终以改革开放作为中国社会主义现代化的建设方向，用几十年的时间走完西方发达国家几百年走过的工业化历程，创造了经济快速发展和社会长期稳定两大奇迹。党的十八大以来，党中央通过"五位一体"总体布局和"四个全面"战略布局指明新时代中国特色社会主义建设发展方向，领导团结全国各族人民打赢脱贫攻坚战、新冠防疫战，实现建党百年之际全面建成小康社会的奋斗目标。党中央是中国式现代化正确方向的指引者。离开了党中央的坚强领导，中国式现代化必将走上不可挽回的歧路。作为中国式现代化的领导主体，中国共产党从理论和实践两个层面探索现代化建设的正确方向，推进实践基础上的理论创新。坚持和加强中国共产党的全面领导，指引中国的现代化建设沿着社会主义和中国特色的方向前进。

推进中国式现代化必须团结在以习近平同志为核心的党中央周围。中国特色社会主义进入新时代，世界百年未有之大变局加速演变，中国式现代化在前进的道路上还会面临各种阻碍和挑战。唯有树立和巩固以习近平同志为核心的党中央在全党的领导权威，我们才能临危不乱、勇毅前行，继续推动中国式现代化的发展。第一，拥护"两个确立"。确立习近平同志党中央的核心、全党的核心地位，确立习近平新时代中国特色社会主义思想的指导地位。"两个确立"反映了全党全军全国各族人民共同的心愿，对以中国式现代化推进中华民族伟大复兴历史进程具有决定性意义。习近平总书记作为党中央的核心、全党的核心，以高瞻远瞩的战略眼光和深谋远虑的战略思维指出中国式现代化这一中国共产党领导的社会主义现代化正确道路，凝聚全国各族人民团结奋斗、共创繁荣。习近平新时代中国特色社会主义思想作为马克思主义具体原理同中国具体实际、中华优秀传统文化相结合的最新理论成果，指导着全党和全国各族人民推进中国式现代化。第二，增强"四个意识"。牢固树立政治意识、大局意识、核心意识、看齐意识，在发展中国式现代化上同党中央保持高度一致。政治意识要求我们推进中国式现代化要始终坚定政治立场、政治方向、政治信仰，确保在思想上政治上行动上与党中央保持高度一致。大局意识要求我们始终站在全局和战略高度，识大体、顾大局、谋大事，确保中国式现代化服从服务于党和国家大局。核心意识要求我们维护习近平总书记的核心地位，维护党中央权威，确保党在中国式现代化中的团结统一和集中领导。看齐意识要求我们在推进中国式现代化的过程中要向党中央看齐，向党的理论和路线方针政策看齐，向党中央决策部署看齐。第三，做到"两个维护"。坚决维护习近平总书记党中央的核心、全党的核心地位，坚决维护党中央权威和集中统一领导。在中国式现代化进程中，全党上下要自觉服从党中央领导，不折不扣执行党中央决策部署，自觉在思想上政治上行动上同党中央保持高度一致，不断提高政治判断力、政治领悟力、政治执行力，确保党中央权威和集中统一领导，确保党发挥总揽全局、协调各方的领导核心作用，维护党的团结统一。

二、党的自我革命激发中国式现代化强劲动力

中国共产党对中国式现代化的全面领导决定了党自身的先进性和纯洁性是中国式现代化向中华民族伟大复兴不断向前推进的根本动力。中国共产党作为世界上最大的马克思主义执政党，必须时刻保持解决大党独有难题的清醒和坚定。进入新时代，中国共产党面临的执政考验、改革开放考验、市场经济考验、外部环境考验将长期存在，精神懈怠危险、能力不足危险、脱离群众危险、消极腐败危险将长期存在，对党能否全面领导中国式现代化提出时代考验。这要求党自身首先要提升对中国式现代化的全面领导能力，深入推进新时代党的建设新的伟大工程，以党的自我革命引领社会革命，为中国式现代化注入不竭动力。

党的政治建设永葆中国式现代化本质特色。党的政治建设是党的根本性建设。要把准政治方向，坚持党的政治领导，夯实政治根基，涵养政治生态，防范政治风险，永葆政治本色，提高政治能力，为我们党不断发展壮大、从胜利走向胜利、推进中国式现代化提供重要保证。党的政治建设旨在通过正确的政治纲领、政治路线、政治立场、政治目标，以及严明的政治纪律，保证全体党员具有高度的政治觉

悟，坚持正确政治方向，维护党的团结统一，完成党肩负的推进中国式现代化使命。在党的建设总体布局中，政治建设是"灵魂"和"根基"，是管总、管根本的，对党的其他建设具有统领提携、纲举目张的作用，是中国式现代化保持社会主义本色不变的根本。党的政治建设首要任务是保证全党服从中央，坚持党中央权威和集中统一领导。尊崇党章，严格执行新形势下党内政治生活若干准则，增强党内政治生活的政治性、时代性、原则性、战斗性。加强党内政治文化建设，营造风清气正的良好政治生态。加强党性锻炼，提高全党同志特别是高级干部的政治觉悟和政治能力。

党的思想建设树立中国式现代化正确认识。马克思主义以唯物辩证法和唯物史观的科学思维，揭示了人类社会发展规律，是中国共产党全面领导中国式现代化的根本指导思想。习近平在庆祝中国共产党成立100周年大会上的重要讲话中指出："马克思主义是我们立党立国的根本指导思想，是党的灵魂和旗帜。"[1]在全面建设社会主义现代化强国的历史新征程中，党的思想建设的重点是发展和运用好习近平新时代中国特色社会主义思想这一马克思主义中国化时代化的最新思想理论成果。党的十八大以来，以习近平同志为核心的党中央把握中国特色社会主义进入新时代、世界进入百年未有之大变局等国内外形势的长期判断，针对"新时代坚持和发展什么样的中国特色社会主义、怎样坚持和发展中国特色社会主义"[2]这一重大时代课题，进行了一系列理论和实践的探索创新。党的思想建设使全党上下深入把握

---

[1] 习近平：《在庆祝中国共产党成立100周年大会上的讲话》，人民出版社2021年版，第12页。

[2] 习近平：《论坚持全面深化改革》，中央文献出版社2018年版，第505页。

中国式现代化理论体系，在什么是中国式现代化、怎样推进中国式现代化等问题上破除陈旧观念、扫清思想阻碍、坚定理想信念。

党的组织建设确保中国式现代化贯彻落实。党的上下各级组织之间沟通顺畅、令行禁止是中国式现代化各项战略有效落实的根本前提，必须贯彻民主集中制这一党的根本组织原则和加强党的基层组织建设，使全党上下服务于中国式现代化这个党和国家事业发展的根本大局。民主集中制包含民主基础上的集中和集中指导下的民主，民主基础上的集中即集体领导制度要求各级党委、党组对所辖事务的决策和对下级组织的指示基于群商共议的党内民主，防止独断专行、各自为政或集体违规。集中指导下的民主，其内涵是实现维护上级组织权威和科学民主决策的有机统一。上级组织在作出同下级组织有关的重要决策前征求下级组织意见，畅通党员参与讨论党内事务的途径，拓宽党员表达意见渠道。党的基层组织是党的上级组织与广大人民群众沟通和工作的桥梁，党的基层组织建设实现党中央决策部署在"最后一公里"的落实。坚持和加强党在农村、城市、机关、国有企业、高校、非公企业和社会组织等各领域的基层党组织建设，实现全党上下如身使臂、如臂使指，为发展中国式现代化提供其他国家政党难以企及的强大执行力。

党的作风建设筑牢中国式现代化群众根基。作风问题关乎党的根本性质，对中国共产党作为无产阶级政党领导人民群众推进中国式现代化至关重要。只有党要管党，全面从严治党，坚持和恢复党的优良作风，中国共产党才不会在复杂多变、不确定性因素增加和风险挑战并存的新时期中犯颠覆性错误，确保社会主义现代化建设沿着正确方向前进。习近平总书记指出："党的作风是党的形象，是观察党群干群关系、人心向背的晴雨表。"①作风建设是党的建设的永恒主题，中国共产党的发展历程中，领导革命、建设和改革取得胜利和成就的经验中都贯穿着加强党的作风建设的实践，都把建设党的事业与建设良好的作风紧紧地联系在一起。作风建设关系到党的形象、威望和中国式现代化的兴衰成败。以习近平同志为核心的党中央把中央八项规定作为加强作风建设的切入点、全面从严治党的突破口，率先垂范、身体力行，较真碰硬，善做善成，开创了全面从严治党新局面，推进中国特色社会主义进入新时代，保证中国式现代化的顺利发展。

党的纪律建设提供中国式现代化根本保障。中国共产党全面领导中国式现代化不是一句简单的口号，而是要以各级党组织为责任主体加以落实，因此必须要加强党的纪律建设。作为推进中国式现代化的领导核心，中国共产党必须保持自身的严明纪律，确保全党在政治立场、政治方向、政治原则、政治道路上保持高度一致，确保党的团结统一。坚持党的政治纪律、组织纪律、廉洁纪律、群众纪律、工作纪律、生活纪律六大纪律，以严明的政治纪律和政治规矩自觉防止和反对个人主义、分散主义、自由主义、本位主义。没有党的严明纪律，中国式现代化的落实和推进便无从谈起。党的二十大报告对"坚持以严的基调强化正风肃纪"作出战略部署，强调"全面加强党的纪律建设"。习近平总书记在二十届中央纪委二次全会上强调，要把纪律建设摆在更加突出位置，党规制定、党纪教育、执纪监督全过程都要贯彻严的要求，既让铁纪"长牙"、发威，又让干部重视、警醒、知止，使全党形成遵规守纪的高度自觉，为中国式现代化保驾护航。

党的制度建设搭建中国式现代化推进框架。无规矩不成方圆，没

---

① 习近平：《在庆祝中国共产党成立95周年大会上的讲话》，人民出版社2016年版，第23页。

第二章
坚持和加强党的全面领导

有制度框架的支撑，中国共产党对中国式现代化的领导和推进难以持续。推进中国式现代化、全面建成社会主义现代化强国作为长期的历史任务，需要中国共产党在这一过程中将理论创新和实践经验转化为党的规章制度，作为推进中国式现代化的有力抓手。党的十八大以来，中国共产党的制度建设不断健全完善，形成了以党章为核心、各项具体法规为着力点的制度体系，为党的自身运作和党领导推进中国式现代化提供行动依据。同时，党的制度建设不是简单的文件叠加，而是党以改革创新驱动中国式现代化深入发展的生动体现和重要保障。中国共产党对中国式现代化的领导和推进既要守正，也要创新，党的制度建设正是实现守正创新的关键。一方面，党的制度建设确保中国式现代化始终保持在党的领导和中国特色社会主义制度的框架下。另一方面，党的制度建设随形势变化更新和替换不符合时代要求的陈规旧俗，焕发党领导和推进中国式现代化的生机活力。

党的反腐倡廉建设关乎中国式现代化成败。党的十八大以来，全面从严治党成效卓著。但是，反腐败斗争的形势依然严峻复杂，反腐败斗争的任务仍然艰巨繁重。只有以反腐败永远在路上的坚韧和执着，保证干部清正、政府清廉、政治清明，才能确保党团结带领全国人民以中国式现代化实现中华民族伟大复兴中国梦。习近平总书记指出："治国必先治党、治党务必从严。"[①]为此，全党要发扬自我革命的精神，深入推进全面从严治党的决心不能动摇、要求不能降低、力度不能减弱，勇于直面问题，敢于刮骨疗毒，消除一切损害党的先进性和纯洁性的因素，清除一切侵蚀党的健康肌体的病毒，严肃党内政治生活，严明党的纪律，强化党内监督，发展积极健康的党内政治文

[①] 习近平：《论坚持全面深化改革》，中央文献出版社2018年版，第152页。

化，全面净化党内政治生态，坚决纠正"四风"及其新变种，以零容忍态度惩治腐败，不断增强党自我净化、自我完善、自我革新、自我提高的能力，确保我们党永葆旺盛生命力和强大战斗力。习近平总书记在党的二十大上以"三个务必"告诫全党同志："全党同志务必不忘初心、牢记使命，务必谦虚谨慎、艰苦奋斗，务必敢于斗争、善于斗争。"①

三、党对国家事业的全面领导实现中国式现代化的整体推进

中国式现代化是一项涉及全体人民、所有领域的系统性工程，只有中国共产党能够用普遍联系的、全面系统的、发展变化的系统观点正确认识和推进中国式现代化。党的二十大报告指出："我国是一个发展中大国，仍处于社会主义初级阶段，正在经历广泛而深刻的社会变革，推进改革发展、调整利益关系往往牵一发而动全身。"②推进中国式现代化，必须由中国共产党对党和国家事业各领域各方面各环节进行全局和整体领导规划才能有序实现。其中，中国共产党对国家事业的全面领导是中国式现代化向前发展的具体方式。没有党对国家具体事业各领域各方面各环节的全面领导，全面建成社会主义现代化强国目标的实现将是难以想象的。党的十八大以来，以习近平同志为

---

① 习近平：《高举中国特色社会主义伟大旗帜　为全面建设社会主义现代化国家而团结奋斗——在中国共产党第二十次全国代表大会上的报告》，人民出版社2022年版，第1页。

② 习近平：《高举中国特色社会主义伟大旗帜　为全面建设社会主义现代化国家而团结奋斗——在中国共产党第二十次全国代表大会上的报告》，人民出版社2022年版，第20—21页。

核心的党中央坚持系统观念，就如何在中国式现代化的各项具体事业中全面贯彻和落实党的领导，进行一系列理论创新和改革实践。这些创新和实践深化了我们对党的全面领导的科学认识，从制度、组织和战略等方面实现党对国家事业的全面领导。

中国共产党对各部门各地方的全面领导为中国式现代化提供制度保障。党的十八大以来，党中央在全党全国建立健全党领导中国式现代化的各项制度机制，促进党对中国式现代化进行前瞻性思考、全局性谋划、整体性推进，有序规划和指挥中国式现代化。第一，健全党关于中国式现代化的决策论证评估和征求意见等决策制度。中国式现代化是涉及全党全国的重大方针政策，党在进行相关的重大决策和重大问题研究时采取多种方式征求党员和人民群众意见。在形成这些重大决策部署的过程中，党中央深入开展调查研究，广泛听取各方面意见和建议，凝聚智慧和力量，做到科学决策、民主决策和依法决策。党中央坚持先调研后决策的重要决策调研论证制度，坚持领导、专家、群众相结合的决策机制，完善群众参与、决策论证的具体制度，坚持决策风险评估机制，坚持"应评尽评、综合评估、风险可控"，确保各项工作真正赢得群众的理解和支持，从源头上预防矛盾和纠纷的发生。第二，完善党关于中国式现代化的重大决策部署落实机制。与中国式现代化相关的重大问题只有党有权作出决定和解释。各部门各地方在根据实际情况开展和推进中国式现代化的过程中，不能擅自作出决定和对外发表主张。其在职权范围内贯彻党中央有关中国式现代化的有关决策部署时，允许发挥积极性、主动性、创造性，但"决不允许自行其是、各自为政，决不允许有令不行、有禁不止，决不允许搞上有政策、下有对策"①。健全决策评估论证机制，重要议题出现较大意见分歧时不能强行作出决策，必须进行充分论证和评估。完善决策督查和反馈机制，加强决策执行的跟踪，及时调整不够科学合理的决策，坚决纠正执行决策不到位不准确的现象。第三，加强党关于中国式现代化的决策反馈机制。中国式现代化的决策部署是否符合实际、是否产生了应有的效果，党需要得到及时的反馈以进一步研究和调整。在落实党关于中国式现代化的相关决策部署时，各部门各地方若对其中的决议和政策有不同意见，可以向党提出建议和意见。面对涉及中国式现代化的重大事项或重大问题时，各部门各地方及时向各级党组织请示报告。同时，有关部门实时和及时地观察、收集与整理社会舆论对于党有关中国式现代化相关决策的意见和建议，以人民群众的声音为衡量决策实效、中国式现代化推进成效的重要标准。发挥高校、智库等研究机构的智囊作用，组织专家学者研究和评估党的各项决策对中国式现代化的实际影响和作用。

中国共产党对各单位各团体的全面领导为中国式现代化提供组织支撑。实现党对国家事业的全面领导推进中国式现代化，必须从组织上保证党对政府机关、企事业单位以及各种社会组织和团体的领导。其基本形式是在这些单位和团体中发展党员，并在党员规模发展至一定基础上建立党组织。这一领导制度起源于1927年的"三湾改编"，当时面对由农民和旧军人组成的革命军队执行力差、战斗力弱和信仰不足的问题，毛泽东通过军队改编，实行了"支部建在连上"的领导制度，确保了党对人民军队的绝对领导，并使改造后的人民军队迸发出前所未有的强大战斗力，为中国共产党领导全党全军和全国各族人

---

① 人民出版社编：《十八大以来廉政新规定（2022年版）》，人民出版社2022年版，第62页。

第二章
坚持和加强党的全面领导

民赢得新民主主义革命的胜利打下坚实基础。新中国成立后，这一领导制度从军队推广到各领域各组织中。"全国人大、国务院、全国政协，中央纪律检查委员会，最高人民法院、最高人民检察院，中央和国家机关各部门，人民军队，各人民团体，各地方，各企事业单位、社会组织，其党组织都要不折不扣执行党中央决策部署"[1]，同时"其党组织要定期向党中央报告工作"[2]。党的二十大提出要增强党组织政治功能和组织功能，坚持大抓基层的鲜明导向，抓党建促乡村振兴，加强城市社区党建工作，推进以党建引领基层治理，持续整顿软弱涣散基层党组织，把基层党组织建设成为有效实现党的领导的坚强战斗堡垒。全面提高机关党建质量，推进事业单位党建工作。推进国有企业、金融企业在完善公司治理中加强党的领导，加强混合所有制企业、非公有制企业党建工作，理顺行业协会、学会、商会党建工作管理体制。加强新经济组织、新社会组织、新就业群体党的建设。注重从青年和产业工人、农民、知识分子中发展党员，加强和改进党员特别是流动党员教育管理。国家社会各单位各团体在中国共产党的全面领导下参与到中国式现代化中，并在党的全面领导下密切联系、相互协作，支持中国式现代化的整体推进。

中国共产党对各项具体工作的全面领导为中国式现代化提供战略部署。党的十八大以来，党中央带领全党在总结前人经验和新时代中国特色社会主义建设实践基础上，提出了"十个明确"、"十四个坚持"、"五位一体"总体布局和"四个全面"战略布局等全局性思想理论和战略构想，对党和国家在中国式现代化各项具体领域、具体方面的领导工作进行部署。坚持党对经济工作的领导，始终坚持公有制

---

[1][2] 人民出版社编：《十八大以来廉政新规定（2022年版）》，人民出版社2022年版，第61页。

为主体、多种所有制经济共同发展，按劳分配为主体、多种分配方式并存，社会主义市场经济体制构成的基本经济制度，在党的坚强领导下充分发挥社会主义集中力量办大事的优势，推动经济建设实现跨越式发展。坚持党对政治工作的领导，保障人民当家作主，推进法治中国建设。党对政法工作的绝对领导是由党的政治地位和法律地位决定的，政法工作是党和国家工作的重要组成部分，政法单位行使的各项权力是党贯彻全面领导和执政地位的主要方式和手段。坚持党对文化工作的领导，牢牢掌握意识形态主动权，坚持马克思主义的指导思想地位，弘扬社会主义核心价值观。坚持党对社会工作的领导，构建党委领导体制，加强对社会治理工作的领导，提高基层党组织和党员干部解决社会问题、推动社会建设的能力。坚持党对生态文明工作的领导，中国共产党始终重视生态文明建设，新中国成立以来先后开展治沙、防风等绿化运动，坚持节约资源和保护环境的基本国策，并提出可持续发展战略。进入新时代，中国共产党继续加强对生态文明建设的全面领导，把生态文明建设摆在全局工作的突出位置，作出一系列重大决策和战略部署。坚持党对科教工作的领导，全面贯彻党的教育方针，落实立德树人根本任务，培养德智体美劳全面发展的社会主义建设者和接班人，完善党中央对科技工作统一领导的体制，健全新型举国体制，强化国家战略科技力量，优化配置创新资源，提升国家创新体系整体效能。坚持党对人民军队的绝对领导，贯彻新时代党的强军思想，贯彻新时代军事战略方针，加快把人民军队建成世界一流军队。

第三节

党的领导凝聚中国式现代化磅礴力量

人民群众是中国式现代化的建设主体，是党的主要领导对象。勤劳奋斗、追求美好生活的中国人民蕴含着推进中国式现代化、实现中华民族伟大复兴、全面建成社会主义现代化强国的磅礴力量，激发并调动人民群众这股根本力量建设中国式现代化是党的领导的重点使命任务。党的二十大提出新时代新征程党要以坚强的全面领导"始终成为风雨来袭时全体人民最可靠的主心骨"[1]，"确保拥有团结奋斗的强大政治凝聚力、发展自信心，集聚起万众一心、共克时艰的磅礴力量"[2]。习近平总书记在学习贯彻党的二十大精神研讨班开班式上明确指出党的领导如何凝聚人民群众这一中国式现代化磅礴力量："我们党坚持党的群众路线，坚持以人民为中心的发展思想，发展全过程

---

[1] 习近平：《高举中国特色社会主义伟大旗帜　为全面建设社会主义现代化国家而团结奋斗——在中国共产党第二十次全国代表大会上的报告》，人民出版社2022年版，第26页。

[2] 习近平：《高举中国特色社会主义伟大旗帜　为全面建设社会主义现代化国家而团结奋斗——在中国共产党第二十次全国代表大会上的报告》，人民出版社2022年版，第26—27页。

人民民主，充分激发全体人民的主人翁精神。"①

一、群众路线是党领导人民推进中国式现代化的根本路线

群众路线是中国共产党百年来的生命线和根本工作路线，是党全面领导中国式现代化的根本路线。《中国共产党章程》规定："党在自己的工作中实行群众路线，一切为了群众，一切依靠群众，从群众中来，到群众中去，把党的正确主张变为群众的自觉行动。"②党在领导中国式现代化的历史进程中始终坚持群众路线，以"一切为了群众"作为中国式现代化的出发点和落脚点，以"一切依靠群众"作为中国式现代化的力量源泉，以"从群众中来，到群众中去"作为中国式现代化的发展导向，以"把党的正确主张变为群众的自觉行动"作为中国式现代化的实现路径。党的群众路线使中国共产党全面领导的中国式现代化与人民群众保持密切联系，引导人民群众在党的领导下投身于中国式现代化之中。

"一切为了群众"是党凝聚人民群众建设中国式现代化的根本目的。中国共产党的马克思主义政党性质决定了其没有自身的特殊利益，只代表中国工人阶级和最广大人民群众的利益。天下为公、大公无私、以人为本是中国共产党全面领导中国式现代化的优良品质，也是党能够领导和号召人民群众参与推进中国式现代化的魅力所在。马克思和恩格斯在《共产党宣言》中明确指出共产党人的先进代表性：

---

① 《正确理解和大力推进中国式现代化》，载《人民日报》2023年2月8日。

② 《中国共产党章程》，人民出版社2022年版，第11页。

第二章
坚持和加强党的全面领导

"共产党人不是同其他工人政党相对立的特殊政党。他们没有任何同整个无产阶级的利益不同的利益。"①马克思主义传入中国后，中国共产党吸收和发展了马克思主义人民观，确立了全心全意为人民服务的宗旨。中国共产党正是因为坚持为中国人民谋幸福的初心和使命，能够在面对中国式现代化的艰难险阻和重重考验中捍卫和发展人民群众的切身利益，成为风雨来袭时全体人民的主心骨。反过来，人民群众在历史实践中亲身体会到中国共产党为他们谋幸福、谋利益、谋发展的真心，始终相信并拥护党的领导，这种鱼水交融的党群关系在其他国家是难以想象的。资本主义国家的政党囿于特殊利益集团和自身选票利益，不仅无法凝聚本国人民，反而加剧社会撕裂和政治极化。许多与中国条件相似的发展中国家之所以在现代化道路中折戟沉沙，一个关键原因在于这些国家的领导者和政党在利欲熏心下丧失了为人民群众发展现代化的本心，将本国的现代化成果和财富据为己有，损害了人民群众的利益，失去了人民群众的支持。

"一切依靠群众"是党凝聚人民建设中国式现代化的基本方针。人民群众是社会历史的主体，是党的全面领导地位和力量的来源，是推进中国式现代化的主力军。中国式现代化作为中国共产党领导的社会主义现代化，离不开广大人民群众的支持和参与。马克思主义人民史观揭示了人民群众作为物质生产主体、精神生活主体和社会变革主体的历史地位，指出了现代社会以无产阶级为代表的广大人民群众实现解放自身和全人类的历史任务："无产阶级的运动是绝大多数人的，为绝大多数人谋利益的独立的运动。"②中国式现代化既体现在人民群众在各行各业的生产工作实践，又体现在人民群众生活水平的

---

① 《马克思恩格斯文集》（第二卷），人民出版社2009年版，第44页。
② 《马克思恩格斯文集》（第二卷），人民出版社2009年版，第42页。

日益提高。中国式现代化的五大特征,人口规模巨大、全体人民共同富裕、物质文明和精神文明相协调、人与自然和谐共生和走和平发展道路,均以人民群众为主要依靠对象和实现目标。党对中国式现代化的全面领导来自人民群众的选择,人民群众的支持和拥戴是党能够凝聚起建设中国式现代化磅礴力量的重要原因。毛泽东指出:"领导权不是向人能要来的,更不是强迫就能实现的,而是要在实际利益上、在群众的政治经验上,使群众懂得哪一个党好,跟哪一个党走他们才有出路,这样来实现的。"[1]新民主主义革命的胜利、社会主义建设和改革开放的成就,是在党的坚强领导与人民群众的热情投入中取得的。不同于中国的其他阶级和政党不敢发动人民群众,防范甚至镇压人民群众的自发运动,中国共产党贯彻群众路线和群众观点,以党的领导发挥人民创造性,在人民自发创造中实现党的领导。习近平总书记强调:"中国共产党的一切执政活动,中华人民共和国的一切治理活动,都要尊重人民主体地位,尊重人民首创精神,拜人民为师,把政治智慧的增长、治国理政本领的增强深深扎根于人民的创造性实践之中,使各方面提出的真知灼见都能运用于治国理政。"[2]

"从群众中来,到群众中去"是党凝聚人民建设中国式现代化的工作方法。中国式现代化来源于人民群众对美好生活的向往和追求,在党的领导下落实到人民群众的生产生活实践中去。中国式现代化的理论构建和实践探索必须听取人民群众的意见和建议,接受人民群众的监督和检验。想群众之所想,思群众之所思是马克思主义实现中国化时代化的重要方式。中国共产党的理论来自人民、为了人民、造福

---

[1]《毛泽东文集》(第三卷),人民出版社1996年版,第59页。

[2] 习近平:《论坚持全面深化改革》,中央文献出版社2018年版,第137—138页。

第二章
坚持和加强党的全面领导

人民,党的理论创新源自人民的创造性实践。一切脱离人民的理论都是苍白无力的,一切不为人民造福的理论都是没有生命力的。党的二十大报告指出,"我们要站稳人民立场、把握人民愿望、尊重人民创造、集中人民智慧,形成为人民所喜爱、所认同、所拥有的理论,使之成为指导人民认识世界和改造世界的强大思想武器"[1],强调了中国共产党要领导好人民群众这个中国式现代化的历史主体,必须向人民群众学习,向人民群众请教。党的二十大提出"坚持人民至上"的理论创新科学方法,正是党的群众路线"从群众中来,到群众中去"的生动体现。中国式现代化不能脱离人民群众,不能忽视人民群众,否则就会陷入困境甚至失败的命运。中国共产党通过调查研究和媒体舆论等方法和渠道深入人民群众,了解人民群众的意愿和要求,并把人民群众的意愿和要求作为制定中国式现代化路线方针政策的基本依据,保证了党对中国式现代化的全面领导始终得到人民群众的认可和拥护。

"把党的正确主张变为群众的自觉行动"是党凝聚人民建设中国式现代化的具体路径。党的领导凝聚人民群众建设中国式现代化体现在党关于中国式现代化的思想理论和战略部署被人民群众积极主动地学习和落实,这要求一方面党关于中国式现代化的思想理论和战略部署必须以符合人民群众利益为正确标准,另一方面党关于中国式现代化的思想理论和战略部署真正地被人民群众接受和贯彻。"一切为了群众,一切依靠群众,从群众中来,到群众中去"确保了党关于中国式现代化的思想理论和战略部署符合最广大人民的根本利益和愿望,

---

[1] 习近平:《高举中国特色社会主义伟大旗帜 为全面建设社会主义现代化国家而团结奋斗——在中国共产党第二十次全国代表大会上的报告》,人民出版社2022年版,第19页。

其正确性毋庸置疑。实现人民群众对党关于中国式现代化思想理论和战略部署的接受和贯彻则从过程和结果两个方面入手，过程方面党进行及时的宣传和教育使人民群众明白中国式现代化有利于提高自己的生活水平、符合自己的利益，结果方面党以连续不断的阶段性成果、解决人民群众的实际问题等方式使人民群众真切体会到中国式现代化的正确性、必要性和可行性，从而自觉学习和贯彻党关于中国式现代化的思想理论与战略部署。近代中国共产党能够在革命中以弱胜强、由弱变强，从各种政治力量中脱颖而出，终结百年屈辱历史，其中一个重要原因就是党提出并始终坚持群众路线这一党的生命线和根本工作路线，放手发动群众。习近平总书记指出："我们党来自人民、植根人民、服务人民。"[①]中国共产党要时刻牢记"从哪里来、往哪里去"的基本命题，保持同人民群众的血肉联系，让广大人民群众坚定不移地听党话、跟党走，在党的全面领导下开展中国式现代化。

二、以人民为中心的发展思想是党团结人民建设中国式现代化的核心理念

以人民为中心是新时代坚持和发展中国特色社会主义的根本立场，也是中国式现代化的根本立场。习近平总书记指出："江山就是人民，人民就是江山，人心向背关系党的生死存亡。"[②]以人民为中心，既是中国共产党作为马克思主义政党始终同人民站在一起，为人民而奋斗推进中国式现代化的奋斗目标，也是中国共产党能够凝聚人民群众、以坚强的全面领导推进和发展中国式现代化的有力号召。党

[①]《习近平谈治国理政》（第四卷），外文出版社2022年版，第546页。
[②]《习近平谈治国理政》（第四卷），外文出版社2022年版，第512页。

的十八大以来，以习近平同志为核心的党中央面对中国特色社会主义新时代社会主要矛盾的变化、人民群众对美好生活的向往和社会主义初级阶段的基本国情没有变、我国是世界上最大的发展中国家的国际地位没有变的时代条件，将马克思主义人民思想和中华传统文化民本思想相结合，提出了以人民为中心的发展思想这一阐释中国式现代化发展内在逻辑的核心思想。以人民为中心的发展思想回答了党对中国式现代化的全面领导为了谁、依靠谁、由谁享有，以及由谁检验等问题，是中国共产党团结广大人民群众建设中国式现代化的核心理念。

"发展为了人民"指出党领导推进中国式现代化的目标是人的全面发展。社会主义的源起就是资本主义现代化过程中对人民群众的异化、剥削和压迫，马克思主义深刻剖析和批判了资本主义现代化条件下人民群众为资本所奴役，在资本中心价值逻辑中处于末端的悲惨境地。"一个除自己的劳动力以外没有任何其他财产的人，在任何社会的和文化的状态中，都不得不为另一些已经成了劳动的物质条件的所有者的人做奴隶。"[1]在这一唯物史观基础上，马克思主义提出通过无产阶级革命实现以人的全面发展为现代化导向的社会主义社会，"每一个生产者，在作了各项扣除以后，从社会领回的，正好是他给予社会的"[2]，和共产主义社会"劳动已经不仅仅是谋生的手段，而且本身成了生活的第一需要"[3]。中国式现代化作为中国共产党领导的社会主义现代化，践行着马克思主义"人的全面发展"思想，始终站在人民群众的立场上理解中国式现代化的内涵和要求，按照以人民为中心的发展思想作出符合人民群众利益的中国式现代化战略部署。

---

[1]《马克思恩格斯文集》（第三卷），人民出版社2009年版，第428页。
[2]《马克思恩格斯文集》（第三卷），人民出版社2009年版，第434页。
[3]《马克思恩格斯文集》（第三卷），人民出版社2009年版，第435页。

正道前行
——中国式现代化的重大原则

广大人民群众从党坚持的以人民为中心的发展思想中深刻感悟到党领导的中国式现代化是以他们为目标对象,实现并维护他们的利益,积极主动自觉地拥护党的领导,支持党的中国式现代化战略部署,参与到中国式现代化的历史新征程中。以人民为中心的发展思想使党领导的中国式现代化实现了现代化发展向"人"本身的价值回归,超越了以资本为中心的资本主义现代化,成为凝聚人民群众建设中国式现代化的一面旗帜。

"发展依靠人民"点明党领导推进中国式现代化的动力是人民对美好生活的向往。马克思主义的唯物史观为我们揭示了社会发展与人民生产生活之间的内在联系:"人们首先必须吃、喝、住、穿,然后才能从事政治、科学、艺术、宗教等等;所以,直接的物质的生活资料的生产,一个民族或一个时代的一定的经济发展阶段,便构成基础,人们的国家设施、法的观点、艺术以至宗教观念,就是从这个基础上发展起来的,因而,也必须由这个基础来解释,而不是像过去那样做得相反。"[①]人民群众为满足自身生存生活需要而从事的生产和消费等活动是文明社会发展的根本,更是现代化的发展动力。党的十九大指出中国特色社会主义新时代的社会主要矛盾是"人民日益增长的美好生活需要和不平衡不充分的发展之间的矛盾"[②],随着全面小康社会的胜利建成,人民美好生活需要日益广泛,不仅对物质文化生活提出了更高要求,而且在民主、法治、公平、正义、安全、环境等方面的要求日益增长。党的二十大进一步指出中国式现代化是人口规

---

① 《马克思恩格斯文集》(第三卷),人民出版社2009年版,第601页。
② 习近平:《决胜全面建成小康社会 夺取新时代中国特色社会主义伟大胜利——在中国共产党第十九次全国代表大会上的报告》,人民出版社2017年版,第11页。

第二章
坚持和加强党的全面领导

模巨大、物质文明和精神文明相协调的现代化，阐明了中国式现代化的建设离不开广大人民群众。人口规模巨大展现了中国式现代化将从人口规模上根本性改变世界现代化格局，证明中国人民的强大发展活力。物质文明和精神文明相协调表明中国式现代化不是抽象的概念或指标，而是以人民的物质生活富足、精神生活富有为根本。以人民为中心的发展思想使党立足于人民群众对美好生活的向往和追求，吸引人民群众建设中国式现代化。

"发展成果由人民共享"彰显党领导推进中国式现代化的要求是全体人民共同富裕。共同富裕是中国特色社会主义的本质要求，它展现的是一幅与资本主义现代化两极分化严重、社会不公现象加剧完全不同的图景："在一个集体的、以生产资料公有为基础的社会中，生产者不交换自己的产品；用在产品上的劳动，在这里也不表现为这些产品的价值，不表现为这些产品所具有的某种物的属性，因为这时，同资本主义社会相反，个人的劳动不再经过迂回曲折的道路，而是直接作为总劳动的组成部分存在着"[1]，"在随着个人的全面发展，他们的生产力也增长起来，而集体财富的一切源泉都充分涌流之后，——只有在那个时候，才能完全超出资产阶级权利的狭隘眼界，社会才能在自己的旗帜上写上：各尽所能，按需分配！"[2]党的十八大以来，党中央深化"共享发展"理念，并在中国式现代化建设中落到实处。习近平总书记指出"共享"对于赢得人民群众对中国式现代化的认可至关重要："如果不能给老百姓带来实实在在的利益，如果

---

[1]《马克思恩格斯文集》（第三卷），人民出版社2009年版，第433—434页。

[2]《马克思恩格斯文集》（第三卷），人民出版社2009年版，第435—436页。

不能创造更加公平的社会环境，甚至导致更多不公平，改革就失去意义，也不可能持续。"①在以人民为中心的发展思想的指导下，中国式现代化推进乡村振兴建设，打赢脱贫攻坚战，提高保障和改善民生水平，加强和创新社会治理，着力维护和促进社会公平正义，有力地提高了人民群众的幸福感和获得感，加深了人民群众对党领导中国式现代化的认可。

"发展成效由人民检验"体现党领导推进中国式现代化的标准是人民的满意度。全心全意为人民服务，是中国共产党一切行动的根本出发点和落脚点，是中国共产党区别于其他一切政党的根本标志。党的一切工作，必须以最广大人民根本利益为最高标准。习近平总书记指出："检验我们一切工作的成效，最终都要看人民是否真正得到了实惠，人民生活是否真正得到了改善，人民权益是否真正得到了保障。"②党领导人民群众建设中国式现代化，不是党单方面地对人民群众发号施令，而是在中国式现代化建设过程中不断听取人民意见、接受人民反馈、与人民相互动实现推进和拓展。尊重人民意见是党的领导确保中国式现代化始终沿着正确方向发展的重要方法。中国式现代化的目标是实现中华民族伟大复兴，而民族复兴的关键在于人民群众生产生活水平的不断提高，人民群众生产生活水平的提高既有客观科学依据，也离不开人民群众的主观感受。改革开放以来，在党领导人民建设社会主义现代化的过程中，一部分领导干部形成了"唯经济论""唯增速论"和"唯GDP论"的错误政绩观，盲目进行过度开

---

① 《十八大以来重要文献选编》（上），中央文献出版社2014年版，第552—553页。

② 习近平：《在纪念毛泽东同志诞辰120周年座谈会上的讲话》，人民出版社2013年版，第19页。

发、破坏环境和忽视劳资纠纷，导致当地人民群众的利益受到损害，对社会主义现代化建设产生负面影响。党的十八大以来，党中央强调并完善以人民为中心的发展思想，要求党员干部在开展工作时必须考虑人民群众的利益，将人民群众摆在中国式现代化历史主体、建设主体和评价主体的正确位置上，为党领导中国式现代化经受时代考验、人民检验打牢根基。

三、全过程人民民主是党凝聚中国式现代化建设力量的主要方式

发展全过程人民民主是党的领导凝聚人民群众这一建设中国式现代化磅礴力量的主要方式，也是人民群众参与中国式现代化建设的主要渠道。2019年11月习近平总书记在上海考察时提出全过程人民民主的概念：我们走的是一条中国特色社会主义政治发展道路，人民民主是一种全过程的民主。2021年习近平总书记在庆祝中国共产党成立100周年大会上的讲话中进一步明确提出"发展全过程人民民主"[1]。民主是现代化的重要方面，现代民主制度不仅是现代化的具体表现，更是现代化的制度保障。没有民主就没有社会主义，就没有社会主义的现代化。党的二十大指出："全过程人民民主是社会主义民主政治的本质属性，是最广泛、最真实、最管用的民主。"[2] 习近平总书记在2023年第十四届人大一次会议上的讲话中指出："要积极

---

[1] 习近平：《在庆祝中国共产党成立100周年大会上的讲话》，人民出版社2021年版，第12页。

[2] 习近平：《高举中国特色社会主义伟大旗帜 为全面建设社会主义现代化国家而团结奋斗——在中国共产党第二十次全国代表大会上的报告》，人民出版社2022年版，第37页。

正道前行
——中国式现代化的重大原则

发展全过程人民民主,坚持党的领导、人民当家作主、依法治国有机统一,健全人民当家作主制度体系,实现人民意志,保障人民权益,充分激发全体人民的积极性主动性创造性。"[1]全过程人民民主是习近平新时代中国特色社会主义思想在中国特色社会主义民主发展方面的重大创新,是马克思主义民主理论与中国式现代化民主实践相结合的最新成果,为激发人民群众主人翁精神、调动广大人民群众参与中国式现代化建设构筑牢固的制度基础。党在领导中国式现代化的过程中,通过全过程人民民主坚持人民主体地位,充分体现人民意志,创造了强大的政治凝聚力,推进中国式现代化。

全过程人民民主实现中国式现代化党的领导和人民当家作主相统一。党的领导与人民当家作主相辅相成、互为表里,是中国式现代化不可或缺的两大要素。中国共产党的领导是中国特色社会主义最本质的特征,是中国特色社会主义制度的最大优势,是坚持和发展全过程人民民主的根本保证。江泽民指出:"在我们这样一个人口多、底子薄、经济文化发展很不平衡、多民族的发展中大国,要把十二亿多人的思想统一起来、力量凝聚起来,向着社会主义现代化建设的共同目标前进,必须有中国共产党这个核心力量,必须有中国共产党的坚强领导。"[2]人民当家作主是社会主义民主政治的内在要求,中国特色社会主义民主的本质和核心,人民民主是社会主义的生命,是全面建设社会主义现代化国家的应有之义。全过程人民民主是社会主义民主政治的本质属性,是最广泛、最真实、最管用的民主。党的领导加强人民当家作主的中国式现代化制度保障,坚持和完善我国根本政治制

---

[1] 习近平:《在第十四届全国人民代表大会第一次会议上的讲话》,载《人民日报》2023年3月14日。

[2]《江泽民文选》(第三卷),人民出版社2006年版,第223—224页。

第二章
坚持和加强党的全面领导

度、基本政治制度、重要政治制度，拓展民主渠道，丰富民主形式，确保人民依法通过各种途径和形式管理国家事务，管理经济和文化事业，管理社会事务。全国人民代表大会制度在党的领导下保证人民行使国家权力，保证各级人大都由民主选举产生、对人民负责、受人民监督，密切人大代表同人民群众的联系，吸纳民意、汇集民智。民族区域自治制度保障广大少数民族群众管理本民族、本地区事务，铸就中华民族共同体，实现民族大团结，凝聚中华各族人民共同为推进中国式现代化、实现中华民族伟大复兴而奋斗。

全过程人民民主保证人民群众在党的领导下协商共建中国式现代化。党领导下的全过程人民民主不是资本主义国家以对抗为主的竞争性民主，而是广大人民群众与社会各界人士共同协作、商议国是的协商性民主。资本主义国家遵循逐利的资本逻辑，鼓吹个人主义，各个政党只为一部分利益集团服务。在社会对立和政治极化的影响下，资本主义国家竞争性民主赖以维系的妥协交易难以达成，导致其蜕变为否决政治。各利益团体均只强调自身利益，忽视甚至主张牺牲其他群体利益，加剧了社会对立情绪，这对于正在推进现代化的发展中国家来说是致命的。中国共产党在领导人民群众探索和建设中国式现代化的历史进程中开创了以多党合作和政治协商制度为代表的社会主义协商民主制度。由各民主党派和无党派人士所代表的社会各行各业人士在代表全体中国人民的中国共产党领导下，以人民政协制度为平台，针对行业发展、社会问题和人民福祉等议题进行磋商，找到全社会意愿和要求的最大公约数，实现中国式现代化的和谐推进。党的十八大以来，以习近平同志为核心的党中央在以政党协商为主的多党合作和政治协商制度基础上实现社会主义协商民主的创新发展，在广度和深度上拓展了社会主义协商民主制度。协商民主实现了全过程人民民主从国家到地方再到基层、从政治到经济再到社会的多层次和全方位覆盖，通过使人民群众能够参与关系切身利益的重大具体事项将人民群众的力量凝聚到党全面领导的中国式现代化当中。

全过程人民民主确保党深入基层领导人民群众建设中国式现代化。全过程人民民主作为马克思主义民主理论与中国式现代化具体实践相结合的成果，同时包含以人大、政协等制度为代表的间接民主和以基层群众自治为代表的直接民主。基层民主是全过程人民民主的根基，是人民群众参与中国式现代化建设的直接体现。基层事务与人民群众生活息息相关，是推进中国式现代化的"最后一公里"。党的领导通过全过程人民民主深入到基层，充分把握攸关人民群众利益的领域和事项，使人民群众真切地参与到中国式现代化的具体决策和实施贯彻中，确保中国式现代化的战略部署和方针政策贴合人民群众实际需要，提高人民群众对中国式现代化的参与感、获得感和成就感。由基层党组织领导的基层群众自治机制是中国式现代化基层组织建设的关键核心，党领导的全过程人民民主完善基层直接民主制度体系和工作体系，增强城乡社区群众在建设中国式现代化过程中自我管理、自我服务、自我教育、自我监督的实效。办事公开制度拓宽了基层各类群体有序参与中国式现代化基层治理渠道，保障人民依法管理中国式现代化基层公共事务和公益事业。以职工代表大会为基本形式的企事业单位民主管理制度是无产阶级在经济组织中实行直接民主的生动体现，真正践行马克思主义主张的工人阶级当家作主，保障广大职工利益和权利，激励人民群众以高昂的热情投身于现代化经济建设，为推进中国式现代化创造必要的物质基础。

全过程人民民主构建党领导人民群众建设中国式现代化的统一战线。国家现代化的一大难点在于如何平衡与协调各社会力量，使他们彼此之间的竞争或合作等相互关系保持在有利于推进现代化的范围内，预防和减少冲突带来的动荡以及垄断带来的不公。全过程人民民

第二章
坚持和加强党的全面领导

主使中国共产党得以团结心系中国命运前途的海内外中华儿女共同奋斗，构建起爱国统一战线，确保中国社会主义现代化建设数十年如一日地向前发展。统一战线的理论发展与实践探索贯穿中国共产党的历史，早在1923年6月召开的中共三大就提出了以党内合作的形式同国民党建立联合战线，以完成反帝反封建的革命任务。1931年九一八事变后，面对日本帝国主义侵华的步步紧逼，中国共产党于1935年在瓦窑堡召开政治局扩大会议，正式确立党关于建立抗日民族统一战线策略的总路线。1937年七七事变后，抗日民族统一战线正式形成，为日后取得抗日战争全面胜利奠定了基础。解放战争时期，中国共产党同各民主党派合作，与国民党反动派进行坚决斗争，建立人民民主统一战线。毛泽东在《〈共产党人〉发刊词》中指出："统一战线，武装斗争，党的建设，是中国共产党在中国革命中战胜敌人的三个法宝。"[1]这是对党的统一战线工作的深刻总结和精准评价。新中国成立以后，爱国统一战线继续发挥团结联合海内外中华儿女的作用，在维护国家安全、社会稳定和经济发展等方面作出巨大贡献，助力党的领导凝聚建设中国式现代化的磅礴力量。党的二十大报告指出团结的重要性："团结奋斗是中国人民创造历史伟业的必由之路……团结就是力量，团结才能胜利。"[2]同时指出："人心是最大的政治，统一战线是凝聚人心、汇聚力量的强大法宝。"[3]

---

[1]《毛泽东选集》（第二卷），人民出版社1991年版，第606页。

[2] 习近平：《高举中国特色社会主义伟大旗帜　为全面建设社会主义现代化国家而团结奋斗——在中国共产党第二十次全国代表大会上的报告》，人民出版社2022年版，第70页。

[3] 习近平：《高举中国特色社会主义伟大旗帜　为全面建设社会主义现代化国家而团结奋斗——在中国共产党第二十次全国代表大会上的报告》，人民出版社2022年版，第39页。

> **延伸阅读**

党和国家机构改革*

2018年2月28日，中国共产党第十九届中央委员会第三次全体会议通过《中共中央关于深化党和国家机构改革的决定》，贯彻落实党的十九大关于深化机构改革的决策部署。党和国家机构职能体系是中国特色社会主义制度的重要组成部分，是我们党推进和拓展中国式现代化的重要保障。

深化党和国家机构改革，目标是构建系统完备、科学规范、运行高效的党和国家机构职能体系，形成总揽全局、协调各方的党的领导体系，职责明确、依法行政的政府治理体系，中国特色、世界一流的武装力量体系，联系广泛、服务群众的群团工作体系，推动人大、政府、政协、监察机关、审判机关、检察机关、人民团体、企事业单位、社会组织等在党的统一领导下协调行动、增强合力，全面提高国家治理能力和治理水平。

2023年3月，中共中央、国务院印发了《党和国家机构改革方案》，要求必须以习近平新时代中国特色社会主义思想为指导，以加强党中央集中统一领导为统领，以推进国家治理体系和治理能力现代化为导向，坚持稳中求进工作总基调，适应统筹推进"五位一体"总体布局、协调推进"四个全面"战略布局的要求，适应构建新发展格局、推动高质量发展的需要，坚持问题导向，统筹党中央机构、全国人大机构、国务院机构、全国政协机构，统筹中央和地

---

* 参见《中共中央国务院印发〈党和国家机构改革方案〉》，载《人民日报》2023年3月17日。编者对内容有所修改。

方，深化重点领域机构改革，推动党对社会主义现代化建设的领导在机构设置上更加科学、在职能配置上更加优化、在体制机制上更加完善、在运行管理上更加高效。

第三章

坚持中国特色社会主义道路

中国特色社会主义道路是党和人民历经千辛万苦、克服千难万险取得的宝贵成果。无论遇到什么风浪，在坚持中国特色社会主义道路这个根本问题上都要一以贯之。随着新时代坚持和发展中国特色社会主义的伟大实践不断向前，我们的道路必将越走越宽广。

方向决定道路，道路决定命运。中国特色社会主义道路是中国共产党带领广大人民群众扎根中华大地，历经千辛万苦，付出巨大代价所取得的根本成就。20世纪80年代，以邓小平同志为主要代表的中国共产党人全面总结新中国成立以来党的经验教训，解放思想，实事求是，创造性地提出了"走自己的道路，建设有中国特色的社会主义"①的伟大论断。党的二十大报告深刻阐释了前进道路上必须牢牢把握的"五个重大原则"，第二个原则为"坚持中国特色社会主义道路"。其中明确指出："坚持中国特色社会主义道路。坚持以经济建设为中心，坚持四项基本原则，坚持改革开放，坚持独立自主、自力更生，坚持道不变、志不改，既不走封闭僵化的老路，也不走改旗易帜的邪路，坚持把国家和民族发展放在自己力量的基点上，坚持把中国发展进步的命运牢牢掌握在自己手中。"②这一重要论述为坚定不移走中国特色社会主义道路提供了思想指引和行动指南，同时也充分体现了我们党道不变、志不改的坚定决心和牢牢掌握主动权的战略定力，也深刻揭示了中国特色社会主义道路和中国式现代化的关系与逻辑，即中国特色社会主义道路是实现中国式现代化的必由之路，是创造人民美好生活的必由之路，是中国共产党领导人民实现中华民族伟大复兴中国梦的必由之路，明确指出了全面建设社会主义现代化国家的道路和前途。

---

① 《邓小平文选》（第三卷），人民出版社1993年版，第3页。
② 习近平：《高举中国特色社会主义伟大旗帜　为全面建设社会主义现代化国家而团结奋斗——在中国共产党第二十次全国代表大会上的报告》，人民出版社2022年版，第27页。

第一节

坚持"一个中心、两个基本点"

"一个中心、两个基本点",即坚持以经济建设为中心、坚持四项基本原则、坚持改革开放。这是党在社会主义初级阶段基本路线的核心内容,集中体现了我国各族人民的根本利益和共同意志,反映了中国社会主义现代化建设的本质规律,是党和国家的生命线,是中国特色社会主义道路和中国式现代化的根本方向。

一、把握中国社会具体的现实情况

马克思指出:"任何真正的哲学都是自己时代的精神上的精华。"[①]也就是说,在中国特色社会主义理论指导下的中国特色社会主义道路基于中国社会主要矛盾的变化和社会发展阶段的具体情况,在中国式现代化道路的进程中也应明确当下所处的现实基础,解决现实问题。

其一,把握中国社会主要矛盾的变化。习近平总书记指出:"党的百年奋斗历程告诉我们,党和人民事业能不能沿着正确方向前进,

---

① 《马克思恩格斯全集》(第一卷),人民出版社1995年版,第220页。

正道前行
——中国式现代化的重大原则

取决于我们能否准确认识和把握社会主要矛盾、确定中心任务。"[①]中国特色社会主义道路就是不断探索我国社会主要矛盾破解之路的过程。

近代中国社会主要矛盾是帝国主义和中华民族的矛盾以及封建主义和人民大众的矛盾。因此，在新民主主义革命时期，党面临的主要任务是反帝反封建，争取中华民族的独立和中国人民的解放，为实现中华民族伟大复兴创造根本社会条件。社会主义革命和建设时期，明确我国社会主要矛盾是人民对于经济文化迅速发展的需要同当前经济文化不能满足人民需要的状况之间的矛盾。社会主义建设时期，党的八大对我国社会主要矛盾作出了新的判断，认为国内主要矛盾已经不再是阶级矛盾，而已经是人民对于建立先进的工业国的要求同落后的农业国的现实之间的矛盾，已经是人民对于经济文化迅速发展的需要同当前经济文化不能满足人民需要的状况之间的矛盾。改革开放和社会主义现代化建设新时期，中国共产党明确我国社会的主要矛盾是人民日益增长的物质文化需要同落后的社会生产之间的矛盾，提出"党面临的主要任务是，继续探索中国建设社会主义的正确道路，解放和发展社会生产力，使人民摆脱贫困、尽快富裕起来，为实现中华民族伟大复兴提供充满新的活力的体制保证和快速发展的物质条件"[②]。中国共产党据此带领中国人民不断发展中国特色社会主义道路，实现了中华民族从站起来到富起来的伟大飞跃。

党的十八大以来，中国特色社会主义进入新时代。以习近平同志为核心的党中央统筹把握中华民族伟大复兴战略全局和世界百年未有

[①]《习近平谈治国理政》（第四卷），外文出版社2022年版，第30页。

[②]《中共中央关于党的百年奋斗重大成就和历史经验的决议》，人民出版社2021年版，第86页。

第三章
坚持中国特色社会主义道路

之大变局,准确判断中国仍处于并将长期处于社会主义初级阶段的基本国情没有变,中国是世界上最大的发展中国家的国际地位没有变。而中国社会主要矛盾发生了新变化,党的十九大报告明确了新时代我国社会主要矛盾是人民日益增长的美好生活需要和不平衡不充分的发展之间的矛盾,提出"党面临的主要任务是,实现第一个百年奋斗目标,开启实现第二个百年奋斗目标新征程,朝着实现中华民族伟大复兴的宏伟目标继续前进"[①]。在正确认识和把握社会主要矛盾、确定中心任务的基础上,中国共产党带领中国人民实现了中华民族从富起来到强起来的历史性飞跃。在社会主义现代化强国建设的新征程中,坚持中国特色社会主义道路、中国式现代化道路越走越宽,中华民族伟大复兴展现出前所未有的光明前景。

其二,把握中国社会的发展阶段。马克思主义认为,发展是个不断前进的过程,历史呈阶段性发展,每一阶段都在前一阶段的条件基础上实现,新的社会形态都在旧社会的胎胞里孕育而生。人类社会从低级阶段逐步走向高级阶段的过程中具有不同的时代特征,时代的发展要求新的发展理念。

正确认识党和人民事业所处的历史方位和发展阶段,是我们党领导革命、建设、改革不断取得胜利的重要经验。中国共产党人坚持并发扬马克思主义社会阶段理论,同中国具体实际相结合,在不同历史方位对我国所处的发展阶段作出多个重要判断,深刻意识到发展社会主义不仅是一个长期历史过程,而且是需要划分为不同历史阶段。毛泽东指出:"社会主义这个阶段,又可能分为两个阶段,第一个阶段是不发达的社会主义,第二个阶段是比较发达的社会主义。后一阶段

[①]《中共中央关于党的百年奋斗重大成就和历史经验的决议》,人民出版社2021年版,第23页。

正道前行
——中国式现代化的重大原则

可能比前一阶段需要更长的时间。"[1]改革开放以后，邓小平指出："社会主义本身是共产主义的初级阶段，而我们中国又处在社会主义的初级阶段，就是不发达的阶段。一切都要从这个实际出发。"[2]党创造性地提出了社会主义初级阶段理论，为中国特色社会主义道路提供了发展的现实依据。习近平总书记指出："社会主义初级阶段不是一个静态、一成不变、停滞不前的阶段，也不是一个自发、被动、不用费多大气力自然而然就可以跨过的阶段，而是一个动态、积极有为、始终洋溢着蓬勃生机活力的过程，是一个阶梯式递进、不断发展进步、日益接近质的飞跃的量的积累和发展变化的过程。"[3]

党的十九届五中全会明确我国发展的历史方位，提出我国进入新发展阶段。新发展阶段是指我国在决胜全面建成小康社会、决战脱贫攻坚取得伟大历史成果，解决困扰中华民族几千年的绝对贫困取得历史性成就之后，在接下来的三十年将要完成建设社会主义现代化强国这一历史宏愿的阶段，是中国共产党带领人民迎来从站起来、富起来到强起来历史性跨越的新阶段。作为我国社会主义发展进程中的一个重要阶段，新发展阶段是我国社会主义初级阶段中的一个阶段，是经过几十年积累站到了新的历史起点的一个阶段，也是全面建设社会主义现代化国家、向第二个百年奋斗目标进军的阶段。新发展阶段是我国发展高度的客观标识，是对经济社会变化客观规律的总结，也是对发展实践的总结，是以习近平同志为核心的党中央在继续总结历史经验、研判历史方位、分析发展阶段后所作出的重大判断，有着深刻的理论现实依据，为中国特色社会主义道路、中国式现代化新道路和实

---

[1]《毛泽东文集》（第八卷），人民出版社1999年版，第116页。
[2]《邓小平文选》（第三卷），人民出版社1993年版，第252页。
[3]《习近平谈治国理政》（第四卷），外文出版社2022年版，第165页。

现中华民族伟大复兴确立了新的历史起点。

二、坚持以经济建设为中心

以经济建设为中心是对党和国家中心工作的规定，坚持以经济建设为中心不动摇，是决定中国现代化的全局问题。党的十一届三中全会作出了把党和国家工作中心转移到经济建设上来，实行改革开放的历史性决策，实现了新中国成立以来党的历史上具有深远意义的伟大转折。党的十四大报告指出，坚持党的基本路线不动摇，关键是坚持以经济建设为中心不动摇。党的十五大报告指出，社会主义初级阶段的主要矛盾决定了我们必须把经济建设作为全党全国工作的中心。进入新时代以来，习近平总书记指出："以经济建设为中心是兴国之要，发展是党执政兴国的第一要务，是解决我国一切问题的基础和关键。"[1]从坚持中国特色社会主义道路的全局来看，坚持以经济建设为中心是由我国社会主义初级阶段的基本国情和社会主要矛盾所决定的。并且是高质量推进共同富裕的内在要求，是建设现代化强国的必然选择。

改革开放40多年来的实践探索和历史成就表明，坚持以经济建设为中心，促进了我国生产力跃升、经济高速增长，带来了经济社会巨变，改变了中国的国际地位，深刻影响了世界发展，在中国式现代化道路上也必须"牢牢扭住经济建设这个中心"，要把发展作为党执政兴国的第一要务，把高质量发展作为全面建设社会主义现代化国家的首要任务，为建设社会主义现代化强国奠定更加坚实的物质技术基础，同时全面推进经济、政治、文化、社会、生态文明以及其他各方

---

[1]《习近平谈治国理政》（第二卷），外文出版社2017年版，第234页。

面建设。不断提升我国综合国力，为"坚持和发展中国特色社会主义、实现中华民族伟大复兴奠定雄厚物质基础"。①

三、坚持四项基本原则，坚持改革开放

坚持四项基本原则是中国特色社会主义的制度安排，是立国之本，是中国特色社会主义道路和中国式现代化的重要原则。第一，坚持社会主义道路。明确"举什么旗，走什么路"是发展中国特色社会主义道路的关键。党的二十大报告把"高举中国特色社会主义伟大旗帜"作为大会主题的第一句话，旗帜鲜明回答了在新征程上举什么旗、走什么路的问题。第二，坚持人民民主专政。无产阶级专政是社会主义革命和建设胜利的保障。人民民主专政是中国特色的无产阶级专政。这是中国人民在中国共产党领导下，根据中国具体国情，对新中国国家本质及其形式的唯一正确的政治选择。第三，坚持中国共产党的领导。习近平总书记指出："中国特色社会主义最本质的特征是中国共产党领导，中国特色社会主义制度的最大优势是中国共产党领导，党是最高政治领导力量。"②中国共产党既是中国特色社会主义道路的开创者，又是其核心领导力量。坚持党的领导，是成功开创和推进中国特色社会主义道路的根本保证。第四，坚持马列主义、毛泽东思想。马克思主义深刻揭示了自然界、人类社会、人类思维发展的普遍规律，发现了推翻资产阶级统治的现实力量，并提纲挈领式地勾勒出人类社会的未来发展图景，为中国革命、建设、改革指明了方

---

① 《十九大以来重要文献选编（上）》，中央文献出版社2019年版，第734页。

② 《习近平谈治国理政》（第三卷），外文出版社2020年版，第94页。

向，在具体实践中解决了实际问题。中国共产党是在马克思主义科学理论的指引下诞生的政党，一经成立就把马克思主义作为指导思想，始终坚定马克思主义信仰和社会主义、共产主义远大理想，并且始终高举马克思主义伟大旗帜，始终坚持马克思主义立场、观点、方法，始终用马克思主义理论武装全党、指导实践，不断推进马克思主义中国化时代化，用马克思主义中国化时代化的科学理论指导实践，取得了举世瞩目的历史成就。习近平总书记指出："马克思主义是我们立党立国的根本指导思想，是我们党的灵魂和旗帜。"[①]党的十二大和全国人大五届五次会议上，坚持四项基本原则被写入了党章修正案和宪法。党的十三大明确把四项基本原则作为党的基本路线的重要构成要素。党的十七大明确将其纳入中国特色社会主义道路，确立了四项基本原则在我国立国之本的地位。进入新时代以来，坚持四项基本原则被赋予了新的时代内涵，即坚持中国特色社会主义道路，坚持中国特色社会主义民主政治，坚持党的全面领导，坚持习近平新时代中国特色社会主义思想。坚持四项基本原则贯穿于中国特色社会主义道路探索和发展的全过程中，是中国式现代化道路方向正确和巨大成就的政治保证。

坚持改革开放是走中国特色社会主义道路的直接动力、重要法宝和必由之路。习近平总书记指出："改革开放是决定当代中国前途命运的关键一招，中国大踏步赶上了时代！"[②]改革是解放和发展我国生产力的关键，是推动国家发展的直接动力。改革开放之前，中国现

---

① 习近平：《在庆祝中国共产党成立100周年大会上的讲话》，人民出版社2021年版，第12页。

② 习近平：《在庆祝中国共产党成立100周年大会上的讲话》，人民出版社2021年版，第6页。

正道前行
——中国式现代化的重大原则

代化的起点是"底子薄、人口多、耕地少",人均GDP增速仅为2.1%,处于发展中国家的最低水平;重工业投资的比重过大致使经济结构失衡,人们并未很好地享受经济发展成果。从十一届三中全会明确提出实行改革开放以来,经过40多年的发展,中国充分发挥制度优势并挖掘市场潜力,全面深化改革扩大开放,将一切资源调配到围绕发展服务的循环模式,冲破思想观念的桎梏,创新发展体制的方法,在经济体制方面创造性地提出了计划与市场相结合的社会主义市场经济体制,既发挥了市场经济配置资源、提高效率的优势,也发挥了计划经济宏观调控、公平分配的优势,调动了不同层次劳动人民的积极性。党的十八大以来,国内生产总值从54万亿元增长到114万亿元,我国经济总量占世界经济的比重达18.5%,提高了7.2%,稳居世界第二位;人均国内生产总值从39800元增加到81000元。产业结构不断优化升级,进入创新型国家行列,经济发展方式实现了从粗放型到绿色可持续型的转化。创造了经济快速发展和社会长期稳定两大奇迹,绝对贫困问题得到历史性解决,决胜全面建成小康社会取得全面胜利。在中国式现代化新征程上,坚持改革开放,是强国之路。要坚持全面深化改革,完善和发展中国特色社会主义制度,不断推进国家治理体系和治理能力现代化。同时,中国共产党领导人民走中国特色社会主义道路的发展成就开辟了科学社会主义的新境界,推动了世界社会主义力量的重新崛起、壮大,打破了西式自由民主和自由市场模式一统天下、唯其独尊的"神话",走出了一条独特的中国式现代化道路。为世界上其他谋求自主发展的发展中国家探索出了新的选择,并在实现人的解放远大理想过程中不断发展,做出了重大贡献。

要坚持对外开放的基本国策,吸收和借鉴人类社会创造的一切文明成果。面对世界百年未有之大变局,对外开放是推动我国经济社会发展的重要动力,以开放促改革、促发展是我国发展不断取得新成就的重要法宝。中国的发展离不开世界，世界的发展也需要中国。中国要进一步扩大对外开放，形成更大范围、更宽领域、更深层次对外开放格局。并要通过国际合作与对外贸易推动世界经济的发展，为金融危机之后复苏乏力的世界经济注入强劲动力，凸显中国经济发展的国际效应。改革开放是当代中国最显著的特征，是中国特色社会主义道路不断前进的动力源泉，"改革开放只有进行时没有完成时。没有改革开放，就没有中国的今天，也就没有中国的明天。"[①]

[①]《习近平谈治国理政》（第一卷），外文出版社2018年版，第69页。

第二节

坚持独立自主、自力更生

党的二十大报告指出:"党的百年奋斗成功道路是党领导人民独立自主探索开辟出来的,马克思主义的中国篇章是中国共产党人依靠自身力量实践出来的,贯穿其中的一个基本点就是中国的问题必须从中国基本国情出发,由中国人自己来解答。"[①]这一重要论断是从中国历史的发展实际中总结得出的根本经验。一路走来,党带领人民自力更生、艰苦奋斗,创造了一个又一个举世瞩目的中国奇迹。

一、坚持从中国基本国情出发的重要经验

历史是现实的根源。习近平总书记指出:"历史和现实都告诉我们,一场社会革命要取得最终胜利,往往需要一个漫长的历史过程。只有回看走过的路、比较别人的路、远眺前行的路,弄清楚我们从哪

[①] 习近平:《高举中国特色社会主义伟大旗帜　为全面建设社会主义现代化国家而团结奋斗——在中国共产党第二十次全国代表大会上的报告》,人民出版社2022年版,第19页。

第三章
坚持中国特色社会主义道路

儿来、往哪儿去，很多问题才能看得深、把得准。"①因此，要把握中国的问题从中国基本国情出发这一经验的历史进程，不忘来时的路。从中国基本国情出发这一经验的形成和发展贯穿于新民主主义革命、社会主义革命和建设、改革开放和社会主义现代化建设时期、中国特色社会主义新时代四个时期，为中国特色社会主义道路和中国式现代化道路创造了条件、积累了经验。

第一，新民主主义革命时期。1840年的鸦片战争，西方列强用坚船利炮打开了中国国门，中国沦为半殖民地半封建社会，从此开始了屈辱的百年近代史。封建地主阶级、农民阶级、资产阶级对中国道路的探索都未能从根本上救民于水火。正如毛泽东所言："从一八四〇年的鸦片战争到一九一九年的五四运动的前夜，共计七十多年中，中国人没有什么思想武器可以抵御帝国主义。"②

1917年，十月革命的爆发让俄国成功跨越了"卡夫丁峡谷"，并"给我们送来了马克思列宁主义。"③中国的先进知识分子运用无产阶级宇宙观分析了当时时代发展大势和中国国情，得出走社会主义道路才是唯一出路的正确结论。1921年中国共产党成立，在经历了大革命失败后，以毛泽东同志为主要代表的中国共产党人，把马克思列宁主义基本原理同中国具体实际相结合，开辟了农村包围城市、武装夺取政权的适合本国国情的正确革命道路。并创立了毛泽东思想这一有力的思想武器，实现了马克思主义中国化的第一次历史性飞跃。中国共产党带领中国人民最终夺取了新民主主义革命的全面胜利，在即将胜利之际，毛泽东明确指出走资本主义道路是不可行的，唯有立足于

---

① 《习近平谈治国理政》（第三卷），外文出版社2020年版，第70页。
② 《毛泽东选集》（第四卷），人民出版社1991年版，第1513—1514页。
③ 《毛泽东选集》（第四卷），人民出版社1991年版，第1471页。

中国国情，走社会主义道路才是真正有希望、有前途的道路。

第二，社会主义革命和建设时期。以毛泽东同志为代表的中国共产党人立足具体国情，坚持"不间断革命"的政治主张。1953年下半年，中共中央根据中国发展的具体情况提出了党在过渡时期"一化三改"的总路线，到1956年底，随着"三大改造"的基本完成，社会主义制度在中国基本建立，实现了中国历史上最深刻、最伟大的社会变革。

在社会主义建设初期，我国学习借鉴苏联的社会主义建设经验，取得了许多显著的成就。随着1956年苏共二十大的召开，苏联在其社会主义建设中出现的各种问题一览无遗。毛泽东指出，对于苏联的错误要"采取分析的态度"[1]。而且要"向外国学习"，对于其他国家的经验要"分析有批判地学"[2]，同时明确提出要走中国式社会主义建设道路。党的八大正确判断社会主要矛盾的转变，这一矛盾的实质就是先进的社会主义制度同落后的社会生产力之间的矛盾，这就确立了党的工作中心转移到社会主义建设上来。在社会主义建设道路发展的过程中，中国共产党对于"这个问题的认识不是完全清醒的"[3]，在实践中犯过脱离、超越了中国具体国情的"左"的错误，有过起伏和波折。中国共产党人对社会主义建设道路的探索，为中国特色社会主义道路积累了极其丰富的经验教训、理论前提、物质条件和制度基础。

第三，改革开放和社会主义现代化建设时期。以邓小平同志为代表的中国共产党人坚持解放思想，实事求是，从中国国情实际出发，

---

[1]《毛泽东文集》（第七卷），人民出版社1999年版，第20页。

[2]《毛泽东文集》（第七卷），人民出版社1999年版，第41页。

[3]《邓小平文选》（第三卷），人民出版社1993年版，第63页。

第三章
坚持中国特色社会主义道路

走自己的路，开创出一条适合中国特点的新路。邓小平指出："把马克思主义的普遍真理同我国的具体实际结合起来，走自己的道路，建设有中国特色的社会主义。"[①]在东欧剧变、苏联解体，世界社会主义运动遭遇严重挫折，西方势力不断进行渗透的国际环境下，邓小平深刻回答了什么是社会主义、怎样建设社会主义这一根本性问题，确立了社会主义初级阶段的基本路线，建立社会主义市场经济体制，明确提出走自己的路，把中国特色社会主义写在了自己的旗帜上，创立了邓小平理论。

以江泽民同志为主要代表的中国共产党人，加深了对"什么是社会主义、怎样建设社会主义"问题的认识。面对世纪之交的中国具体情况，江泽民提出了在实行改革开放和发展社会主义市场经济的条件下"建设一个什么样的党、怎样建设党"的重大问题，形成了"三个代表"重要思想，成功把中国特色社会主义推向21世纪。此后，改革开放迈入新阶段，人民生活实现总体小康。2002年，党的十六大全面阐释了"三个代表"重要思想，并将其确立为中国共产党的指导思想。

以胡锦涛同志为主要代表的中国共产党人，面对世纪之初的中国具体情况，深刻认识和回答了新形势下实现什么样的发展、怎样发展等重大问题，形成了以人为本、全面协调可持续发展的科学发展观。2007年，党的十七大对中国特色社会主义道路进行了系统概括："中国特色社会主义道路，就是在中国共产党领导下，立足基本国情，以经济建设为中心，坚持四项基本原则，坚持改革开放，解放和发展社会生产力，巩固和完善社会主义制度，建设社会主义市场经济、社会主义民主政治、社会主义先进文化、社会主义和谐社会，建设富强民

[①]《邓小平文选》（第三卷），人民出版社1993年版，第3页。

主文明和谐的社会主义现代化国家。"[①]2012年,党的十八大确立了科学发展观的历史地位,在新形势下成功地坚持和发展了中国特色社会主义道路。

第四,中国特色社会主义新时代。以习近平同志为主要代表的中国共产党人,从新时代和新的历史方位出发,坚持"两个结合",系统回答了新时代坚持和发展什么样的中国特色社会主义、怎样坚持和发展中国特色社会主义;建设什么样的社会主义现代化强国、怎样建设社会主义现代化强国;建设什么样的长期执政的马克思主义政党、怎样建设长期执政的马克思主义政党等重大时代课题。党的十九大着眼于中国特色社会主义道路的长远发展,提出习近平新时代中国特色社会主义思想,并把这一思想确立为党必须长期坚持的指导思想,写进党章,实现了马克思主义中国化新的飞跃。

党的十八大以来,党中央坚持立足我国具体国情,准确判断新时代我国社会主要矛盾,正确认识党和人民事业所处的历史方位和发展阶段,坚持和加强党的全面领导、全面从严治党,统筹推进"五位一体"总体布局,协调推进"四个全面"战略布局,进一步理顺各项工作的关键环节、重点领域、主攻方向。坚持和发展中国特色社会主义道路,中国的综合国力显著提升,中国式现代化得以成功推进和拓展。面对世界百年未有之大变局,成功化解来自海内外的诸多挑战和风险。通过艰苦努力,中华民族伟大复兴有了更加坚实的物质基础、更加完善的制度保证、更加主动的精神力量,进入了不可逆转的历史进程,从而开启了全面建设社会主义现代化国家新征程。

[①] 胡锦涛:《高举中国特色社会主义伟大旗帜 为夺取全面建设小康社会新胜利而奋斗——在中国共产党第十七次全国代表大会上的报告》,人民出版社2007年版,第11页。

第三章
坚持中国特色社会主义道路

因此，要坚持自信自立。党的百年奋斗成功道路是党领导人民独立自主探索开辟出来的，马克思主义的中国篇章是中国共产党人依靠自身力量实践出来的，贯穿其中的一个基本点就是中国的问题必须从中国基本国情出发，由中国人自己来解答，坚持从自身出发的历史经验，不断推动中国特色社会主义道路和中国式现代化前进。

二、坚持把国家和民族发展放在自己力量的基点上

习近平总书记指出："人类历史上，没有一个民族、没有一个国家可以通过依赖外部力量、跟在他人后面亦步亦趋实现强大和振兴。那样做的结果，不是必然遭遇失败，就是必然成为他人的附庸。"[1]在中国这样历史悠久、人口众多、幅员辽阔的东方大国，要推动中国特色社会主义道路不断发展，实现社会主义现代化，迈向中华民族伟大复兴，都只能由中国共产党领导人民依靠自己的力量来实现，没有任何外来力量能够替代完成。

其一，把国家和民族发展放在自己力量的基点上，最根本的是要把我们自己的事情做好，依托自己的力量自力更生是基础、是根本。只有自力更生，才会牢牢掌握生存、发展、繁荣、壮大的主动性和自主权。其二，把国家和民族发展放在自己力量的基点上源自坚定的历史自信。习近平总书记指出："当今世界，要说哪个政党、哪个国家、哪个民族能够自信的话，那中国共产党、中华人民共和国、中华民族是最有理由自信的。"[2]我们对中国特色社会主义道路的自信，来源于实践，来源于人民，来源于真理，来源于历史。我国是世界上

---

[1]《习近平谈治国理政》（第一卷），外文出版社2018年版，第29页。
[2]《习近平谈治国理政》（第二卷），外文出版社2017年版，第36页。

正道前行
——中国式现代化的重大原则

最大的发展中国家，面对美国等西方国家的打压，要不断增强"四个自信"，不断增强民族自豪感，不断增强做中国人的志气、骨气、底气。其三，把国家和民族发展放在自己力量的基点上体现在科技上的自主创新。习近平总书记强调："核心技术、关键技术，化缘是化不来的，要靠自己拼搏。"[1]只有把关键核心技术掌握在自己手中，才能从根本上保障国家经济安全、国防安全和其他安全。其四，把国家和民族发展放在自己力量的基点上，不是不要对外开放，不是关起门来搞建设，而是强调对外合作中的主动性与主导权。建立以国内大循环为主体、国内国际双循环相互促进的新发展格局，是把握未来发展主动权的战略性布局。

要坚持立足国情基础上的改革创新。立足国情的改革创新是经济社会发展的关键所在，中国特色社会主义道路不竭的动力源泉。列宁指出："一切民族都将走向社会主义，这是不可避免的，但是一切民族的走法却不完全一样……每个民族都会有自己的特点。"革命年代，毛泽东指出："认清中国的国情，乃是认清一切革命问题的基本的根据。"改革开放和社会主义现代化建设时期，我们党明确提出把马克思主义的普遍真理同我国的具体实际结合起来，走自己的道路，建设有中国特色的社会主义。并在实践中坚持社会主义初级阶段的客观实际，实行改革开放，建立了符合国情的社会主义市场经济体制，坚持发展中国特色社会主义道路，实现了我国经济总量跃居世界第二的历史性突破，中华民族大踏步地赶上了时代。进入新时代，以习近平同志为核心的党中央坚持实事求是的原则，科学回答了一系列重大理论和实践问题，使中国特色社会主义焕发出强大生机活力。习近平总书

---

[1] 习近平：《加强改革创新战略统筹规划引导 以长江经济带发展推动高质量发展》，载《人民日报》2018年4月27日。

第三章
坚持中国特色社会主义道路

记明确指出,中国特色社会主义道路"是一条改革创新的道路"[①]。改革开放和社会主义现代化建设时期以来,中国共产党带领中国人民在立足国情,坚持社会主义制度的前提下"不断推进理论创新、实践创新、制度创新、文化创新以及其他各方面创新"[②]。理论创新方面,要坚持把马克思主义基本原理同中国具体实际、中华优秀传统文化相结合,不断推进马克思主义中国化时代化,用马克思主义中国化理论创新成果指导实践,并持续推进实践基础上的理论创新;实践创新方面,要坚持改革开放,带领人民进行中国特色社会主义伟大实践。要坚持全面深化改革,各领域的实践创新全面展开;制度创新方面,我们党通过改革首先破除计划经济制度壁垒,建立了社会主义市场经济体制,并逐渐延伸至其他领域。推进国家治理体系和治理能力现代化,不断深化各领域体制机制改革;文化创新方面,党要坚持物质文明和精神文明两手抓、两手硬,推动社会主义文化繁荣发展。要牢牢掌握意识形态工作领导权,以高度的文化自信和创新意识,全方位推进文化体制改革和文化创新发展。

在现实情况中,习近平总书记指出:"一个国家能不能富强,一个民族能不能振兴,最重要的就是看这个国家、这个民族能不能顺应时代潮流,掌握历史前进的主动权。"[③]进入新时代,我们党主要在经济、科技、安全入手,牢牢掌握发展主动权。在经济方面,加快构建新发展格局,夯实我国经济发展的根基,增强发展的安全性稳定性,增强我国的生存力、竞争力、发展力、持续力;在科技方面,新

[①]《习近平谈治国理政》(第二卷),外文出版社2017年版,第483页。

[②]《中共中央关于党的百年奋斗重大成就和历史经验的决议》,人民出版社2021年版,第69页。

[③]《习近平谈治国理政》(第二卷),外文出版社2017年版,第210页。

征程中要健全新型举国体制，强化国家战略科技力量，加快科技自立自强步伐，解决外国"卡脖子"问题。在安全方面，要不断扩大高水平对外开放，深度参与全球产业分工和合作，用好国内国际两种资源，拓展中国式现代化的发展空间。当前，世界百年未有之大变局正在加速演进，世界进入新的动荡变革期，我国发展面临的机遇和挑战之大都前所未有。在此背景下更要坚持战略自信和战略定力，持续增强国家安全保障能力，聚精会神搞建设，一心一意谋发展，着力在补短板、强弱项、固底板、扬优势上下功夫，推动中国特色社会主义道路不断深入发展。

三、坚持把中国发展进步的命运牢牢掌握在自己手中

把国家和民族发展放在自己力量的基点上，最关键的就是要把国家和民族的命运牢牢掌握在自己手中。只有把命运牢牢掌握在自己手中，才能真正拥有发展的自主权和主动权，确保国家和民族实现长期稳定健康发展。中国特色社会主义道路的"特色"之一在于坚持马克思主义指导。要想把中国发展进步的命运牢牢掌握在自己手中，首先就要在思维方法上坚持马克思主义方法论。方法论是指导人们认识世界、改造世界的最一般、最根本的思维方式和思维理念。有什么样的世界观就有什么样的方法论，世界观和方法论是一致的。中国特色社会主义道路坚持的方法论，就是与马克思主义世界观相统一的方法论，包括马克思主义唯物辩证法，解放思想、实事求是的思想方法和群众路线的工作方法等。

其一，坚持唯物辩证法。唯物辩证法强调实践是检验真理的唯一标准，真正掌握事物的发展规律，在矛盾对立统一的过程中准确地把握客观实际，强调坚持客观、全面、系统、发展、普遍联系而非主

观、片面、零散、静止、孤立割裂地观察事物、分析和解决问题。首先，把握事物发展客观规律是认识和改造世界的根本出发点。为此要做到反对形而上学孤立、静止的方法论。中国特色社会主义道路在形成和发展的过程中真正做到了不唯书，破除对"本本"的迷信；不唯上，破除对权威的迷信；只唯实，破除对经验的迷信。其次，"发展"的观点是唯物辩证法的基本观点。一切事物都处在永不停息的运动、变化和发展之中，揭示了人类社会历史是不断向前发展的，而创新思维是辩证发展观的具体体现，也是中国特色社会主义道路的不竭动力。再次，矛盾就是对立统一，对立统一规律揭示了事物发展的源泉和动力。中国特色社会主义道路的发展以中国社会主要矛盾为基础，中国共产党带领人民以重点解决主要矛盾为中心任务，抓重点、中心、关键。通过解决主要矛盾带动其他矛盾的化解，在解决矛盾过程中推动事业发展，是我们发展中国特色社会主义道路要牢牢掌握的思想和工作方法。另外，唯物辩证法强调坚持系统观念，善于通过历史看现实、透过现象看本质，把握好全局和局部、当前和长远、宏观和微观，统筹兼顾，协调各方。为前瞻性思考、全局性谋划、整体性推进党和国家各项事业提供科学思想方法。

其二，要坚持解放思想，实事求是。坚持解放思想，实事求是为中国特色社会主义道路的鲜明特色。"解放思想"是邓小平理论的逻辑起点，只有解放思想才能实现真正的实事求是。只有坚持正确的思想路线，中国特色社会主义道路才能沿着正确的方向行进。走中国特色社会主义道路，关键是要摆脱一些条条框框的束缚，将马克思主义基本原理与中国的实际、中华优秀传统文化相结合，在实践中不断发展。同时，中国特色社会主义道路是坚持辩证唯物主义和历史唯物主义的马克思主义道路，是一条一切从实际出发，实事求是的道路。马克思、恩格斯指出："共产党人的理论原理，决不是以这个或那个世界改革家所发明或发现的思想、原则为根据的。这些原理不过是现存的阶级斗争、我们眼前的历史运动的真实关系的一般表述。"[1]列宁指出："马克思主义要求我们在确定任何重大政策的时候，必须以经得起精确的客观检验的事实作为政策的基础和依据。"[2]毛泽东指出："'实事'就是客观存在着的一切事物，'是'就是客观事物的内部联系，即规律性，'求'就是我们去研究。"[3]这是唯物辩证法的精髓所在，它既肯定事物变化发展的客观性，又注重发挥人的主观能动性，是"合目的性"与"合规律性"的辩证统一。同时也是"马克思主义的根本观点，是中国共产党人认识世界、改造世界的根本要求，是我们党的基本思想方法、工作方法、领导方法"[4]。坚持实事求是就是要尊重规律，尊重历史，尊重现实，不断推动中国特色社会主义道路向前发展。邓小平同志旗帜鲜明地提出重新恢复党的实事求是思想路线。1978年的真理标准大讨论提出了实践是检验真理的唯一标准这一命题，明确提出了"实事求是"是毛泽东思想"活的灵魂"，并在党的十二大首次将"实事求是"写入党章。新时代以来，面对复杂的国内外形势必须坚持解放思想，实事求是，才能推进各项工作稳步前进。习近平总书记科学把握时代的"变"与"不变"，以"守正"应"万变"，以"创新"应"不变"，在新时代坚持守正创新，为坚持解放思想，实事求是提供保障。

其三，坚持群众路线的工作方法。群众路线彰显了马克思主义政党的根本宗旨。马克思、恩格斯指出："无产阶级的运动是绝大多数

---

[1]《马克思恩格斯文集》（第二卷），人民出版社2009年版，第44—45页。
[2]《列宁全集》（第二十五卷），人民出版社1958年版，第283页。
[3]《毛泽东选集》（第三卷），人民出版社1991年版，第801页。
[4] 习近平：《论中国共产党历史》，中央文献出版社2021年版，第59页。

第三章
坚持中国特色社会主义道路

人的,为绝大多数人谋利益的独立的运动。"①马克思主义政党"没有任何同整个无产阶级的利益不同的利益"②。列宁指出:"无产阶级政党的义不容辞的责任就是和群众在一起。"③毛泽东指出:"在我党的一切实际工作中,凡属正确的领导,必须是从群众中来,到群众中去。"④《中国共产党章程》明确规定,党在任何时候都把群众利益放在第一位,同群众同甘共苦,保持最密切的联系。这是马克思主义政党性质宗旨的鲜明体现,是区别于其他任何政党的根本标志。从群众中来、到群众中去的群众路线,是马克思主义实践观和群众史观在实际工作中的具体运用,也是中国特色社会主义理论体系的根本工作方法。前进道路上,我们必须牢记初心使命、践行根本宗旨,走好新时代党的群众路线,团结带领人民创造更加美好的生活。

---

① 《马克思恩格斯文集》(第二卷),人民出版社2009年版,第42页。
② 《马克思恩格斯文集》(第二卷),人民出版社2009年版,第44页。
③ 《列宁全集》(第三十二卷),人民出版社1985年版,第28页。
④ 《毛泽东选集》(第三卷),人民出版社1991年版,第899页。

第三节

坚持道不变、志不改

党的二十大报告明确指出:"坚持道不变、志不改,既不走封闭僵化的老路,也不走改旗易帜的邪路。"[1]这一论断彰显了中国共产党坚持中国特色社会主义之"道",为中国人民谋幸福,为中华民族谋复兴之"志",明确了中国特色社会主义道路"举什么旗,走什么路"这一根本问题,为全面建设社会主义现代化国家指明了方向和道路。

一、明晰中国式现代化道路的国际环境

从百年党史的大历史视野和国际视野来看中国特色社会主义道路的发展,近代以来,西方列强凭借着资本主义工业化发展带来的经济、军事实力瓜分世界,四处侵略掠夺,奴役弱小民族,霸占弱小国家,在全球范围内到处建立各自的殖民地。英国成为"日不落帝

---

[1] 习近平:《高举中国特色社会主义伟大旗帜　为全面建设社会主义现代化国家而团结奋斗——在中国共产党第二十次全国代表大会上的报告》,人民出版社2022年版,第27页。

第三章
坚持中国特色社会主义道路

国",美国又继英国后成为世界霸主。毛泽东所领导的新民主主义革命是在西方列强趁着中国政府的腐败无能,借着自己的坚船利炮,联合起来分割中国领土,掠夺中国资源,把中国变成半殖民地半封建国家,中国人民任人宰割,中国国家主权丧失,中华民族灾难深重的背景下形成的,主要是为了摆脱西方帝国主义列强的殖民统治,实现民族独立和人民解放。社会主义革命和建设时期的道路主要是基于国际上美苏冷战、社会主义阵营和资本主义阵营尖锐对立的国际大环境和苏联国内的时局动荡的实际情况,主要是为了在国际上立稳脚跟,实现国家的独立自主,最终取得抗美援朝的胜利,完成了社会主义制度的确立和社会主义建设道路的初步探索。改革开放与现代化建设新时期,和平与发展已成为时代主题。但在20世纪90年代初,苏联解体和东欧剧变使社会主义运动遭受重大挫折,"使人类历史向何处去""社会主义向何处去"成为世纪难题。西方资本主义国家抓住机会开始早有预谋地对社会主义极力抹黑,声称东欧剧变就是社会主义全面失败的开端。包括解体后俄罗斯在内的一系列国家迫于内外压力接受了西方资本主义阵营的同化,将所谓的"自由民主制度"融入社会的内部。基于这一现实情况,中国共产党带领人民高举改革开放旗帜,大力推进社会主义现代化建设,坚持走中国特色社会主义道路,在中华民族伟大复兴之路上勇毅前行。

进入新时代,党的二十大报告指出:"当前,世界百年未有之大变局加速演进,新一轮科技革命和产业变革深入发展,国际力量对比深刻调整,我国发展面临新的战略机遇。"[1]百年未有之大变局的表

---

[1] 习近平:《高举中国特色社会主义伟大旗帜　为全面建设社会主义现代化国家而团结奋斗——在中国共产党第二十次全国代表大会上的报告》,人民出版社2022年版,第26页。

现是多方面、深层次的。第一，新一轮科技革命和产业变革，如信息技术加速突破应用，生命科学领域孕育新的变革，先进制造技术，全球能源变革等正在重构全球创新版图、重塑全球经济结构。但正如马克思所言："技术的胜利，似乎是以道德的败坏为代价换来的。随着人类愈益控制自然，个人却似乎愈益成为别人的奴隶或自身的卑劣行为的奴隶。"[①]全球性的贫富分化日益严重，诸如恐怖主义、网络安全、气候变化等全球性问题也逐渐凸显。第二，国际力量对比变化，政治重心"东升西降"。东方特别是广大发展中国家在全球政治生活中的话语权大大提升。中国在世界上高高举起了社会主义的旗帜，实现了快速而稳定的现代化进程，走出一条不同于西方模式的中国特色社会主义道路。同时，霸权主义、保护主义、单边主义上升，世界经济低迷，全球产业链、供应链因非经济因素而面临冲击，国际经济、科技、文化、安全、政治等格局都在发生深刻调整，大国博弈日趋激烈，世界进入动荡变革期。第三，中国的发展离不开世界，世界的发展离不开中国。中国日益走近世界舞台中央，使科学社会主义在21世纪的中国焕发出强大的生机和活力。当前，世界又一次站在历史的十字路口。在这一关键时刻，中国坚持胸怀天下，积极回应各国人民普遍关切，努力为人类和平与发展事业贡献中国智慧、中国方案。

二、坚定不移地沿着中国特色社会主义道路前进

中国特色社会主义道路是实现我国社会主义现代化和创造人民美好生活的必由之路。新中国成立70多年来，我国坚持走适合自己国情的发展道路，创造了经济快速发展和社会长期稳定两大奇迹，我国

---

① 《马克思恩格斯全集》（第十二卷），人民出版社1962年版，第4页。

第三章
坚持中国特色社会主义道路

发展具备了更为坚实的物质基础、更为完善的制度保证，实现了中华民族从站起来、富起来到强起来的伟大飞跃。穷则独善其身，达则兼济天下。科学社会主义在21世纪的中国焕发出新的蓬勃生机，中国特色社会主义道路和中国式现代化为人类实现现代化提供了新的选择，中国共产党和中国人民为解决人类面临的共同问题提供了更多更好的中国智慧、中国方案、中国力量，为人类和平与发展的崇高事业作出了新的更大的贡献。

其一，要把握中国特色社会主义道路深厚的理论基础。理论是实践的先导，思想是行动的指南。马克思指出："理论一经掌握群众，也会变成物质力量。理论只要说服人，就能掌握群众；而理论只要彻底，就能说服人。所谓彻底，就是抓住事物的根本。"[1]马克思主义理论是中国特色社会主义道路形成发展的根本理论保证，中国特色社会主义道路是对马克思主义的世界观和方法论的坚持和创新、继承和发展。世界观是人们对世界的总的根本的观点。中国特色社会主义道路必须坚持的世界观，就是马克思主义世界观，总的说来主要是辩证唯物主义和历史唯物主义这两个基本观点。其中，最重要的包括以下几点：

第一，关于人类社会发展规律及其历史趋势的理论。马克思主义揭示了人类社会发展的基本规律，即社会存在决定社会意识，生产关系一定要适合生产力状况的规律以及上层建筑一定要适合经济基础状况的规律，同时也阐明了人类社会发展的历史趋势。一方面，资本主义社会和社会主义社会是两种长期并存的社会形态。马克思指出："无论哪一个社会形态，在它所能容纳的全部生产力发挥出来以前，是决不会灭亡的；而新的更高的生产关系，在它的物质存在条件在旧

---

[1]《马克思恩格斯文集》（第一卷），人民出版社2009年版，第11页。

社会的胎胞里成熟以前，是决不会出现的"①，即"两个决不会"。另一方面，社会基本矛盾的运动决定着社会主义必然代替资本主义、人类社会必然走向共产主义，即"两个必然"。中国共产党人很好地坚持和发展了这一理论，在坚定共产主义远大理想的同时，又在深刻认识和科学把握我国社会主义初级阶段的实际境况与具体情况的基础上提出了中国特色社会主义的共同理想，即坚持中国特色社会主义道路，不断推动建设社会主义现代化强国，实现中华民族伟大复兴。

第二，物质生产活动是人类社会存在和发展的根本前提。马克思、恩格斯认为，物质资料的生产是人类社会发展的前提和基础，大力发展生产力是实现人的自由全面发展的最终决定力量，无产阶级在夺取政权之后，要"把一切生产工具集中在国家即组织成为统治阶级的无产阶级手里，并且尽可能快地增加生产力的总量"②。中国特色社会主义道路的本质就是解放和发展生产力，在中国革命、建设和改革的各个时期，发展生产力都是党和国家事业的重中之重。另外，人类社会发展同样也受到生产力发展的制约。马克思和恩格斯指出："每一历史时代主要的经济生产方式和交换方式以及必然由此产生的社会结构，是该时代政治的和精神的历史所赖以确立的基础，并且只有从这一基础出发，这一历史才能得到说明。"③从近代以来，中国先后经历了对于资本主义道路和社会主义道路的探索。最终，我国实际的生产力水平让我们选择了中国特色社会主义道路，这种选择不仅使中国成功实现了跨越式发展，而且反过来中国用革命、建设和改革的成功实践有力地佐证了人类社会发展规律。

---

① 《马克思恩格斯文集》（第二卷），人民出版社2009年版，第592页。
② 《马克思恩格斯文集》（第二卷），人民出版社2009年版，第52页。
③ 《马克思恩格斯文集》（第二卷），人民出版社2009年版，第14页。

第三章
坚持中国特色社会主义道路

第三，马克思主义社会有机体理论。马克思认为，以自然为前提，以实践为基础展开的社会是一个有机的整体，而这个整体的内部要素在其运动发展过程中存在着固定性的联系，这些联系就构成了其自身的结构，即社会结构。社会发展是在社会系统诸要素综合作用、社会生活诸领域相互影响的过程中实现的；要促进社会发展，必须协调好社会系统诸要素、社会生活诸领域之间的关系，做到协调发展，统筹兼顾。根据这一理论，中国特色社会主义道路在发展的过程中始终强调社会主义社会是经济政治文化协调发展、社会生活全面进步、经济建设和国防建设整合发展的社会。

第四，马克思主义人民观。首先，中国特色社会主义道路把以人民为中心作为核心价值指向。马克思、恩格斯将以往哲学所集中讨论的抽象的人拉回到尘世，将人理解为"现实的个人"，即从事物质生产活动的具体的、历史的人。从历史唯物主义角度而言，作为历史的主体和创造者，人民群众是推进社会变革和发展的根本力量。毛泽东指出："中国的命运一经操在人民自己的手里，中国就将如太阳升起在东方那样，以自己的辉煌的光焰普照大地。"[1]其次，人的全面发展思想。马克思、恩格斯指出："代替那存在着阶级和阶级对立的资产阶级旧社会的，将是这样一个联合体，在那里，每个人的自由发展是一切人的自由发展的条件。"[2]马克思在《资本论》中进一步把社会主义和共产主义概括为比资本主义"更高级的、以每一个个人的全面而自由的发展为基本原则的社会形式"[3]。中国特色社会主义道路把促进人的全面发展作为党的执政理念和经济社会发展的根本目标。

---

[1]《毛泽东选集》（第四卷），人民出版社1991年版，第1467页。
[2]《马克思恩格斯文集》（第二卷），人民出版社2009年版，第53页。
[3]《马克思恩格斯文集》（第五卷），人民出版社2009年版，第683页。

再次，共同富裕的思想。恩格斯指出，社会主义社会将"保证一切社会成员有富足的和一天比一天充裕的物质生活"[1]。邓小平指出："社会主义最大的优越性是共同富裕，这是体现社会主义本质的一个东西。"[2]中国特色社会主义道路在新时代坚持共建共治共享，使发展成果惠及全体人民，不断推动共同富裕的实现。

其二，中国特色社会主义道路植根于中华优秀传统文化沃土，中国共产党坚定历史自信、文化自信，坚持古为今用、推陈出新，把马克思主义思想精髓同中华优秀传统文化贯通起来、同人民群众的共同价值观念融通起来，不断夯实了马克思主义中国化时代化的历史基础和群众基础，进一步加深了中国特色社会主义道路的理论性和科学性。继承和发展中华优秀传统文化。马克思指出："中国社会主义之于欧洲社会主义，也许就像中国哲学与黑格尔哲学一样。"[3]列文森认为，中国传统文化是"中国共产主义的强大的思想资源"[4]。中华文明历史悠久，是世界上唯一没有中断并延续发展至今的文明。在五千多年中华文明发展史上，中国人民艰苦奋斗，创造了博大精深、灿烂辉煌的中华优秀传统文化。"周虽旧邦，其命维新。"中华优秀传统文化积淀着中华民族最深沉的精神追求，包含着中华民族最根本的精神基因，代表着中华民族独特的精神标识，已经成为中国文化的基因，根植在中国人内心，潜移默化影响着中国人的行为方式。党的二十大报告指出，中华优秀传统文化与"科学社会主义价值观主张具有高度契合性"，要把"马克思主义思想精髓同中华优秀传统文化精华

---

[1]《马克思恩格斯文集》（第三卷），人民出版社2009年版，第563页。
[2]《邓小平文选》（第三卷）人民出版社1993年版，第364页。
[3]《马克思恩格斯全集》（第十卷），人民出版社1998年版，第277页。
[4]［美］列文森：《儒教中国及其现代命运》，郑大华、任青译，中国社会科学出版社2000年版，第21页。

第三章
坚持中国特色社会主义道路

贯通起来、同人民群众日用而不觉的共同价值观念融通起来，不断赋予科学理论鲜明的中国特色"[1]。中国特色社会主义道路最终成为中国发展壮大的最佳道路，历久长存的中华传统文化的浸润有着不可磨灭的功劳。

第一，以民为本、定国安邦的政治文化。阿尔蒙德认为，政治文化是在"本民族的历史和现在社会、政治和经济活动进程中形成的"[2]，不同的政治文化会发展出不同的政治道路。中国古代政治文化主要受到以家庭为单位的小农经济和以孔子为代表的儒家思想的影响，形成了集权统一，六合同风的大一统思想，德法兼治、以德服人的德治思想，政在养民、民贵君轻的民本思想，大道之行、天下为公的大同理想等，为中国特色社会主义道路坚持党的领导、人民至上等一系列深层禀赋和鲜明特质提供了深厚文化滋养。

第二，修身处事、格物致知的为人之道。在自我修养上，中国传统强调的为人要正心诚意、修身齐家，自强不息、厚德载物，诚实守信、孝老爱亲等道德规范已经成为中国人民内在的精神气质。另外，我国自古以来将为官修养、正身立德看作治国理政的根本。其中，"苟利国家生死以，岂因祸福避趋之"的家国情怀，"先天下之忧而忧，后天下之乐而乐"的无我境界，"不以一毫私意自蔽、不以一毫私欲自累"的清正廉洁，"富贵不能淫、贫贱不能移、威武不能屈"的正直操守等，为我们在中国特色社会主义道路上不断进行党的自我革命，全面从严治党，创新党的建设理论提供了丰富的思想来源。在

---

[1] 习近平：《高举中国特色社会主义伟大旗帜 为全面建设社会主义现代化国家而团结奋斗——在中国共产党第二十次全国代表大会上的报告》，人民出版社2022年版，第18页。

[2] ［美］阿尔蒙德、鲍威尔：《比较政治学：体系、过程和政策》，曹沛霖等译，上海译文出版社1987年版，第29页。

思想方法上，有"天行有常，不为尧存，不为桀亡"的唯物主义精神；有"有无相生、难易相成、长短相形、高下相倾、音声相和、前后相随"的辩证法思想；有"吾日三省吾身"的内省自觉；有"知之愈明，则行之愈笃；行之愈笃，则知之益明"的知行合一的实践观；"周虽旧邦，其命维新"的革新思想等，为中国特色社会主义道路提供了深刻的思想方法和工作方法。

第三，以和为贵、协和万邦的外交思想。自古以来，中国人向往和谐发展，其具体表现在人们对人与自然、社会以及人们自身的和谐关系的不懈追求中。人们在追求人与自然和谐上，老子云："人法地，地法天，天法道，道法自然"，强调人们的所作所为必须遵守自然规律。在追求人与人的和谐关系上，管子云："养之以德，则民和。"强调遵守事物和社会发展规律，便能实现社会的和谐和民众的团结。中华民族自古讲究协和万邦、以和邦国。中华赓续千年的文化之中蕴含着源远流长的"和"思想。"和平"二字最早出现在《周易·咸卦》中，"圣人感人心而天下和平"；儒家云："修文德以来之"，表达"不战"之意；墨家云："大不攻小也，强不辱弱也"，强调国与国之间要平等相待，大国绝不做恃强凌弱的事情；孙子云："上兵伐谋，其次伐交，其次伐兵，其下攻城"，表达了崇尚和平，倾向于用智力击败敌人的军事思想等。因此，中国从未陷入过西方国家惯有的"强国必霸"的发展思维，一直秉持着同各国之间友好相处、合作共赢的发展逻辑，推动构建人类命运共同体。中华优秀传统文化为走和平发展、天下大同的中国特色社会主义道路奠定了深厚的文化基础。

其三，要明确中国特色社会主义道路是实现中国式现代化的必由之路。"治国者，圆不失规，方不失矩，本不失末，为政不失其道，

第三章
坚持中国特色社会主义道路

万事可成,其功可保。"①走自己的路,是党的全部理论和实践立足点,更是党百年奋斗得出的历史结论。中国特色社会主义道路是社会主义道路,而不是别的什么主义,科学社会主义基本原则不能丢,丢了就不是社会主义。在马克思主义的科学指导下,党带领人民探索出符合中国国情的中国特色社会主义道路。因此,中国特色社会主义道路不是什么别的路,是社会主义道路。马克思主义强调人民群众的主体性、无产阶级政党领导的重要性、无产阶级专政的必要性、社会主义建设的长期性、共产主义作为奋斗目标的指引性。并且明确指出,社会主义的本质,是解放生产力,发展生产力,消灭剥削,消除两极分化,最终达到共同富裕。中国特色社会主义道路坚持马克思主义指导之下,立足本国国情,明确提出了我国将长期处于社会主义初级阶段,坚持了以人民当家作主为社会主义民主政治的本质特征,坚持了以工人阶级政党为领导核心,坚持了人民群众创造历史的主体地位,把最广大人民根本利益放在首位,坚持了以解放和发展社会生产力为根本任务,坚持了共同富裕的目标,坚持了以公有制和按劳分配为社会主义的经济基础,坚持了马克思主义在意识形态领域的指导地位,以实现社会主义现代化为现实目标,以实现共产主义为理想追求等一系列重大方针政策等,这些方面体现了马克思主义的精髓和实质。同时,这条道路在此基础上结合中国实际,在制度、做法等方面对马克思主义进行了探索和创新。如坚持公有制为主体、多种所有制经济共同发展的基本经济制度,坚持按劳分配为主体、多种分配形式并存的分配制度,建立和完善社会主义市场经济体制,坚持中国共产党领导的多党合作和政治协商制度,发展民族的科学的人众的社会主义先进

---

① 习近平:《论坚持党对一切工作的领导》,中央文献出版社2019年版,第29页。

文化，构建社会主义和谐社会，建设美丽中国等。这表明中国特色社会主义道路与马克思主义既一脉相承，又与时俱进。因此，在发展中国特色社会主义道路时，必须高举马克思主义旗帜，坚定不移地走社会主义道路。

其四，科学社会主义也绝不是一成不变的教条，必须同中国具体实际、历史文化传统、时代要求紧密结合起来，在实践中丰富发展。中国特色社会主义道路在坚持科学社会主义基本原则的同时又具有鲜明的实践特色、理论特色、民族特色和时代特色。另外，坚持中国特色社会主义道路，既不能刻舟求剑、封闭僵化，也不能照搬照抄、食洋不化。历史上有些社会主义国家听信了西方学者的观点，在经济和政治上采用"全盘西化""休克疗法"等激进的西方式改革措施，最终导致国家分裂及人民生活水平大幅下滑的恶果。"千磨万击还坚劲，任尔东西南北风"，中国共产党不走改旗易帜的邪路，带领人民坚持走中国特色社会主义道路。同时不走封闭僵化的老路，坚持把马克思主义基本原理同中国具体实际相结合、同中华优秀传统文化相结合，并批判地学习借鉴各国人民的有益经验，坚定历史自信，增强历史主动。在全面建设社会主义现代化国家新征程上、在推进中国式现代化新的实践中，要始终坚持并不断发展党领导人民历经艰辛开创的这条道路，行稳致远。

三、矢志不渝地坚守初心使命

在中国共产党的百年历史进程中，中国共产党团结和依靠人民，战胜无数艰难险阻，夺取了革命、建设、改革一个又一个伟大胜利，创造了中华民族发展史、世界社会主义发展史、人类社会发展史上的辉煌成就，中华民族迎来了从站起来、富起来到强起来的伟大飞跃，

第三章
坚持中国特色社会主义道路

现在开始走上全面建设社会主义现代化国家的新征程。

其一，要坚持人民至上的根本立场。江山就是人民，人民就是江山。天下为公。实现人民安居乐业、天下大同，是几千年来中华民族的追求和梦想。中国特色社会主义道路是为了人民的道路，坚持人民至上、坚决维护人民利益的人民立场是中国特色社会主义道路的根本立场所在，始终坚持以人民为中心，努力实现好、维护好、发展好最广大人民根本利益。中国特色社会主义道路的正确性，离不开对中国人民意愿的现实考量。"中国秉持以人民为中心的发展思想，把改善人民生活、增进人民福祉作为出发点和落脚点，在人民中寻找发展动力、依靠人民推动发展、使发展造福人民。"[1]大道之行也，历经百年砥砺前行，党领导人民走中国特色社会主义道路，始终坚持以人民为中心的发展思想，持续推进以保障和改善民生为重点的社会建设，创造了世所罕见的经济快速发展奇迹和社会长期稳定奇迹。脱贫攻坚取得全面胜利，全面建成小康社会是其中具有代表性的成果之一。中国共产党始终坚持发展为了人民、发展依靠人民、发展成果由人民共享，人民生活水平和质量不断提升，到1990年顺利实现了解决人民温饱问题的第一步目标，2000年人民生活达到小康水平的第二步目标也提前完成，2021年全面建成小康社会，人民生活更加殷实富裕。再次，坚持以保障和改善民生为重点，把补齐民生保障短板、解决好人民群众急难愁盼问题作为社会建设的紧迫任务。人民群众获得感、幸福感、安全感进一步增强，人的全面发展和社会全面进步势头良好，人民生活得到切实保障，幼有所育、学有所教、劳有所得、病有所医、老有所养、住有所居、弱有所扶的社会事业不断取得新进展。另外，全面加强和创新了社会治理，推动"平安中国"建设。共建共

---

[1]《习近平谈治国理政》（第二卷），外文出版社2017年版，第483页。

正道前行
——中国式现代化的重大原则

治共享的社会治理格局基本形成，人民安居乐业，社会和谐有序又充满活力。同时，我国建成了全球最大社会保障网，兜底民生功能不断增强。并推动"健康中国"建设，不断完善疾病预防控制体制、体系建设，建成全球最大、横向到边、纵向到底的疾病和健康危险因素监测网络，人民健康水平稳步提升。

习近平总书记明确指出，中国特色社会主义道路"是一条把人民利益放在首位的道路"[1]。为更好推动中国式现代化发展，要做到：第一，坚持人民主体地位，尊重人民首创精神。马克思主义唯物史观认为，人民群众是社会历史的主体，是物质和精神财富的创造者，是推动社会历史发展和社会变革的决定性力量。马克思指出："历史活动是群众的事业，随着历史活动的深入，必将是群众队伍的扩大。"[2]人民是中国特色社会主义道路的创造主体，是中国特色社会主义道路探索、开拓的根本动力和不竭源泉。中国共产党十分尊重人民群众的首创精神，虚心向群众请教、学习，注重汲取群众的智慧和力量，充分发挥广大人民群众积极性、主动性、创造性，坚持把充分发挥人民群众的创造性和积极性作为推动中国特色社会主义道路不断走向前进的根本手段。邓小平指出："一个党和它的党员，只有认真地总结群众的经验，集中群众的智慧，才能指出正确的方向，领导群众前进。"[3]中国特色社会主义道路在人民群众的实践中不断完善发展，在党的领导下用几十年时间走完了发达国家几百年走过的工业化历程，使中华民族迎来了从站起来、富起来到强起来的伟大飞跃。

第二，始终把实现好维护好发展好最广大人民根本利益放在首

---

[1]《习近平谈治国理政》（第二卷），外文出版社2017年版，第483页。
[2]《马克思恩格斯全集》（第二卷），人民出版社1957年版，第104页。
[3]《邓小平文选》（第一卷），人民出版社1994年版，第218—219页。

第三章
坚持中国特色社会主义道路

位。在资本主义国家，资产阶级作为"人格化"的资本为了追求利润最大化，一方面不断巩固自身的统治地位，以便掠夺更多的社会财富。另一方面，将财富聚集到少数人手中，而大多数人民群众被迫沦为资本家获取利润的工具。马克思认为资本主义统治下的人民处于被剥削的地位，其基本权利无法得到保障。而中国共产党成立后，始终坚持把实现好维护好发展好最广大人民根本利益放在首位，中国特色社会主义道路致力于保障最广大人民群众的根本利益，努力保障和改善民生，促进社会公平正义，带领人民为创造幸福美好的生活不懈奋斗，实现了人民生活从温饱不足到总体小康、奔向全面小康的历史性跨越。

  第三，始终将人民作为工作的最高裁决者和最终评判者。时代是出卷人，我们是答卷人，人民是阅卷人。在沿着中国特色社会主义道路奋勇前行的进程中，我们党坚持把人民利益作为行动的最高准绳，把人民"拥护不拥护、赞成不赞成、高兴不高兴、答应不答应"作为衡量一切工作得失的最高标准。党的十八大以来，随着党和国家事业发生深刻变革、取得历史性成就，国内外关于中国特色社会主义道路的质疑声不绝于耳，出现了"资本社会主义""国家资本主义""新官僚资本主义"等说法。习近平总书记明确指出："让群众满意是我们党做好一切工作的价值取向和根本标准。"[1]"'鞋子合不合脚，自己穿了才知道'。一个国家的发展道路合不合适，只有这个国家的人民才最有发言权。"[2]有力地对质疑进行了回答，并提出了"是否

---

[1] 习近平：《在党的群众路线教育实践活动总结大会上的讲话》，载《人民日报》2014年10月9日。

[2] 《习近平谈治国理政》（第一卷），外文出版社2018年版，第273页。

正道前行
——中国式现代化的重大原则

促进经济社会发展、是否给人民群众带来实实在在的获得感"[1]的"两个是否"的改革评价标准，为中国特色社会主义道路的发展提供了重要保证。

其二，中国共产党担负起中华民族伟大复兴的历史使命。中国共产党一经诞生，就把为中国人民谋幸福、为中华民族谋复兴确立为自己的初心使命。习近平总书记指出："一百年来，我们党致力于为中国人民谋幸福、为中华民族谋复兴，致力于为人类谋进步、为世界谋大同，天下为公，人间正道，这是我们党具有历史自信的最大底气，是我们党在中国执政并长期执政的历史自信，也是我们党团结带领人民继续前进的历史自信。"[2]

进入新时代以来我们攻克了许多长期没有解决的难题，办成了许多事关长远的大事，国家综合国力实现了新的飞跃。我国完成脱贫攻坚、全面建成小康社会的历史任务，实现了第一个百年奋斗目标，创造了彪炳史册的人间奇迹。我国经济总量达到114万亿元，占世界经济比重达18.5%，稳居世界第二位；人均国内生产总值从3.98万元增加到8.1万元；谷物总产量稳居世界首位，制造业规模、外汇储备稳居世界第一位，等等。中国特色社会主义道路为世界提供了全新选择和中国方案。在新征程路上永远践行共产党人的初心使命，永远保持对人民群众的赤子之心，与人民群众勠力同心、共同奋斗，努力创造更加美好的生活、更加辉煌的成就。

要实现中华民族伟大复兴的历史使命，最根本的就是要坚持党的

---

[1]《习近平新时代中国特色社会主义思想学习纲要》，学习出版社、人民出版社2019年版，第92页。

[2]《习近平谈治国理政》（第四卷），外文出版社2022年版，第545—546页。

第三章
坚持中国特色社会主义道路

领导。习近平总书记指出："中国特色社会主义最本质的特征是中国共产党领导，中国特色社会主义制度的最大优势是中国共产党领导，党是最高政治领导力量。"[1]中国共产党既是中国特色社会主义道路的开创者，又是其核心领导力量。坚持党的领导，是成功开创和推进中国特色社会主义道路的根本保证。这一本质特征体现在多个方面：

第一，明确党领导人民进行的伟大实践是中国特色社会主义道路的形成源泉。近代以来，面对封建主义、帝国主义、资本主义这"三座大山"，无数仁人志士和政党团体为探索救亡图存道路，令中华民族走向独立、富强而不懈奋斗，但大都收效甚微。直到中国共产党的出现才找到了能够实现民族独立和复兴的道路，并带领广大人民群众不断前进。习近平总书记强调："一百年前，中华民族呈现在世界面前的是一派衰败凋零的景象。今天，中华民族向世界展现的是一派欣欣向荣的气象，正以不可阻挡的步伐迈向伟大复兴。"[2]中华民族从"衰败凋零"转为"欣欣向荣"、迈向"伟大复兴"，这是一百年来中国共产党团结带领中国人民不懈奋斗取得的伟大成就。可以说，没有共产党就没有新中国，没有共产党，就没有中国特色社会主义道路。

第二，认清党的领导是中国特色社会主义道路的方向保证。在党的领导下，中国特色社会主义道路一方面遵循历史规律，顺应时代发展，不断推动实践基础上的理论创新，广泛吸收总结历史经验教训，开放包容，锐意进取，避免了走封闭僵化的老路；另一方面，面对风云突变的世界社会主义运动和国际局势，中国共产党始终坚持马克思主义科学理论的指导，坚定不移走中国特色社会主义道路，秉持马克

---

[1]《习近平谈治国理政》（第三卷），外文出版社2020年版，第94页。

[2] 习近平：《在庆祝中国共产党成立100周年大会上的讲话》，人民出版社2021年版，第21—22页。

思主义政党的原则，不断进行自我革命。由此避免了走改旗易帜的邪路。正是在中国共产党的领导下，中国特色社会主义道路才能始终沿着正确的方向前进。

第三，坚持党政军民学东西南北中，党是领导一切的，是统领中国特色社会主义道路各领域各方面的最高政治领导力量。"最高政治领导力量"集中概括了中国共产党在中国特色社会主义事业中总揽全局、协调各方的根本地位。从宏观角度来看，中国共产党成为最高政治领导力量是历史和人民的选择。在中国特色社会主义事业中，党是"总的骨架"，党中央是"顶梁柱"。从微观角度来看，中国共产党之所以能够成为最高政治领导力量，是因为其具有进行伟大社会革命和伟大自我革命的政治自觉，具有勇于自我革命、从严管党治党的鲜明品格，具有实现自我净化、自我完善、自我革新、自我提高的革命精神和提升能力，始终以坚强有力的领导承担起应承担的使命责任。中国特色社会主义取得的一切进步和成就根本在于始终坚持党的领导，党领导一切既是党和国家的根本所在、命脉所在，也是全国各族人民的利益所在。习近平总书记指出："一定要认清，中国最大的国情就是中国共产党的领导。什么是中国特色？这就是中国特色。"[1]

道路问题是关系党的事业兴衰成败第一位的问题。中国特色社会主义是根植于中国大地、反映中国人民意愿、适应中国和时代发展进步要求的科学社会主义，是中国式现代化道路的基本遵循，是全面建成小康社会、加快推进社会主义现代化、实现中华民族伟大复兴的必由之路，也为发展中国家探索正确的发展道路提供了深刻借鉴，为人类社会发展走向更加美好的未来贡献了中国经验和中国智慧。在新征

---

[1] 习近平：《论坚持党对一切工作的领导》，中央文献出版社2019年版，第57页。

程上，我们既不走封闭僵化的老路，也不走改旗易帜的邪路，要坚定不移走中国特色社会主义道路，不断推动中国式现代化道路的开拓和发展，为实现第二个百年目标而努力奋斗！

延伸阅读

C919带动航空业创新生态向外辐射*

C919大型客机，全称COMACC919，是我国首次按照国际通行适航标准自行研制、具有自主知识产权的喷气式干线客机，于2007年立项，2017年首飞，2022年9月完成全部适航审定工作后获中国民用航空局颁发的型号合格证，并于2022年底交付首架飞机。

自立项以来，近30万人参与了C919大型客机的研制。C919大型客机研制成功，获得型号合格证，标志着我国具备自主研制世界一流大型客机能力，是我国大飞机事业发展的重要里程碑，也成为带动我国航空产业、高端制造业发展的"新引擎"，有效提升了我国航空产业配套能级，对国民经济和相关产业起到了积极的带动作用，通过C919大型客机的研制，我国商用飞机产业的创新链、价值链、产业链得到极大的拓展和延伸，带动了新材料、现代制造、电子信息等领域技术的集群性突破，提升了国内商用飞机机体结构、机载系统、材料和标准件配套能级。

以中国商飞在上海建设的大飞机创新谷为例，以C919大型客机技术攻关和科技创新为牵引，累计有100余个科研项目入谷，集聚众多创新人才，建立了多专业融合、多团队协同、多技术集成的协同创新平台。以5G、大数据、云计算、人工智能为代表的信息技术催生数字经济到来，为大飞机的研制、生产和运营带来新机遇。2018年起，中国商飞开始探索5G赋能大飞机智能制造，让飞机建

---

* 参见《智能制造跨行业加"数"前行》，载《经济参考报》2022年10月10日。编者对内容有所修改。

造效率更高、质量更优，飞机设计的能力不断提升。

伴随着飞机制造的智能化水平加速推进，一个融合新一代信息技术、先进制造业于一体的现代商用飞机总装基地正在崛起，并不断向外辐射，带动航空产业创新生态加快形成。我国成功探索出一条中国设计、系统集成、全球招标、逐步提升国产化的发展路子，培养出一支信念坚定、甘于奉献、勇于攻关、敢打硬仗、具有国际视野的大飞机人才队伍，取得了丰硕成果，积累了宝贵经验。创新驱动，未来可期。预计到2035年，依托大飞机产业园形成的产业配套，将支撑中国商飞200架以上大型商用飞机的年生产能力，带动航空产业年产值3000亿元以上，推动打造具有全球影响力的民用航空产业基地。

第四章

坚持以人民为中心的发展思想

  人民立场是中国共产党的根本政治立场，是马克思主义政党区别于其他政党的显著标志。百余年来，中国共产党始终坚持发展为了人民、依靠人民和惠泽人民，为团结带领中国人民全面建设社会主义现代化国家迈出坚实步伐。

国之大者，以民为本。党的二十大报告指出："维护人民根本利益，增进民生福祉，不断实现发展为了人民、发展依靠人民、发展成果由人民共享，让现代化建设成果更多更公平惠及全体人民。"[①]这为坚持以人民为中心发展思想提供了重要理论指导和实践遵循。作为"五个重大原则"的价值立场的具体呈现，坚持以人民为中心的发展思想再次旗帜鲜明地强调人民利益是党和国家一切工作的根本出发点和落脚点，发展为了人民、依靠人民和惠泽人民既是重要的价值旨向，更是必要的实践遵循，最终在效率与公平的有机统一中实现现代化建设成果更多更公平惠及全体人民。

[①] 习近平：《高举中国特色社会主义伟大旗帜　为全面建设社会主义现代化国家而团结奋斗——在中国共产党第二十次全国代表大会上的报告》，人民出版社2022年版，第27页。

第一节

民心是最大的政治

以人民为中心的发展思想作为全面建设社会主义现代化国家前进道路上必须牢牢把握的重大原则之一，充分彰显人民中心逻辑的现代化优势，具体表现在继承马克思主义群众史观，植根于中国古代传统民本思想和体现中国共产党人奋斗初心三者之间的有机结合。同时，通过进一步揭露资本中心逻辑在经济危机的爆发、社会矛盾的激化和生态危机的加剧等方面的现代化弊病，为全面、深刻理解"民心是最大的政治"提供重要遵循。

一、继承马克思主义群众史观

人民性是马克思主义的本质属性，人民立场是马克思主义的根本政治立场。对群众史观系列理论成果的科学阐释为以人民为中心的发展思想提供了重要的原则遵循。从揭露人的本质、追求人的发展和实现人的解放出发，进一步肯定人民群众是物质财富和精神财富的创造者，是社会变革的决定力量的基本观点，实现马克思主义群众史观核心要义的整体贯通，为中国共产党团结带领中国人民走好中国式现代化道路提供宝贵的理论指导与行动指南。

正道前行
——中国式现代化的重大原则

一方面，从群众史观揭露人的本质、追求人的发展和实现人的解放这一前提出发，强调了马克思主义经典作家在对"人"这个主体的全方位认识中，产生了区别于以往一切旧哲学的科学理论。这一极具颠覆性价值和进步性意义的创新理论为中国共产党进行中国式现代化建设必须坚持以人民为中心的发展思想这一重大原则提供了重要的理论依据。首先，承认实践的观点，是揭示人的本质问题的关键。马克思在《关于费尔巴哈的提纲》一文中提出"全部社会生活在本质上是实践的"①"人的本质不是单个人所固有的抽象物，在其现实性上，它是一切社会关系的总和"②等观点，是对从事实践活动的"现实的人"的科学认识，马克思、恩格斯在《德意志意识形态》中进一步阐明"全部人类历史的第一个前提无疑是有生命的个人的存在"③等观点，都强调了"人"这个主体，作为具体的、历史的、处在一定社会关系中进行劳动实践的人的现实意义。其次，追求人的发展和肯定人的价值，是马克思主义群众史观的进一步丰富与发展，在共产主义社会与人的自由全面发展的关系阐释中，马克思、恩格斯作出了共产主义社会是"个人的独创的和自由的发展不再是一句空话的唯一的社会"④的科学判断，这是始终站稳人民立场，强调要充分发挥人的社会作用的重要体现。最后，实现人的解放是马克思主义群众史观的价值旨归，也是中国式现代化遵循以人民为中心的发展思想的最终落脚点。马克思主义科学理论自诞生之日起，就把最终实现全人类的彻底解放，实现每个人的自由而全面发展作为价值追求和实践目标。有了这一个灯塔的指引，实现共产主义理想的航船才能在一批又一批无产

---

①②《马克思恩格斯文集》（第一卷），人民出版社2009年版，第501页。
③《马克思恩格斯文集》（第一卷），人民出版社2009年版，第519页。
④《马克思恩格斯全集》（第三卷），人民出版社1960年版，第516页。

第四章
坚持以人民为中心的发展思想

阶级掌舵人的手中，经受住时间的考验而乘风破浪，勇往直前。概言之，在关于人的本质、人的发展、人的价值和人的解放等回答中，以人民为中心的发展思想才有了更加坚实的理论支撑和深厚的人文情怀。

另一方面，着眼人民群众是社会物质财富和精神财富的创造者，是社会变革的决定力量的基本观点，强调了人民群众作为自己社会的主人，在唯物史观的科学指导下其主体意识和社会功能被唤醒与认识，这对更好地理解"人"和充分发挥人的主观能动性，无疑具有重要价值。早在《神圣家族》一文中，马克思、恩格斯就指出，"历史的活动和思想就是'群众'的思想和活动"[1]，"历史活动是群众的活动，随着历史活动的深入，必将是群众队伍的扩大"[2]。这是对人民群众作为历史主体的充分肯定，体现了区别于其他历史观的根本价值立场。首先，人民群众是社会物质财富的创造者，强调了广大劳动群众作为物质资料生产活动主体的重要价值。恩格斯指出，"人们首先必须吃、喝、住、穿，然后才能从事政治、科学、艺术、宗教等等"[3]，即是说，衣食住行是人们最基本的物质生活需要，人民群众作为社会历史主体，要实现自身的生存与发展就必须首先进行物质资料的生产，由此创造更好的现实基础。其次，人民群众是社会精神财富的创造者，强调了人民群众在客观的现实环境中，通过主观能动性的充分发挥，创造了一种烙上人类历史发展与进步印记的多文明形态。同时，伴随着世界历史的开启，"物质的生产是如此，精神的生

---

[1]《马克思恩格斯文集》（第一卷），人民出版社2009年版，第286页。
[2]《马克思恩格斯文集》（第一卷），人民出版社2009年版，第287页。
[3]《马克思恩格斯文集》（第三卷），人民出版社2009年版，第601页。

产也是如此。各民族的精神产品成了公共的财产"①，则进一步阐明了基于物质生产实践基础上的精神财富和精神产品的生产与发展，以及人类之间这种交流与沟通的广泛性和持久性。最后，人民群众还是社会变革的决定性力量，强调了人民群众在创造社会财富的同时，也创造并改造着社会关系，而这种变化往往带来社会形态的更替。其具体过程正如马克思在《1848年至1850年的法兰西阶级斗争》中关于总结欧洲1848年革命经验的著作中写到的那样，"这种社会主义就是宣布不断革命，就是无产阶级的阶级专政，这种专政是达到消灭一切阶级差别，达到消灭这些差别所由产生的一切生产关系，达到消灭和这些生产关系相适应的一切社会关系，达到改变由这些社会关系产生出来的一切观念的必然的过渡阶段。"②并在给奥·倍倍尔、威·李卜克内西、威·白拉克等人的通告信中，马克思、恩格斯进一步明确了"将近40年来，我们一贯强调阶级斗争，认为它是历史的直接动力，特别是一贯强调资产阶级和无产阶级之间的阶级斗争，认为它是现代社会变革的巨大杠杆"③的观点，强调了人民群众作为社会变革的主力军，在社会发展与进步过程中发挥的重要作用。

由此观之，通过深刻阐明马克思主义群众史观丰富的内涵与外延，进一步揭示了人民群众在社会历史发展中的地位与作用，并通过中国共产党关于群众路线方法论的创新发展，生动呈现出马克思主义群众史观在当代的发展样态，是中国式现代化重大原则在价值立场上的必然要求与客观遵循。

---

① 《马克思恩格斯文集》（第二卷），人民出版社2009年版，第35页。
② 《马克思恩格斯文集》（第二卷），人民出版社2009年版，第166页。
③ 《马克思恩格斯全集》（第二十五卷），人民出版社2001年版，第362页。

二、植根于中国古代传统民本思想

中国古代传统民本思想是以人民为中心的发展思想的深厚根脉，历经数千年文化积淀和精神涵养，深刻彰显着中华文明的政治智慧与思想精华。百余年来，中国共产党通过对重民、爱民、利民、富民、安民、乐民等中国古代传统民本思想的批判性继承与超越性发展，在注重民生、顺应民意、重视民心的过程中，实现对传统民本思想在新时代背景下的创造性转化和创新性发展，为中国式现代化的建设提供了重要的精神滋养。

"民惟邦本，本固邦宁"是前提，强调了重民、爱民的执政理念。中国古代的《尚书·夏书·五子之歌》就提到，"皇祖有训：民可近，不可下。民为邦本，本固邦宁"，旨在强调民众之于国家存在和社会发展的根本性与重要性。民本思想自先秦时期产生以来，始终活跃在历史舞台之上，经过历朝历代政治家和思想家的不断阐发与长期积淀，形成了内涵丰富、蔚为大观的思想体系，并深刻影响着中国社会的发展。早在殷商之际，当时的思想家、政治家就意识到民众作为国家建设与发展的根本的重要性，《尚书·商书·盘庚》强调"重我民，无尽刘"，西周大政治家、思想家周公提出"敬德保民""用康保民"等思想，初步形成了重民、爱民的民本理念。春秋战国时期，王室衰落、天下大乱，从残酷的现实环境中诸子百家纷纷意识到了国家存亡的根本在于民心向背，形成了丰富的重民爱民等民本思想。儒家代表人物孔子认为，"为政以德，譬如北辰居其所而众星共之"，道出了君主与民众良性关系的真谛。孟子在《尽心章句下》中提出著名的"民贵君轻"说；荀子作为集大成者，在《王制》中以"君者，舟也；庶人者，水也。水则载舟，水则覆舟"的比喻等，形成了"水

正道前行
——中国式现代化的重大原则

舟论"等诸多传承至今的民本思想。道家代表人物庄子在《在宥》篇中同样认为"恃于民而不轻，因于物而不去"，强调了民众在国家社稷中的重要地位。汉唐时期，中国传统民本思想进一步丰富和发展，在《新书·大政》《资治通鉴》等著作中，深刻阐发了"故夫民者，至贱而不可简也；至愚而不可欺也""君依于国，国依于民"等民本思想的核心要义，对进一步理解和践行以民为本的思想提供了重要参考。再到宋明清时期民本思想的日臻完善，宋代的李觏主张"立君为民"，朱熹提出"天下之务莫大于恤民"，明代张居正在《陈六事疏》中提出"以节财爱民为务"，清代黄宗羲在《明夷待访录·原君》中主张"天下为主，君为客"，都深刻体现了中国古代思想家、政治家强调重民、爱民的执政理念。但同样值得注意的是，由于历史条件的局限性，这种思想更多地停留在为巩固君王统治的层面上，其民本自觉有一定的不彻底性。

"治国有常，利民为本"是关键，强调了利民、富民的执政目标。中国古代传统民本思想最直接的体现就是关心人民疾苦和冷暖安危，真正关心民众的切身利益，把利民、富民作为价值追求和奋斗目标。孔子较早地提出了这一利民、富民思想，主张"因民之所利而利之"，并在同弟子冉有的对话中强调，"冉有曰：'既庶矣，又何加焉？'曰：'富之'"，阐明了治国之道。孟子主张，"易其田畴，薄其税敛，民可使富也。"荀子同样强调了"王者富民"的思想，指出"下贫则上贫，下富则上富"，由此主张实行藏富于民的利民、富民政策。同时，《管子·治国》提出"凡治国之道，必先富民"等系列思想，无不体现着诸子百家对人民利益的积极捍卫。同时，汉代思想家董仲舒指出，"薄赋敛，省徭役，以宽民力。"明代顾炎武在《日知录》中提出"是以言莅事，而事权不在于郡县，言兴利而利权不在于郡县，言治兵而兵权不在于郡县，尚何以复论其国富裕民之道也

第四章
坚持以人民为中心的发展思想

哉"的著名论断等,都透露出利民、富民思想的光辉,但同样应该注意到的是,这一进步思想由于历史发展水平的限制,依旧没能摆脱君主专制的局限性,带有明显的阶级性特征。

"立国之本,在乎得众;得众之要,在乎见情"是归属,强调了安民、乐民的执政使命。只有真正将民众生活得好不好这一衡量标准始终放在心中,才能真正扎稳民本思想的民族根基。小康社会始终是中华儿女千百年来孜孜以求的美好愿景,除了强调"民亦劳止,汔可小康"的核心要义外,如何体恤民情,顺应民意,真正做到安民、乐民,才是中国古代传统民本思想真正的出发点和落脚点。如何真正实现安民、乐民的价值追求,一是强调仁爱之心。"仁爱"是儒家思想的核心概念,要求统治者"为政以德""以仁待民",依靠礼制维护国家统治秩序。儒家创始人孔子主张德治,其弟子孟子在此基础上发展了仁政思想,阐明"亲亲而仁民,仁民而爱物""乐民之乐者,民亦乐其乐;忧民之忧者,民亦忧其忧"。即是说,当政者只要怀抱一颗仁爱之心,做到以顺应民众的快乐为快乐,民众自然就会与其同心,与当政者同乐。二是强调法治原则。真正的自由,是摆脱人治实现法治,这一理念在中国古代先贤的思想中已经初见端倪。《礼记·大学》指出,"民之所好好之,民之所恶恶之,此之谓民之父母。"《孟子·尽心章句上》主张,"善政得民财,善教得民心。"即是说,一定社会秩序和礼制规约的积极作用的发挥,必须以得民心、顺民意作为时政得失和治理好坏的评判标准。三是强调使命担当。《晏子春秋·内篇问下》指出,"意莫高于爱民,行莫厚于乐民。"明代的张居正同样在他的《请蠲积逋以安民生疏》中讲道,"窃问治理之要,惟在安民,安民之道在察其疾苦而已。"正所谓为官之道、治国之理,只有真正做到想人民群众之所想,急人民群众之所急,才能更好彰显以民为本的乐民理念和安民情怀,担当起为人民谋幸福的执政使命。

由此观之，通过对重民、爱民、利民、富民、安民、乐民等中国古代传统民本思想合理内核的吸收、借鉴与升华，中国共产党团结带领中国人民追求现代化建设目标的宏伟征程有了更加深厚的历史积淀与精神支撑，围绕以民为本的执政理念、执政目标和执政使命的时代要求，一系列"实现中国人民当家作主""实现全体人民共同富裕"等理论成果和打赢脱贫攻坚战、消除绝对贫困等实践成效在新时代的现实场域中获得了更加生动的创造性转化和创新性发展。

三、体现中国共产党人的奋斗初心

"历史充分证明，江山就是人民，人民就是江山，人心向背关系党的生死存亡。"[①]回溯中国共产党团结带领中国人民不断探索社会主义现代化建设的百余年演进历程，无不体现着中国共产党人的这一奋斗初心。

新民主主义革命时期，面对帝国主义、封建主义和官僚资本主义三座大山的剥削与压迫，近代中国人民遭受了前所未有的历史劫难，生活苦不堪言。在此背景下，中国共产党应运而生。自诞生之日起，中国共产党就把全心全意为人民服务作为其根本宗旨，在长达28年的浴血奋战中，始终强调"共产党人的一切言论行动，必须以合乎最广大人民群众的最大利益，为最广大人民群众所拥护为最高标准"[②]。在前线作战、后勤保障等领域，以毛泽东同志为主要代表的中国共产党人结合现实国情和民生状况，对物质基础给予充分关注，

[①]《习近平著作选读》(第二卷)，人民出版社2023年版，第421页。

[②]《毛泽东选集》(第三卷)，人民出版社1991年版，第1096页。

第四章
坚持以人民为中心的发展思想

同时十分重视思想革命的颠覆性和创造性价值，在艰苦卓绝的革命运动中，着眼精神文化层面，通过理论学习和精神感化，激发广大人民群众实现由自发到自觉的现实转变，更好地理解自身作为社会历史活动主体的功能价值，从而为革命运动和后期的建设活动提供源源不断的内生动力。

社会主义革命和建设时期，以毛泽东同志为主要代表的中国共产党人坚持马克思主义科学理论的指导，把巩固政权和发展生产作为保障民生的主要抓手。在坚守人民立场的根本前提下，对内，紧密团结和带领中国人民自力更生、艰苦奋斗，在充分调动一切社会主义建设的积极力量中，走工业化发展道路，实现了从新民主主义国家向社会主义国家的过渡转变，取得了令世界瞩目的科技成就和工业成果，为后来中国式现代化的一切发展与进步奠定了重要的科技支撑与物质基础。对外，中国共产党坚决捍卫民族尊严，始终坚持独立自主的外交政策，并积极倡导和平共处五项原则，团结一切可以团结的力量，不断巩固和发展民族统一战线，始终坚守人民立场、捍卫民族尊严。由此，国家现代化建设向好发展的潮流势不可挡。

改革开放和社会主义现代化建设新时期，以邓小平同志为主要代表的中国共产党人深刻总结新中国成立以来正反两个方面的重要历史经验，从中国式现代化分三步走的战略高度出发，团结带领广大人民朝着共同富裕的宏伟目标奋进。在经济建设、政治完善和文化发展等多领域的改革开放浪潮中，始终站稳人民立场，不断激发人民的改革斗志，从包产到户到经济特区，再到探索市场经济，在广大人民群众敢闯敢为的伟大实践中，成功开创中国特色社会主义现代化的崭新境界。世纪之交，面对国际形势的波谲云诡，江泽民同志适时提出"三个代表"重要思想，强调了"我们党所以赢得人民的拥护，是因为我们党在革命、建设、改革的各个历史时期，总是代表着中国先进生产

正道前行
——中国式现代化的重大原则

力的发展要求，代表着中国先进文化的前进方向，代表着中国最广大人民的根本利益"[1]。也正是在这一理论认识的科学指导下，这一时期的中国通过建立社会主义市场经济体制纲领、精神文明和先进文化建设的稳定推进，综合国力得到进一步提升，人民生活水平实现由温饱不足到总体小康的历史性跨越。21世纪初期，胡锦涛同志坚持以人为本的核心立场，一系列围绕经济、政治、文化、社会等领域的建设成就，为保障和改善民生，进一步促进社会公平与正义提供了良好的发展环境与现实基础。

中国特色社会主义新时代，以习近平同志为主要代表的中国共产党人"始终同人民同呼吸、共命运、心连心"[2]，站稳人民立场，践行全心全意为人民服务的根本宗旨，树牢群众观点，贯彻群众路线，尊重首创精神，把人民对美好生活的向往作为奋斗目标，紧紧依靠人民擘画中国式现代化的宏伟蓝图。一方面，以顺应人民意愿、满足人民需求为导向，积极开展新时代中国特色社会主义现代化建设事业，通过理论与实践两个维度的现实成绩进一步实现对人民立场的坚守。另一方面，在当前这样一个"船到中流浪更急、人到半山路更陡"的奋斗关键期，面对前进道路上各种困难和挑战，习近平总书记充分肯定"人民是历史的创造者，是真正的英雄"[3]，在经济、政治、文化、社会、生态、党建和外交等国家建设与发展的各个领域，通过从国家宏观层面的顶层设计到基层微观层面的推进落实，强调只有做到紧紧依靠人民，面对面、心贴心、实打实地做好群众工作，才能为最

---

[1]《江泽民文选》（第三卷），人民出版社2006年版，第2页。

[2] 习近平：《高举中国特色社会主义伟大旗帜 为全面建设社会主义现代化国家而团结奋斗——在中国共产党第二十次全国代表大会上的报告》，人民出版社2022年版，第70页。

[3]《习近平著作选读》（第二卷），人民出版社2023年版，第481页。

第四章　坚持以人民为中心的发展思想

终战胜前进道路上的一切艰难险阻提供坚实的内生动力。

此外，人民中心逻辑的现代化优势强调将人民置于国家主体地位，进一步明确"民心是最大的政治，正义是最强的力量"[1]，充分发挥人民群众积极性、主动性和创造性，以人民群众满意不满意、答应不答应、高兴不高兴作为衡量国家现代化建设水平的客观标准，体现中国式现代化的内在逻辑和本质规定。而资本中心逻辑的现代化是维护少数人的利益而剥夺绝大多数人民群众利益的发展逻辑。正如马克思所言："资本来到世间，从头到脚，每个毛孔都滴着血和肮脏的东西。"[2]揭示了资本天然的逐利属性，这也就决定了西方现代化的剥削性和压迫性，是和人民中心逻辑的现代化根本对立的。因此，揭露资本中心逻辑的现代化弊病，有利于在反思和超越中进一步坚定人民中心逻辑的现代化优势。

具体而言，一是经济危机的爆发。资本主义自诞生之日起，由于资本的逐利性特征，就不可避免地会同时衍生出自身无法克服的生产社会化和私人占有之间的矛盾危机。在《共产党宣言》中，马克思、恩格斯准确地阐明了这一危机的根源，指出"资产阶级的生产关系和交换关系，资产阶级的所有制关系，这个曾经仿佛用法术创造了如此庞大的生产资料和交换手段的现代资产阶级社会，现在像一个魔法师一样不能再支配自己用法术呼唤出来的魔鬼了"[3]。并进一步概括了这一危机的实质，即"生产过剩的瘟疫"[4]。面对自身无法克服的这一矛盾，资本主义的现代化发展至今，通过资本积累、竞争和积聚等

---

[1]《中共中央关于党的百年奋斗重大成就和历史经验的决议》，人民出版社2021年版，第66页。

[2]《马克思恩格斯文集》（第五卷），人民出版社2009年版，第871页。

[3][4]《马克思恩格斯文集》（第二卷），人民出版社2009年版，第37页。

形态演变，不仅没有有效地克服自身的内在矛盾，反而使得周期性经济危机的爆发愈演愈烈，其频率越快、范围越广、危害越深和修复难度越大等困境，再次暴露出资本主义现代化对资本运用的客观局限性。反观中国式现代化的发展，在摒弃西方社会以资本为中心、物质主义膨胀的现代化发展道路的前提下，通过对资本异化的扬弃、对资本逻辑的超越和对资本力量的驾驭，进一步彰显具有社会主义本质规定性的人民中心逻辑的现代化优势。

二是社会矛盾的激化。资本中心逻辑的现代化是一种建立在资本扩张基础上的单向度逻辑，资本一经形成，其逐利的本质就会产生不可逆的垄断和掠夺，最终导致社会矛盾的不断加深，造成社会持续动荡等危机。具体而言，突出表现在社会的两极分化上，究其原因是背后所隐藏的"维护少数资产阶级利益"这一贯穿西方现代化发展全过程的内在逻辑。这也能充分解释，为什么作为当今世界第一大经济体的美国，至今仍然是贫富差距最大的国家，仍然存在3720万贫困人口，且国家也并没有运用在经济、科技等方面的能力和优势真正地解决底层人口的贫困问题。再着眼人民中心逻辑的现代化，一切国家政策和举措的制定与落实都是从最广大人民群众的根本利益出发，在涉及人民最关心最直接最现实的利益问题上，中国共产党强调要"坚持尽力而为、量力而行，深入群众、深入基层，采取更多惠民生、暖民心举措，着力解决好人民群众急难愁盼问题，健全基本公共服务体系，提高公共服务水平，增强均衡性和可及性，扎实推进共同富裕"[①]，从而进一步破解资本中心逻辑的西方式现代化的社会治理

[①] 习近平：《高举中国特色社会主义伟大旗帜　为全面建设社会主义现代化国家而团结奋斗——在中国共产党第二十次全国代表大会上的报告》，人民出版社2022年版，第46页。

第四章
坚持以人民为中心的发展思想

困局。

三是生态危机的加剧。资本中心逻辑是一切现代灾难的根源，也是当代生态危机的根源。资本中心逻辑的实质是资本对人与自然关系的统治。在资本家眼中，自然世界的一切能源、资源都是财富的源泉，而资本天然的逐利性，内在预设了资本中心逻辑的现代化必然会对自然环境进行无节制的掠夺。由此，这一行为活动带来的最终结果就是自然环境和人本身的资本化与异化，是自然环境的恶化以及对人的生存生活条件的摧残。正如马克思、恩格斯在《1844年经济学哲学手稿》、《自然辩证法》和《资本论》中所列举的那样，通过具体分析采矿、建筑、印刷、服装、食品等行业的工人遭受职业病、噪音、空气污染和水污染等情况，在批判资本中心逻辑现代化对生态环境恶化的不争事实的前提下，进一步论证资本中心逻辑对人的异化和迫害，从而为实现人的全面发展提供更多的关注焦点和路径选择。再着眼当下，中国式现代化所追求的人与自然和谐共生的现代化发展模式，无疑为人类进步和世界发展提供了新视角、新理念和新创造，这是一种克服了资本逐利的弊病，强调对自然资源的合理开发和有效利用，是一种从满足人们更好的生存条件和生活需要出发的现代化逻辑。

由此观之，始终坚守人民立场是百余年来中国共产党夺取革命、建设和改革等理论与实践成果的重要保障，更是中国共产党面向未来，不断推进中国式现代化取得更加辉煌成就所必然遵循的重要原则。在此基础上，通过对中国共产党领导推进人民中心现代化逻辑的全面呈现和与资本中心现代化逻辑的对比反思，生动展现中国共产党矢志不渝为人民谋幸福的奋斗初心。

第二节

不断实现发展依靠人民

实现发展依靠人民是以人民为中心发展思想的重要旨向。马克思主义唯物史观指出，人民是历史的主体、人民是历史的创造者，这就决定了在新时代背景下，深入推进党的建设新的伟大工程，全面建设社会主义现代化国家新征程和建设美好世界等实践中要更加注重发挥广大人民群众的历史作用的重要性与必要性。在发挥人民群众的主动性和创造性过程中推进中国经济、政治、文化、社会和生态等各项事业的建设与发展，使人民群众的主体力量更多转化为发展的现实成果，向全面建成社会主义现代化强国的目标迈进。

一、在党的建设新的伟大工程中加强同人民的血肉联系

党的十九届六中全会通过的《中共中央关于党的百年奋斗重大成就和历史经验的决议》强调："党的根基在人民、血脉在人民、力量在人民，人民是党执政兴国的最大底气。"[1]即是说，解答"中国共

---

[1]《中共中央关于党的百年奋斗重大成就和历史经验的决议》，人民出版社2021年版，第66页。

第四章
坚持以人民为中心的发展思想

产党为什么能"的命题，离不开将人民作为马克思主义政党开展一切工作的逻辑起点和价值归属，强调了必须真正做到为了人民、依靠人民和惠泽人民。具体而言，从党的权力来源看，必须紧紧依靠人民。中国共产党作为一支马克思主义政党，自诞生之日起，就始终代表着广大人民群众的根本利益，而党之所以能够在纷繁复杂的环境中不断实现发展与壮大，其奥秘就在于将广大人民群众作为无产阶级政党得以建立和不断发展壮大的逻辑起点。毛泽东同志曾指出，"我们的权力是谁给的？是工人阶级给的，是贫下中农给的，是占人口百分之九十以上的广大劳动群众给的。我们代表了无产阶级，代表了人民群众，打倒了人民的敌人，人民就拥护我们。共产党基本的一条，就是直接依靠广大革命人民群众"[1]。这旗帜鲜明地阐释了中国共产党代表人民，又依靠人民的核心要义。百余年来，中国共产党对人民之于党的重要性认识不断加深，从党的权力来源于人民的根本逻辑点出发，取得了一系列理论成果和实践成效。新时代背景下，全面推进党的建设新的伟大工程，也必须"坚持人民主体地位，充分调动人民积极性"[2]，否则就会失去人民这一支撑党立于不败之地的强大根基，党的一切事业和工作就无从谈起。换言之，从党的权力赋予来看，离开了人民，这个权力就成了无源之水、无本之木，根本不能称其为有。因此，新时代背景下，中国共产党必须牢牢把握广大人民群众的积极性和创造性，要在人民的拥护和支持下广泛开展党的事业和工作，不断巩固和拓展人民群众这一执政根基。同时，从权力的实施来看，离开了人民，就失去了评价标准，也无从谈及好坏的区别。因

---

[1] 中共中央文献研究室：《毛泽东年谱（1949—1976）》（第六卷），中央文献出版社2013年版，第208页。

[2] 《习近平著作选读》（第一卷），人民出版社2023年版，第211页。

此，新时代背景下，中国共产党必须以党的先进性和纯洁性建设为"主线"，以全面从严治党为抓手，从整体上带动党的思想建设、组织建设、作风建设、反腐倡廉建设和制度建设等，注重人民群众在党的建设中的重要性，使权力真正做到有效发挥，得以落到实处。

从党的执政理念来看，必须紧紧依靠人民。早在标志马克思主义诞生的《共产党宣言》中，马克思、恩格斯在关于建党学说的系列重要论述中就旗帜鲜明地强调，共产党人"他们没有任何同整个无产阶级的利益不同的利益"[①]，"共产党人始终代表整个运动的利益"[②]。即是说，这一无产阶级政党自诞生之日起，就始终代表了人民的利益，充分体现了人民性的鲜明特征。作为一支有着坚定马克思主义信仰的政党来说，中国共产党自成立以来，也始终站稳人民立场，坚持人民导向，深刻把握以人民为中心的根本执政理念，充分彰显出为人民执政、靠人民执政的马克思主义政党的鲜明品格。正如习近平总书记在中国共产党成立100周年大会上的讲话中所强调的那样，"中国共产党始终代表最广大人民根本利益，与人民休戚与共、生死相依，没有任何自己特殊的利益，从来不代表任何利益集团、任何权势团体、任何特权阶层的利益"[③]。着眼当下，如何更好地践行这一党的执政理念？一方面，必须坚持全心全意为人民服务的根本宗旨。只有真正做到一切为了人民，一切依靠人民，中国特色社会主义现代化建设才能有更加坚实的动力来源。也就是说，在开展党的一切工作和事业中，广大党员干部必须确保好人民赋予的这一权力是真正取之于民而用之于民的，任何不惜牺牲群众利益而达到自己某种仕途需要的做法都是行不通的。另一方面，必须不断提高党科学执政、民主执政和

[①][②]《马克思恩格斯文集》（第二卷），人民出版社2009年版，第44页。

[③] 习近平：《习近平著作选读》（第二卷），人民出版社2023年版，第482页。

第四章 坚持以人民为中心的发展思想

依法执政水平，三者有机统一、不可分割。所谓科学执政，就是强调在深刻把握共产党的执政规律、社会主义建设规律和人类社会发展规律的基础上，不断提高党领导中国特色社会主义事业的本领。所谓民主执政，就是强调在治国理政的各个环节中坚持"为人民执政"和"靠人民执政"相统一，充分彰显坚持人民当家作主的社会主义民主政治的本质和核心。所谓依法执政，就是在党的领导和人民当家作主的基础上，确保党在宪法和法律范围内活动，坚持领导立法、带头守法，保证执法，由此更好实现三者统一，真正回答好"为谁执政、靠谁执政、怎样执政"这一重大战略课题。

从党的长期发展来看，必须紧紧依靠人民。从唯物辩证法的角度出发，坚持发展的观点是马克思主义的重要观点之一。回答好"为什么要发展"和"怎样实现发展"，是解读未来党何以实现行稳致远的关键所在。回溯中国共产党带领中国人民走过的百余年峥嵘岁月，历史的经验启示我们，前进道路上必须坚定不移地紧紧依靠人民才能更好实现中国共产党的行稳致远。一方面，回答好"为什么要发展"的问题，就是强调党和人民群众之间的这份血肉联系。即是说，完善和创新党的建设，离不开对人的全面发展的关注和实现，而人的全面发展又会进一步促进党的建设，由此强调党的建设和人的全面发展只有有机结合起来，才能真正实现二者的双向互动。有了对这一价值理性的基本判断，另一方面，回答好"怎样实现发展"，就是强调新时代背景下，党的建设必须以人民为依托，想人民所想、急人民所急，从人民的根本利益出发，坚持以严的基调强化正风肃纪，坚决打赢反腐败斗争攻坚战持久战，不断加强广大人民群众对党员干部的监督，使党在守初心、担使命的过程中真正实现发展成果由人民共享的价值旨归。具体而言，一是要在加强政治定力、坚定理想信念上下功夫，要在密切联系群众的过程中集中体现党的性质和宗旨，充分体现党区别于其他政党的显著标志，进一步展现党作为一支无产阶级先锋队、中国人民和中华民族先锋队的本质属性。二是要在执政考验、改革开放考验、市场经济考验和外部环境考验"四大考验"面前能够坚守共产党人的政治本色，由此在人民的支持与拥护下，不断将党领导下的中国特色社会主义事业从胜利推向更大胜利。

二、在全面建设社会主义现代化国家新征程中凝聚人民力量

党的二十大报告指出："从现在起，中国共产党的中心任务就是团结带领全国各族人民全面建成社会主义现代化强国、实现第二个百年奋斗目标，以中国式现代化全面推进中华民族伟大复兴。"[①]科学回答了新时代新征程上中国特色社会主义现代化建设事业"由谁来领导""谁是主体""追求什么"等系列问题。其中，广大人民群众作为这项事业的建设主体，对如何更好实现发展依靠人民的重要旨向，就必须强调充分发挥人民群众的主动性和创造性，在经济、政治、文化、社会和生态等各项事业的建设与发展中，使人民群众的主体力量更多转化为发展的现实成果，向全面建成社会主义现代化强国迈进。

一是着眼经济领域。早在2018年1月，习近平总书记在主持召开十九届中央政治局第三次集体学习时就深刻指出："只有形成现代化经济体系，才能更好顺应现代化发展潮流和赢得国际竞争主动，也才

[①] 习近平：《高举中国特色社会主义伟大旗帜　为全面建设社会主义现代化国家而团结奋斗——在中国共产党第二十次全国代表大会上的报告》，人民出版社2022年版，第21页。

第四章
坚持以人民为中心的发展思想

能为其他领域现代化提供有力支撑。"①这一重要论述深刻阐明了现代化经济体系建设作为推进中国式现代化的首要基础与有力支撑的核心要义。而广大人民群众作为其中的建设主体，首要的核心任务就是必须充分重视创新引领的时代价值，通过加大创新资本投入力度，健全创新人才培养机制，完善知识产权保护制度，增强创新成果的流动性等举措的提出与落实，为更好激发人民群众的首创精神和建设活力提供广阔的现实土壤，最终推动实现经济高质量发展。同时，着眼构建高水平社会主义市场经济体制、建设现代化产业体系、全面推进乡村振兴、促进区域协调发展和推进高水平对外开放等诸多方面的协同推进，强调充分发挥人民在其中的主动创造性和现实转化性。即是说，通过各行各业劳动者在经济领域以及交叉融合发展的多领域中的理念创新与实践创造，不断加快建设现代化经济体系，为推动中国形成以国内大循环为主体、国际国内双循环的新发展格局提供重要的主体保障。

二是着眼政治领域。党的二十大报告明确指出："我们要健全人民当家作主制度体系，扩大人民有序政治参与，保证人民依法实行民主选举、民主协商、民主决策、民主管理、民主监督，发挥人民群众积极性、主动性、创造性，巩固和发展生动活泼、安定团结的政治局面。"②这进一步彰显了坚持人民逻辑是中国式现代化政治文明对人类政治文明所作出的卓越贡献，也进一步强调了发展必须始终坚持紧紧依靠人民的重要旨意。一方面，必须重视整个国家和民族的政治信

---

① 《习近平谈治国理政》（第三卷），外文出版社2020年版，第240页。
② 习近平：《高举中国特色社会主义伟大旗帜　为全面建设社会主义现代化国家而团结奋斗——在中国共产党第二十次全国代表大会上的报告》，人民出版社2022年版，第37页。

仰与价值观建设的显著提升,这是实现政治建设行稳致远的前提条件和必要保障。另一方面,在涉及全过程人民民主、制度创新和"一国两制"等政治领域的建设重心的问题上,必须做到紧紧依靠人民,在保障人民根本权益的价值导向下,动员广大中华儿女一起来想、一起来干,由此更好地实现中国特色社会主义的政治现代化。

三是着眼文化领域。2022年8月,中共中央办公厅、国务院办公厅印发了《"十四五"文化发展规划》,进一步强调了文化在建设现代化国家过程中极其重要的战略地位,指出"文化是国家和民族之魂,也是国家治理之魂。没有社会主义文化繁荣发展,就没有社会主义现代化"[1]。因此,要守住中国式现代化建设在文化领域的这一片思想沃土,就必须结合新的时代条件,在基础性、创新性和共享性等文化领域的时代课题中,充分发挥人民群众的实践价值。首先,注重对传承五千余年的中华文化的基础性阐释与发展,在强调"两个结合"的方法前提下,通过开展学"四史"等活动,不断彰显中华文化的历史魅力和充分激发中华文化的时代活力。其次,必须顺应和引领新科技革命的需要,通过广大文化创作者的理念创新与实践创造,抓住发展机遇,实现科技赋能,最终达到文化的数字化升级,不断满足人民对精神文化的多元化和高质量需求。最后,强调文化共享是文化领域贯彻新发展理念的题中之义。这种共享不仅强调在国内各个领域的全覆盖共享,更注重在世界更广范围的认同与发展,这就离不开人这一关键的文化传播媒介。这也进一步要求参与文化交流、发展与创新的各行各业的人员必须注重自身文化素养的提升与发展,强调通过广大人民群众的文化创造与参与,平等地享受文化发展成果,更好实

---

[1]《中办国办印发〈"十四五"文化发展规划〉》,载《人民日报》2022年8月17日。

第四章
坚持以人民为中心的发展思想

现社会主义文化发展的公平与正义。

四是着眼社会领域。党的二十大报告旗帜鲜明地强调，要"增进民生福祉，提高人民生活品质"[1]，在新征程上不断追求建设美好社会的战略目标。党的十九大提出："中国特色社会主义进入新时代，我国社会主要矛盾已经转化为人民日益增长的美好生活需要和不平衡不充分的发展之间的矛盾。"[2]社会主要矛盾的转化，是关系我国现代化全局的历史性变化，也是着眼人民现实需求的生动性体现。在社会建设领域，只有切实做到想人民所想、急人民所急，亿万人民群众的创造伟力才能真正得到迸发。这进一步要求，一方面，党和国家要切实保障好新时代新征程上人民物质文化生活和精神文化生活的各项权益满足，为激发亿万群众的创造伟力创造良好的客观环境；另一方面，广大人民群众也应该在良好的客观环境下，不断提升投身现代化建设伟业的实力与信心，在创造中完善，在创造中发展，由此凝聚起建设富强民主文明和谐美丽的社会主义现代化强国的磅礴力量。

五是着眼生态领域。党的二十大报告指出："大自然是人类赖以生存发展的基本条件。尊重自然、顺应自然、保护自然，是全面建设社会主义现代化国家的内在要求。"[3]这进一步强调了人民群众在生

---

[1] 习近平：《高举中国特色社会主义伟大旗帜　为全面建设社会主义现代化国家而团结奋斗——在中国共产党第二十次全国代表大会上的报告》，人民出版社2022年版，第46页。

[2] 习近平：《决胜全面建成小康社会　夺取新时代中国特色社会主义伟大胜利——在中国共产党第十九次全国代表大会上的报告》，人民出版社2017年版，第11页。

[3] 习近平：《高举中国特色社会主义伟大旗帜　为全面建设社会主义现代化国家而团结奋斗——在中国共产党第二十次全国代表大会上的报告》，人民出版社2022年版，第49—50页。

态自然环境保护过程中的主动性与自觉性。这就要求，一方面，人民群众要注重生态理性价值观的转变。即是说，广大人民要深刻体认人与自然和谐共生的生命共同体理念，强调人类应在尊重、顺应、保护自然的实践中坚持绿色发展，着眼生态系统性治理和善治，实现一种万象并生、美美与共的世界观、生命观、生态观和生活观的有机统一。另一方面，人民群众要积极构建生命共同体的实践探索。即是说，不仅要坚持经济建设、政治建设、文化建设、社会建设和生态保护等诸多领域的协同发展，更要强调最大程度发挥政府、社会、市场以及个人等多元主体的优越性和自觉性，按照生态化的原则协同各主体之间的关系，共同守护自然生态的安全边界，开创中国式现代化发展的新格局。

三、在建设美好世界的宏大叙事中发挥人民价值

党的十九届六中全会通过的《中共中央关于党的百年奋斗重大成就和历史经验的决议》强调："只要我们坚持和平发展道路，既通过维护世界和平发展自己，又通过自身发展维护世界和平，同世界上一切进步力量携手前进，不依附别人，不掠夺别人，永远不称霸，就一定能够不断为人类文明进步贡献智慧和力量，同世界各国人民一道，推动历史车轮向着光明的前途前进。"[①]这是中国共产党在百余年奋斗历程中得出的必须始终坚持胸怀天下的重要历史经验。党的二十大报告进一步强调："必须坚持胸怀天下。中国共产党是为中国人民谋幸福、为中华民族谋复兴的党，也是为人类谋进步、为世界谋大同的

[①]《中共中央关于党的百年奋斗重大成就和历史经验的决议》，人民出版社2021年版，第68—69页。

第四章
坚持以人民为中心的发展思想

党。"[1]这进一步启示我们，从"四为四谋"的现实要求出发，实现发展依靠人民群众的重要旨意，同样不能忽视这一宽广的国际视野。要充分发挥人民群众的积极性、主动性和创造性，就必须着眼于建设美好世界的宏大叙事，在此过程中，强调人民的价值，肯定人民的作用，并积极探索充分发挥人民价值的有效路径，由此在更宏阔的时代场域下谱写人类历史发展的新篇章。

一方面，从价值逻辑出发，在建设美好世界的宏大叙事中发挥人民价值有其命题本身的重要性和必要性。当今世界正在经历百年未有之大变局，"世界怎么了"的时代之问摆在世界各国面前，谁也无法视而不见，谁也不能独善其身。无论来自什么国家，是什么民族，信仰什么，都是身处其中的经历者和评价者。具体而言：其一，世界的发展需要中国。从中国对于世界的影响力维度来看，中国现代化建设的不断深入推进将会对世界经济版图变化、新科技革命和产业革命变革、国际力量对比、全球治理体系发展以及人类前途命运的紧密联系等世界发展与人类进步的总体格局的诸多新变化产生重要的积极影响。即是说，中国在当今世界大变局的发展中，成为了世界格局演变的主要推动力量，而广大人民群众作为其中最基础和最坚实的建设主体，其世界历史价值得以充分凸显。其二，中国的发展也离不开世界。这也进一步强调了中国智慧的充分发挥，必须要有客观的世界环境作为依托，否则就会失去广阔的实践土壤，而中国式现代化就没有办法真正成长为一棵能为中国人民乃至世界人民遮风挡雨的参天大树。在这里需要强调的是，世界现代化对于日益融入其中的中国现代

---

[1] 习近平：《高举中国特色社会主义伟大旗帜　为全面建设社会主义现代化国家而团结奋斗——在中国共产党第二十次全国代表大会上的报告》，人民出版社2022年版，第21页。

正道前行
——中国式现代化的重大原则

化所产生的巨大而不可或缺的积极影响，主要体现在历史和现实两个维度上。历史地来看，没有近代以来以英国、法国、德国和美国等为主要代表的西方国家推进世界现代化的发展与拓展，就没有当今中国现代化的萌芽、发展、完善与创新等系列巨大成就的获得。现实地来看，伴随着中国由现代化大国走向现代化强国的角色转变，中国的发展更应该积极观照世界局势的发展与变化，实现好中国现代化与世界现代化的良性互动。这也进一步要求广大人民群众作为其中最基础和最坚实的实践主体，必须积极做好推动世界和平与发展的建设者、贡献者和维护者。

另一方面，从实践逻辑出发，在建设美好世界的宏大叙事中发挥人民价值作出了"我们应该怎么办"的问题回答。回溯历史，正是因为有了世界各国人民的团结合作与携手共进，才有了世界反法西斯战争的胜利、系列联合国环境大会的召开、国际维和部队的日常巡护、日益紧密和亲近的民间交往与文化交流活动以及全球新冠肺炎疫情的通力合作等现实成绩的取得，这无不生动彰显着在世界范围内这一更为广阔的历史舞台上，世界各国人民为建设美好世界所作出的重要贡献。放眼未来，党的二十大报告再次呼吁："我们所处的是一个充满挑战的时代，也是一个充满希望的时代。中国人民愿同世界人民携手开创人类更加美好的未来！"[①]2023年3月15日，习近平在北京出席中国共产党与世界政党高层对话会发表题为《携手同行现代化之路》的主旨讲话中进一步提出五点主张，即"要坚守人民至上理念，突出现代化方向的人民性；要秉持独立自主原则，探索现代化道路的多样

[①] 习近平：《高举中国特色社会主义伟大旗帜　为全面建设社会主义现代化国家而团结奋斗——在中国共产党第二十次全国代表大会上的报告》，人民出版社2022年版，第63页。

性；要树立守正创新意识，保持现代化进程的持续性；要弘扬立己达人精神，增强现代化成果的普惠性；要保持奋发有为姿态，确保现代化领导的坚定性"①。这是一系列现代化之问，中国共产党作为引领和推动世界现代化进程的重要力量之一，有责任和有信心作出的时代回答。世界大变局背景下世界经济增长乏力、传统和非传统安全威胁持续蔓延以及后疫情时代等诸多方面的时代挑战和世界社会主义开辟新境界、世界现代化开启新局面以及人类文明发展开创新样态等发展希望，再次明确了中国人民与世界人民携手一道开创人类更加美好未来的现实需要与前进方向。

① 《习近平出席中国共产党与世界政党高层对话会并发表主旨讲话》，载《人民日报》2023年3月16日。

第三节

不断实现发展成果由人民共享

实现发展为了人民是以人民为中心发展思想的另一重要旨向，发展为了人民最终是要让发展成果真正由人民享有。在全面建设社会主义现代化国家的新征程上，不断实现发展成果由人民共享的根本支撑是持续"做大蛋糕"，推动经济高质量发展；重要保障是着力"分好蛋糕"，提供坚实的制度保障；必要补充是提升"蛋糕风味"，追求更高层次的共享，由此不断满足人民对美好生活的向往，使发展成果更多更公平地惠及全体人民。

一、实现共享的根本支撑：持续"做大蛋糕"，推动经济高质量发展

党的二十大报告指出："高质量发展是全面建设社会主义现代化国家的首要任务。"[1]中国式现代化是人口规模巨大的现代化，不断

---

[1] 习近平：《高举中国特色社会主义伟大旗帜 为全面建设社会主义现代化国家而团结奋斗——在中国共产党第二十次全国代表大会上的报告》，人民出版社2022年版，第28页。

第四章
坚持以人民为中心的发展思想

实现发展成果由人民共享，首要的根本支撑就在于持续"做大蛋糕"，推动经济高质量发展。

一方面，从历史逻辑来看，经济高质量发展与发展成果由人民共享之间是循序渐进的目标耦合。回溯中国共产党团结带领中国人民走过的百余年峥嵘岁月，尤其是改革开放四十余年来的建设成效，中国经济在高速增长和规模扩张的数量型经济模式中不断克服和解决"人民日益增长的物质文化需要同落后的社会生产之间的矛盾"[1]问题。在此基础上，党的十九大报告明确指出，"我国社会主要矛盾已经转化为人民日益增长的美好生活需要和不平衡不充分的发展之间的矛盾"[2]，"我国经济已由高速增长阶段转向高质量发展阶段"[3]，阐明了通过几十余年的发展与进步，中国经济在量的积累上取得的伟大成就和对质的提升上表现出的不懈追求，由此生动呈现了经济高质量发展与发展成果由人民共享在历史发展逻辑上的目标耦合。新征程上，党的二十大报告又进一步强调以人的现代化为最终目标的新发展理念、新发展格局等质量型发展模式的核心要义，更好地体现了"追求经济高质量发展"与"实现发展成果由人民共享"在历史逻辑上的全面贯通。

另一方面，从实践逻辑来看，经济高质量发展与发展成果由人民共享之间是均衡协调的路径选择。在中国式现代化追求高质量发展的

---

[1]《十三大以来重要文献选编》（上），人民出版社1991年版，第12页。

[2] 习近平：《决胜全面建成小康社会　夺取新时代中国特色社会主义伟大胜利——在中国共产党第十九次全国代表大会上的报告》，人民出版社2017年版，第11页。

[3] 习近平：《决胜全面建成小康社会　夺取新时代中国特色社会主义伟大胜利——在中国共产党第十九次全国代表大会上的报告》，人民出版社2017年版，第30页。

正道前行
——中国式现代化的重大原则

过程中，涉及构建高水平社会主义市场经济体制、建设现代化产业体系、全面推进乡村振兴、促进区域协调发展和推进高水平对外开放等多重领域。现实经验告诉我们，没有坚实的物质技术基础，就不可能全面建成社会主义现代化强国，也只有紧紧抓住其中"人"这个关键主体，在发挥优势与破解难题的有机结合中，才能为中国式现代化的高质量发展提供源源不断的内生动力，最终使人民群众在发展中感受自身价值、提升个人境界，实现人的现代化。具体而言，生产力发达与否，在很大程度上取决于经济制度是否有优势、有效能。我国社会主义基本经济制度，是兼顾效率与公平的制度体系，也是中国式现代化的动力引擎。坚持和完善社会主义基本经济制度，发挥基本经济制度优势，关键是坚定不移坚持"两个毫不动摇"，核心是充分发挥市场在资源配置中的决定性作用，更好发挥政府作用。要积极探索公有制多种实现形式，推进国有经济布局优化和结构调整，发展混合所有制经济，做强做优做大国有资本；健全支持非公有制经济发展的法治环境，健全支持中小企业发展制度，促进非公有制经济健康发展。加快完善社会主义市场经济体制，建设高标准市场体系，完善公平竞争制度等，营造各种所有制主体受法律保护的市场环境。实现创新驱动的内涵型增长，实现高水平自立自强，突破关键核心技术，依托我国超大规模市场和完备产业体系，加速科技成果向现实生产力转化，让一切有利于社会生产力发展的源泉充分涌流。着力推进区域、城乡协调发展是中国式现代化的内在要求，也是实现全体人民共同富裕的前提条件。城乡区域协调发展有助于拉动内需、激发投资、催生发展机遇、促进经济增长和可持续发展，同时也是促进社会公平、实现共同富裕的重要抓手。要构建区域协调发展新机制，凸显不同特色的区域功能，使社会资源、地理优势互补，形成高质量发展的区域经济布局。要发挥各地区比较优势，促进生产力布局优化，重点实施"一带

第四章
坚持以人民为中心的发展思想

一路"建设、京津冀协同发展、长江经济带发展三大战略，支持革命老区、民族地区、边疆地区、贫困地区加快发展，构建连接东中西、贯通南北方的多中心、网络化、开放式的区域开发格局，不断缩小地区差距。

与此同时，全面推进乡村振兴与发展成果由人民共享之间的均衡协调，强调必须直面中国乡村建设的困难挑战，在中国式现代化的现实语境下积极探索乡村振兴和共同富裕的实现路径。党的二十大报告指出："全面建设社会主义现代化国家，最艰巨最繁重的任务仍然在农村。"[1]进一步强调了中国农业农村现代化水平决定着中国式现代化的厚重底色，阐明了全面推进乡村振兴对追求经济高质量发展和真正实现发展成果由人民共享的价值旨意。从中国现代化的发展现实出发，受制于城乡二元结构性藩篱和区域发展差异化困境，妥善解决好规模性"返贫返困"问题和构建起城乡融合发展的治理格局，是全面推进乡村振兴和共同富裕，真正实现发展成果由人民共享的题中之义。当前，在肯定我国脱贫事业取得历史性成就的同时，过渡期存在的部分脱贫成果的脆弱性、虚假性等风险同样不能忽视，这是实现发展成果由人民共享所必须回答的时代话题。基于此，必须坚决做好扶贫工作的后期抽查、普查和考核工作，并在加强底线思维和增强风险防范意识中，通过对现实中依然有困难的贫困户和因各种主客观因素又掉入贫困陷阱等群体，采取常态化走访调查和持续关注等举措，作出相关预防性措施，巩固好来之不易的脱贫攻坚成果。与此同时，构建城乡融合发展的治理格局，走中国特色乡村振兴道路，为实现全体

---

[1] 习近平：《高举中国特色社会主义伟大旗帜　为全面建设社会主义现代化国家而团结奋斗——在中国共产党第二十次全国代表大会上的报告》，人民出版社2022年版，第30—31页。

人民共同富裕这一中国式现代化本质要求提供重要保障。即是说，以中国乡村现代化发展的供给侧结构性改革为导向，与时俱进地提出一系列因地制宜的发展规划，有效激发农村建设活力，使农民的"钱袋子"鼓起来，在持续增收和稳步增收的基本保障中，进一步缩小城乡差距，从而提升农民的获得感、幸福感和安全感，妥善解决好"有"的问题。同时，更加关注公平合理等发展质量问题，在完善分配制度、实施就业优先战略、健全社会保障体系和推进健康中国建设等一系列战略性举措中，实现好、维护好和发展好最广大人民群众的根本利益，妥善解决好"优"的问题。

二、实现共享的重要保障：着力"分好蛋糕"，提供坚实的制度保障

制度所内蕴的根本性、全局性、稳定性、长期性特征，预设了成果共享体制机制的改革与创新在不断实现发展成果由人民共享问题上的重要地位。这就要求，要在"做大蛋糕"的基础上，着力"分好蛋糕"，进一步彰显中国式现代化的公平正义属性。

党的二十大报告指出："分配制度是促进共同富裕的基础性制度。"[①]即是说，要实现共同富裕的价值目标，不断实现发展成果由人民共享，充分彰显中国特色社会主义制度优势，就必须坚持按劳分配为主体、多种分配方式并存，构建初次分配、再分配、第三次分配协调配套的制度体系。

[①] 习近平：《高举中国特色社会主义伟大旗帜　为全面建设社会主义现代化国家而团结奋斗——在中国共产党第二十次全国代表大会上的报告》，人民出版社2022年版，第46—47页。

第四章
坚持以人民为中心的发展思想

其一，完善初次分配制度，要充分发挥市场在资源配置中的决定性作用，提高劳动报酬在初次分配中的比重，确保劳动等生产要素公平参与分配。这就要求，一方面，要健全和完善劳动参与分配的政策机制，坚持多劳多得，鼓励劳动致富，注重健全和完善科学合理的薪酬福利制度，重新审视以往对劳动、技术、管理等生产要素的价值认可，在充分提高劳动报酬在初次分配中的比重的过程中，调动劳动者的生产积极性，真正实现劳动生产率与劳动报酬的同向增长，为不断实现发展成果由全体人民共享提供重要的政策支持。另一方面，在强调"量"的积累过程中，也应该关注"质"的提升。这就要求立足提高劳动者收入的重要环节，一是要积极促进高质量就业扩容和提质。高质量充分就业是最终实现劳动者收入增长的基本前提。即是说，创造更多、更优质、更多元的就业岗位，是更好满足广大人民享受平等就业和自由流动的机会。这不仅有助于更好实现发展成果由人民共享，也能进一步推动人的自由而全面发展。二是要积极推动区域、城乡等协调发展，破解分割、对立的现实困境。当前，区域和城乡间存在的收入差距等问题，是制约共同富裕的重要因素。促进机会平等，既强调了对低收入者和中等收入者等占全国大多数人口群体的关注与支持，也强调了要在积极探索多种渠道的要素收入的实践中，首先在初次分配的重要环节找到突破口，进一步完善和创新成果共享体制机制，更好保障广大人民群众的根本权益，不断实现发展成果由全体人民共享的价值追求。

其二，完善再分配制度，更好发挥政府的宏观调控作用和健全完善全民共享的社会保障体系。注重改善民生是中国特色社会主义现代化建设的本质要求，这就要求，一方面，各级政府在更好发挥职能作用的过程中，必须首先坚持对人民负责的基本原则，切实履行好经济调节、市场监管、社会管理和公共服务的主要职能，加大税收的调节力度，尤其要注意对个人所得税税率在设置上"轻直接，重间接"问题的关注和改善。同时，在税收征管、税收支出和信息公开等方面，注重运用合理、标准、有效的调节功能，妥善解决好再分配环节上城乡、区域等收入分配差距，积极致力于共同富裕的目标实现。另一方面，要注重健全和完善全民共享的社会保障体系。党的二十大报告指出："社会保障体系是人民生活的安全网和社会运行的稳定器。"[①]也就是说，为了不断实现发展成果由人民共享的价值目标，就离不开健全和完善社会保障体系的举措落实，这是再分配环节的重要手段。具体而言，就是要形成扩大覆盖面，加强法制化和提升品质感的综合保障体系。在扩大覆盖面上，尤其要利用社会保障、转移支付等调节手段，着力补齐涉及残疾人、贫困人口等弱势群体和欠发达地区等发展短板的问题；在加强法制化上，注重国家社会保障制度的顶层设计和体制机制各个环节的具体落实；在提升品质感上，强调服务质量的提升、管理方式的创新和高品质社会发展成果的均等化享受等，由此把更多的力量真正放在维护全体人民的切身利益上，保障全体人民共享社会发展福利。

其三，完善第三次分配制度。第三次分配是基于自愿原则下社会机制作用的资源分配方式，相较于初次分配和再分配有所不同的是，这一分配制度强调的是在道德力量、精神力量、文化习俗、价值追求等因素作用下，有意愿有能力的企业、组织和个人等社会主体自发地将自己的收入、财富等资源无偿地转移给他方，进一步促进资源的自由流动，实现对市场机制分配和政府机制分配不足的有效补充。这就

[①] 习近平：《高举中国特色社会主义伟大旗帜　为全面建设社会主义现代化国家而团结奋斗——在中国共产党第二十次全国代表大会上的报告》，人民出版社2022年版，第48页。

要求，一方面，要加强理念引导。思想是行动的先导，一是要进一步强化社会主义核心价值观引领，深化爱国主义、集体主义、社会主义教育，使社会主义核心价值观成为引领全体人民实现共同富裕的精神旗帜。二是要大力弘扬中华民族传统美德，进一步提升全体人民的道德水准和文化素养，使各类社会主体在实践养成中真正做到心中有信仰，脚下有力量。三是通过主流媒体的正能量报道和传播，有效激发各类社会主体的奉献精神和共同体意识，进而增强社会参与感和社会责任感，最终实现各类社会主体进行慈善、捐赠等的行为自觉，为全体人民共享社会发展红利提供必要补充。另一方面，要重视顶层设计。当前，全社会文明程度并没有达到一个完全理想的状态，这就需要用现代化的战略眼光和人民中心的价值遵循来着力构建和完善慈善公益事业的政策体系，强化慈善公益事业的顶层设计。具体而言，国家需要制定和完善社会保障和福利政策，同时，注重国家法律法规和地方法规规章的有机结合，确保慈善公益事业能够在法制化、体系化和可操作化过程中实现持久、健康的发展。同时，对每一个微观层面的从事慈善公益事业的个人来说，应当注意对其的精神奖励和优惠政策的制定等。从而形成慈善公益事业的社会建设合力，为不断实现发展成果由全体人民共享提供重要补充。

三、实现共享的必要补充：增添"蛋糕风味"，满足更多元化的共享

中国式现代化道路是坚持物质文明、政治文明、精神文明、社会文明、生态文明协调发展的现代化新路，创造了人类文明新形态。随着人民群众物质生活的极大丰富，精神世界的满足越来越成为发展成果由人民共享的重要内容。这就要求，在中国式现代化道路的宏伟征

正道前行
——中国式现代化的重大原则

途上，不断满足人民对政治参与、文化追求和生态宜居的新需求，才能促进全体人民精神世界的富足，从而进一步增添发展成果由人民共享的"蛋糕风味"，最终实现更丰富多元的全体人民共享的奋斗目标。

一是不断满足人民对政治参与的更高层次需求，更好实现发展成果由人民共享。作为衡量一个国家现代化发展程度高低的核心要素，全过程人民民主作为社会主义民主性质下的人类民主文明新形态，在真正实现发展成果由人民共享等维度，全过程人民民主彰显全方位、多领域和长实效的优势。"全方位"强调了这一民主的公共性和普遍性，是一种不分性别、种族、财产状况和宗教信仰的所有人平等享受民主权利的新形态。"多领域"强调了这一民主不仅仅局限于政治领域的制度化、规范化和程序化建设，更着眼于贯通经济、文化、社会、生态等人民生活方方面面的有机统一，真正实现这一民主实践广覆盖、无禁区的建设目标。"长实效"强调了这一民主摆脱形式主义，在人民参与政治生活的各个阶段，通过民主选举、民主协商、民主决策、民主管理、民主监督等环节的相得益彰和协同发展，充分发挥聚民智、听民意、护民利的良好作用，从而在坚决执行和有效落实的过程中追求真实性、持续性的全天候民主。百余年来，中国共产党团结带领中国人民追求现代化建设宏伟目标的征程上，通过党内民主、党内监督以及加强政党先进性、纯洁性建设等举措，把党的领导贯穿到全过程人民民主的各个领域、各项制度和各个环节之中，充分彰显党的领导在实现全过程人民民主中的示范引领作用。这进一步要求我们，新征程上充分把握人民群众的创造伟力。从广大人民群众的呼声中锚定前进方向，有效发挥人民群众积极性、主动性、创造性，并注重扩充民主治理过程中的人才队伍建设，从培育意识到提升能力等方方面面，不断为民主治理提供坚实的智力支撑，从而进一步实现

第四章 坚持以人民为中心的发展思想

发展成果真正由人民共享。同时，要全面完善民主治理制度建设，为人民当家作主提供制度保障。具体而言，其一，加强人民代表大会制度作为实现全过程人民民主的重要制度载体的作用，密切和深化人大代表、工会、共青团、妇联等主体同人民群众的联系；其二，全面完善社会主义协商民主制度的重要形式，有事好商量，众人的事由众人商量，找到全社会意愿和要求的最大公约数，诠释好人民民主的真谛；其三，积极发展以民族区域自治制度、基层群众自治制度等为代表的基层民主建设，使广大人民群众在自我管理、自我服务、自我教育、自我监督中依法直接行使民主权利，不断增强基层民主活力；其四，有效发挥最广泛的爱国统一战线这一重要法宝的作用，在全体中华儿女大团结大联合中，形成共同致力民族复兴的强大力量。概言之，通过以上完善的制度体系的效用发挥与建设发展，确保这一治理效能真正落到实处，获得长足稳定的发展，最终实现全过程人民民主治理的法治化和制度化，从而进一步实现中国特色社会主义现代化建设成果真正由人民共享的价值追求。

二是不断满足人民对文化追求的更高层次需求，更好实现发展成果由人民共享。习近平总书记指出"满足人民日益增长的美好生活需要，文化是重要因素"[1]。即是说，对文化传承与精神涵养等软实力的关注与重视同样不容忽视，这是凝聚民心、汇聚民力的重要法宝，进一步强调了建设社会主义文化强国是建设社会主义现代化强国的重要目标。一方面，必须清醒认识到当前进行社会主义文化强国建设的战略环境，这是前提条件。回溯中国共产党团结带领中国人民经过百余年艰苦卓绝的奋斗，已然积累了良好的建设基础，在人民物质需要

---

[1] 习近平：《在教育文化卫生体育领域专家座谈会上的讲话》，载《人民日报》2020年9月23日。

正道前行
——中国式现代化的重大原则

得到充分满足的同时，中国特色社会主义文化建设也始终没有停下前进的脚步，形成了物质文明与精神文明齐头并进的发展态势，一系列显著成就和宝贵经验的获得，进一步坚定了中国的文化自信和建设底气，生动彰显了中国精神、中国价值和中国力量。与此同时，新时代背景下，文化领域出现的意识形态安全和文化保护主义等诸多风险挑战，是中国式现代化前进道路上建设文化强国必须面对和着力解决的重大理论与实践问题。基于此，另一方面，必须明确如何推进社会主义文化强国建设才能更好满足人民美好生活需要，这是核心要义。首先，解决好文化建设"为什么人"的问题。建党百年来，中国共产党为什么能够始终保持先进性，其中最重要的一个原因就是始终站稳人民立场，把人民群众的根本利益作为一切工作的出发点和落脚点。因此，要最终实现中国特色社会主义文化强国建设目标，就必须深深扎根人民群众这片现实土壤，听取人民心声、满足人民需求、保障人民权益，真正做到为了人民、人民共享，继而开创中国特色社会主义文化强国建设新局面。其次，增强文化建设的自觉性、主动性与创造性。中国特色社会主义文化强国建设在坚持为人民服务的同时，还强调必须依靠人民，要充分发挥人民群众的主体作用。具体而言，就是要注重人们的科学文化素质的提升和道德文化修养的培育等，从而使整个社会形成良好风尚，由此更好地激发全民族文化创新活力，在为民导向的价值遵循中不断增强文化自信，提升中华文化的影响力和传播力。最后，强调胸怀天下，在更广的国际舞台上实现更大范围的成果共享。从文化既是民族的又是世界的这一特性出发，要实现中华文化的发扬光大与世界文明的多姿多彩，需要民族性与世界性的有机统一。由此实现好、发展好多元文化的交往互动与融合发展，坚持在"不忘本来、吸收外来、面向未来"的过程中，更好满足人民对精神文化的现实需要。

第四章
坚持以人民为中心的发展思想

三是不断满足人民对宜居环境的更高层次需求，更好实现发展成果由人民共享。作为与西方国家走过的"先发展、后治理"的现代化发展老路相区别的中国式现代化发展新模式，是充分关注人民对美好生活向往的全面需求，在对待大自然这一人类生存和发展的基本条件的问题上，讲求人与自然和谐共生。正如马克思、恩格斯所强调的那样，"没有自然界，没有感性的外部世界，工人什么也不能创造"[①]，"我们连同我们的肉、血和头脑都是属于自然界和存在于自然界之中的；我们对自然界的整个支配作用，就在于我们比其他一切生物强，能够认识和正确运用自然规律"[②]。即是说，人的发展与环境质量二者间存在"你中有我，我中有你"的共生效应。回溯中国共产党团结带领中国人民历经萌芽、探索、发展和完善成熟的各个阶段，百余年生态文明建设无不从根本上彰显着中国共产党坚持人民至上的价值追求。早在新民主主义革命时期，以毛泽东同志为主要代表的中国共产党人就对生态环境保护给予了重视，通过《井冈山土地法》《中华苏维埃共和国土地法令》等的颁布，在具体政策的落实中，有效实现了整个生态系统与人民劳苦大众之间的良性互动，充分体现了中国共产党生态治理观的萌发。社会主义革命和建设时期，中国共产党领导下的一系列围绕河流、森林和土地等的环境治理与保护开始形成系统性工程，在1972年6月召开的人类首次环境大会上，中国政府派出代表团参加并作了会议发言。至此，中国的环境保护不仅关注国内本身，也进一步打开了国际视野，切实保障人民群众的生态权益，让发展成果包括生态红利等更好地惠及全体人民。改革开放和社会主义现代化建设新时期，环境保护被确立为我国的一项基本国策，在加强环境立

---

① 《马克思恩格斯文集》（第一卷），人民出版社2009年版，第158页。
② 《马克思恩格斯文集》（第九卷），人民出版社2009年版，第560页。

法和实施可持续发展战略等举措中，着眼人民群众现实生活中最迫切需要解决的污染防治和环境保护等各种矛盾和问题，掀开了建设人与自然和谐共生现代化的"生态文明"历史大幕。立足新的时代条件，中国共产党的生态治理更应该结合新情况、新问题，不断实现好生态系统与人民群众之间的良性互动。一方面，要强调人的发展会影响环境质量的好坏，主要表现在人口素质、人口密度等因素上。因此，不仅要提高广大人民群众的环保意识和主人翁意识，实现生态治理从自在自觉走向自为，同时也要通过有效的宏观治理，科学控制人口数量，实现最优解。另一方面，环境质量的好坏反过来同样会对人的发展产生影响，主要表现在对人的身体健康素质和生活品质等判断标准上。换言之，优质的环境产生的各类社会效益和经济效益等是远远大于人的生命本身和生活本身的。因此，维护人类赖以生存的良好环境，是一项利在千秋的伟业。这也要求我们，必须尊重自然、保护自然，真正学会在顺应自然规律的过程中，把握自然、享受自然，由此在保障身体健康和提升生活品质等维度更好地实现个人全面而自由的发展。

延伸阅读

做实就业扶贫，筑牢民生之基*

民生无小事，枝叶总关情。我们党的根基在人民、血脉在人民、力量在人民，始终实现好、维护好、发展好人民利益，增进人民福祉，是我们党立于不败之地的强大根基。

四川作为全国扶贫任务最重的省份之一，贫困量大、面广、程度深，是全国脱贫攻坚的主战场。脱贫攻坚，就业先行。党的十八大以来，在四川省委、省政府坚强领导下，全省就业扶贫早谋划、精施策，上下同心、尽锐出战、攻坚克难、不胜不休，打赢了一场艰苦卓绝的就业扶贫攻坚战。在脱贫攻坚和乡村振兴战略实施中，全省上下精准把握就业脱贫和就业增收的重要意义，以增加人民群众收入为核心，探索并推动落实发展扶贫车间吸纳、支持返乡创业带动、开展有组织劳务输出、开发公益性岗位安置等一系列就业帮扶举措，以"绣花"功夫精准实干，帮助人民群众牢牢端稳就业"饭碗"。脱贫攻坚期间，全省共转移就业达220.6万人。截至2022年9月底，全省实现230.2万名脱贫劳动力务工就业。

蓝图绘就千般景，奋楫扬帆势如虹。脱贫摘帽不是终点，而是新生活、新奋斗的起点。四川接续奋斗，扎实做好巩固拓展脱贫攻坚成果同乡村振兴有效衔接。接过就业扶贫的接力棒，就业增收成为巩固拓展脱贫攻坚成果的基本措施。一是首先实行制度保障。人力资源社会保障厅、省发展改革委、财政厅、农业农村厅、省乡村

---

* 参见《下"绣花"功夫，就业扶贫筑牢民生之基》，载《四川日报》2022年10月18日。编者对内容有所修改。

振兴局等五部门联合印发《关于加强就业帮扶巩固拓展脱贫攻坚成果推进乡村振兴的实施意见》，对持续做好脱贫人口、农村低收入人口就业帮扶，一系列刚性措施从2022年1月1日起实施。二是重点关注易地扶贫搬迁集中安置点。据统计，四川全省6000余个易地扶贫搬迁集中安置点，搬迁劳动力达33万人。围绕"有劳动力的搬迁家庭至少1人就业"的目标，相关部门积极行动，分层级制定安置点就业增收任务清单，组建就业增收专班，下沉各州县，及时解决促进就业增收过程中发现的新问题。在全省更大范围内，对脱贫劳动力优先组织输出、优先稳岗转岗、优先托底安置、优先实施救助等一系列稳定和扩大脱贫劳动力就业的措施，正在有力有序推进……

第五章

坚持深化改革开放

坚持深化改革开放作为中国式现代化在未来发展前进过程中的重大原则之一，将不断在实践中展现提升我国政治、经济、文化、社会、生态文明等各项事业建设效能的潜力，展现壮大我国国际地位和国际影响力的潜力，展现彰显中国特色社会主义制度优势的潜力，推动社会主义现代化建设取得新的更大的成就。

党的十一届三中全会以来，改革开放推动我国的现代化事业迈入了新的历史时期。在向着实现第二个百年奋斗目标奋勇前进的征程上，我国要继续把改革同开放结合起来，同时注重各领域体制机制的革新，以充分发挥中国特色社会主义的制度优势和调动现代化建设的动力、活力。

党的二十大报告指出，深入推进改革创新，坚定不移扩大开放，着力破解深层次体制机制障碍，不断彰显中国特色社会主义制度优势，不断增强社会主义现代化建设的动力和活力，把我国制度优势更好转化为国家治理效能。未来五年是全面建设社会主义现代化国家的关键时期，经济社会的高质量发展、人民日益增长的美好生活需要，无不呼唤更大力度、更高水平、更深层次的改革开放，必须坚定不移将改革开放进行到底。

第一节

深入推进改革创新

马克思认为,"不存在任何最终的东西、绝对的东西、神圣的东西","除了生成和灭亡的不断过程、无止境地由低级上升到高级的不断过程,什么都不存在"[①]。恩格斯也指出:"所谓'社会主义社会'不是一种一成不变的东西,而应当和任何其他社会制度一样,把它看成是经常变化和改革的社会。"[②]党的十一届三中全会以来,中国共产党带领人民进行经济、政治、文化、社会、生态等各领域的改革,消除阻碍发展的各种不利因素。前进道路上,要继续秉持改革创新思维,坚定把推进改革同国家发展结合起来,推动构建新发展格局和实现高质量发展,坚定把推进改革同防范化解重大风险结合起来,科学谋划落实改革的时机、方式、节奏,推动社会主义现代化建设行稳致远。

[①]《马克思恩格斯选集》(第四卷),人民出版社2012年版,第223页。
[②]《马克思恩格斯文集》(第十卷),人民出版社2009年版,第588页。

一、改革创新是推进中国式现代化的重要工作方法

党的二十大报告要求全党"不断提高战略思维、历史思维、辩证思维、系统思维、创新思维、法治思维、底线思维能力,为前瞻性思考、全局性谋划、整体性推进党和国家各项事业提供科学思想方法",明确提出要"坚持创新在我国现代化建设全局中的核心地位"①。实际上,进入新时代以来,习近平曾经多次强调创新的重要性。那么,什么是创新思维?思维,即思考问题的方式。创新思维,是在处理事务、应对问题时能够善于用不同的方式进行思考,从而探索出比以前更加科学合理的工作方式,使工作效能得到提高。创新思维作为一种思维方式,在国家建设和治理层面体现为能够提升国家发展改革成效的重要工作方法。也就是说,创新思维不仅是一种思维方式,还能够作用于国家建设的实践过程,并表现出积极的发展改革效果。由此可见,改革创新就成为接续推进我国现代化事业的重要工作方法。

在马克思主义哲学中蕴含着丰富的有关创新的哲理。马克思主义实践观指出,人类实践既是一种物质运动的客观过程,又是主体能动性、创造性的活动,正是在充分发挥人的主观创造性的基础上,实践活动才能推动人类社会从原始逐渐走向现代化。再如普遍联系的观点要求人们把表面上看起来毫不相关的事物联系起来加以考察,这样才能更加全面、准确地认识事物的本质和规律,这也包含着创新的思维

---

① 习近平:《高举中国特色社会主义伟大旗帜 为全面建设社会主义现代化国家而团结奋斗——在中国共产党第二十次全国代表大会上的讲话》,人民出版社2022年版,第21、35页。

和工作方法。辩证否定观通过对事物的内在矛盾进行分析,既继承事物本身内在的积极因素,又克服事物内在的消极因素从而实现事物的发展,也就是说,辩证的否定是包含肯定的否定,其实质是"扬弃",这一观点体现出明显的创新思维精神。

改革创新思维在中华优秀传统文化中也有很多体现。早在先秦时期的很多著作中就有着关于创新的论断,例如《诗经》中写道"周虽旧邦,其命维新",昭示了周朝作为历史大国仍然将革新看作是自身的使命,坚持进行创新和改革的国家治理之道,再如《周易》中也写道"日新之谓盛德",《庄子》中写道"礼义法度者,应时而变者也"。《宋史》中这样阐明创新对于国家统治的意义:"天下之治,有因有革,期于趋时适治而已。"清代的梁启超在《少年中国说》中这样诠释创新对于青年人发展进步的意义:"惟进取也故日新。"可以看到,在五千年中华文明的历史长河中,古代智者贤人已经领悟到创新对于个体生存发展以及国家统治治理的重要价值,在一些经典文化著作中已经显露出了创新的思维方式。

中国共产党是一个历来具备改革创新思维、具有改革创新精神的政党。以毛泽东同志为代表的中国共产党人早在新民主主义革命时期就把马克思列宁主义创造性地与中国具体国情相结合,成功领导中国人民推翻"三座大山",完成了新民主主义革命的胜利,新中国的成立使中华民族从此站起来了。在社会主义革命和建设时期,毛泽东也不断探索马克思主义的理论和实践创新,在长期的发展过程中形成了毛泽东思想这一宝贵的理论创造,实现了马克思主义中国化的第一次理论飞跃。正如习近平在纪念毛泽东同志诞辰120周年座谈会上所指出的那样:"社会主义基本制度确立以后,如何在中国建设社会主义,是党面临的崭新课题。毛泽东同志对适合中国情况的社会主义建设道路进行了艰苦探索。他以苏联的经验教训为鉴戒,提出要创造新的理论、写出新的著作,把马克思列宁主义基本原理同中国实际进行'第二次结合',找出在中国进行社会主义革命和建设的正确道路,制定把我国建设成为一个强大的社会主义国家的战略思想。"[1]以邓小平同志为主要代表的中国共产党人带领人民解放思想、锐意进取,开创了我国改革开放的现代化新时期,创造性地提出建设"有中国特色的社会主义"道路,为当代中国社会的发展繁荣奠定了坚实的物质基础和制度准备,并在长期的发展过程中形成了邓小平理论这一宝贵的理论创造。邓小平还提出了改革与实现现代化的关系:"过去搞民主革命,要适合中国情况,走毛泽东同志开辟的农村包围城市的道路。现在搞建设,也要适合中国情况,走出一条中国式的现代化道路"[2],阐明了立足国情推进改革对于国家实现现代化的重大意义。他在1992年视察武昌、深圳、珠海、上海等地的谈话中指出,"不坚持社会主义,不改革开放,不发展经济,不改善人民生活,只能是死路一条。基本路线要管一百年,动摇不得"[3],再次强调了改革对于国家发展的重要性。以江泽民同志为主要代表的中国共产党人和以胡锦涛同志为主要代表的中国共产党人在新的历史条件下秉持创新思维将改革开放成功推进,建立了充满活力的社会主义市场经济体制,经济社会实现了全方位开放,促使我国的综合国力和国际地位得到进一步提升。在长期的发展过程中形成了"三个代表"重要思想和科学发展观,这两大重要的理论创造与邓小平理论一同作为马克思主义中国化的第二次飞跃。可见,中国共产党一经成立,就不断进行理论和实

---

[1] 习近平:《在纪念毛泽东同志诞辰120周年座谈会上的讲话》,人民出版社2013年版,第7—8页。

[2]《邓小平文选》(第二卷),人民出版社1994年版,第163页。

[3]《邓小平文选》(第三卷),人民出版社1993年版,第370—371页。

践的创造性发展，改革创新可以说是党的一种重要工作方法。

中国特色社会主义进入新时代以来，创新被提升到更为重要的国家发展战略层面。习近平多次在讲话中指出必须把创新摆在国家发展全局的核心位置。党的十九大报告提出："世界每时每刻都在发生变化，中国也每时每刻都在发生变化，我们必须在理论上跟上时代，不断认识规律，不断推进理论创新、实践创新、制度创新、文化创新以及其他各方面创新。"①在激烈的国际竞争中，惟创新者进，惟创新者强，惟创新者胜。现在，我国经济社会发展和民生改善比过去任何时候都更加需要科学技术解决方案，更加需要把原始创新能力提升摆在更加突出的位置，也更加需要大力弘扬勇攀高峰、敢为人先的创新精神。新时代以来，我国深入推进各领域各项事业的创新发展，使我国的现代化建设展现出更加充满生机活力的蓬勃面貌，并在坚持党的全面领导、全面从严治党、全面深化改革开放、全面依法治国、经济建设、政治建设、文化建设、社会建设、生态文明建设、国防和军队建设、维护国家安全、坚持"一国两制"和推进祖国统一、外交工作等十三个方面取得了历史性成就、发生了历史性变革。习近平在庆祝中国共产党成立一百周年大会上的讲话中也指出了这一点："中国共产党团结带领中国人民，自信自强、守正创新，统揽伟大斗争、伟大工程、伟大事业、伟大梦想，创造了新时代中国特色社会主义的伟大成就。"②

---

① 《习近平谈治国理政》（第三卷），外文出版社2020年版，第21页。
② 《习近平谈治国理政》（第四卷），外文出版社2022年版，第6页。

二、把推进改革同国家发展结合起来

到2020年底，我国已经决胜脱贫攻坚全面建成小康社会，实现了第一个百年奋斗目标。我国在新时代以来取得的伟大成就同改革创新密不可分，党的十八大以来党积累了许多有益的改革经验，在新征程上，建设社会主义现代化强国的历史性任务更加艰巨，这要求党延续创新思维，在团结带领广大人民进行各项事业的建设过程中不断深化改革，这样才能使中国式现代化具备更加旺盛的生命力和更加稳固的持久性，进而有效推进中华民族伟大复兴的历史进程。

在我国社会主义现代化建设的新征程上，要将改革同国家发展紧密结合起来，深入推进我国在党的建设、经济、政治、文化、社会、生态文明等关键领域的持久性变革和创新。

第一，在党的建设方面，改革开放以后，党坚持党要管党、从严治党，推进党的建设取得明显成效。习近平深刻指出，在新形势下"我们党面临着许多严峻挑战，党内存在着许多亟待解决的问题。尤其是一些党员干部中发生的贪污腐败、脱离群众、形式主义、官僚主义等问题"①，充分说明当前完善党的建设的必要性和紧迫性。新时代以来，我国在完善党的建设方面迈出了坚实步伐，加强党的政治建设，提高各级党组织和党员干部的政治判断力、政治领悟力、政治执行力，创新和改进党的领导方式；加强党员干部队伍素质建设和纪律建设，深入落实中央八项规定精神纠治"四风"，坚决破除特权思想和特权行为；加强党的制度建设，健全党统一领导、全面覆盖、权威

---

① 《习近平关于协调推进"四个全面"战略布局论述摘编》，中央文献出版社2015年版，第121页。

第五章
坚持深化改革开放

高效的监督体系，完善权力监督制约机制，深入推进党的自我革命；加强反腐败斗争攻坚战持久战，深化整治权力集中、资金密集、资源富集领域的腐败，"打虎""拍蝇""猎狐"多管齐下，推进反腐败国家立法等。新征程上，我国要继续深入推进党的建设改革，坚持用习近平新时代中国特色社会主义思想凝心铸魂、完善党的自我革命制度规范体系、建设堪当民族复兴重任的高素质干部队伍、增强党组织的政治功能和组织功能、坚持以严的基调强化正风肃纪、坚决打赢反腐败斗争攻坚战持久战，为社会主义现代化建设全局提供更加坚强的领导和组织保障。

第二，在经济建设方面，改革开放以后，党坚持以经济建设为中心，带领广大人民群众埋头苦干创造出经济长期快速发展的奇迹，但由于一些地方和部门存在片面追求发展的速度规模等问题，以及受到国际金融危机后世界经济形势持续低迷的影响，我国经济结构性体制性矛盾不断积累，发展不平衡、不可持续问题较为突出。新时代以来，党中央提出我国经济发展进入了新常态，已经由高速增长阶段转向高质量发展阶段。新征程上，我国要深入贯彻以"创新、协调、绿色、开放、共享"为内涵的新发展理念，继续加快构建新发展格局，着力推动高质量发展。要继续把实施扩大内需战略同深化供给侧结构性改革有机结合起来，加快构建以国内大循环为主体、国内国际双循环相互促进的新发展格局，不断壮大我国经济发展的内生动力，增强应对外部经济风险的能力；构建更高水平的社会主义市场经济体制，支持中小微企业的发展，健全资本市场的功能，更加充分地调动市场的活力；建设现代化产业体系，巩固优势产业的领先地位，构建优质高效的服务业新体系；促进区域协调发展，推动西部大开发形成新格局、东北振兴取得新突破、中部地区高质量发展、东部地区加快推进现代化，增强区域经济发展的平衡性、协调性、可持续性；全面推进乡村振兴，加快建设农业强国，不断提高广大人民群众的幸福感、获得感，为中国式现代化提供更加坚实的物质基础并创造源源不断的增长动力和活力。

第三，在政治建设方面，改革开放以后，党领导人民坚持走中国特色社会主义政治发展道路，发展社会主义民主，取得了重大进展。新时代以来，党中央提出必须坚持党的领导、人民当家作主、依法治国的有机统一，积极发展全过程人民民主，健全全面、广泛、有机衔接的人民当家作主制度体系。2021年10月，习近平在中央人大会议上指出："我国全过程人民民主实现了过程民主和成果民主、程序民主和实质民主、直接民主和间接民主、人民民主和国家意志相统一，是全链条、全方位、全覆盖的民主，是最广泛、最真实、最管用的社会主义民主。"[①]新征程上，我国应当继续发展全过程人民民主，保障人民当家作主的权利。要通过坚持和完善我国的各项政治制度，扩展民主渠道、丰富民主形式，确保人民通过各种途径和形式管理国家事务和社会事务；坚持和完善中国共产党领导的多党合作和政治协商制度，坚持党的领导、统一战线、协商民主有机结合，统筹推进政党协商、人大协商、政府协商、政协协商、人民团体协商、基层协商、社会组织协商，全面发展协商民主；完善基层直接民主制度体系和工作体系，积极发展基层民主；完善大统战工作格局，加强中国共产党同民主党派和无党派人士的团结合作，铸牢中华民族共同体意识，巩固和发展最广泛的爱国统一战线，为现代化进程提供更加坚强的方向保障并形成人民群众进行现代化建设的向心力和合力。

第四，在文化建设方面，改革开放以后，党坚持物质文明和精神

[①]《习近平谈治国理政》（第四卷），外文出版社2022年版，第260—261页。

第五章
坚持深化改革开放

文明两手抓、两手硬，推动社会主义文化实现了繁荣发展。但同时，拜金主义、享乐主义、极端个人主义和历史虚无主义等错误思潮不时出现，网络舆论乱象丛生，一些领导干部的政治立场模糊，这些都给我国的文化改革提出了新的要求。新时代以来，党中央高度重视意识形态工作，提出要建设社会主义文化强国。习近平指出："中国特色社会主义是全面发展、全面进步的伟大事业，没有社会主义文化繁荣发展，就没有社会主义现代化。"[1]新征程上，我国要继续推进文化自信自强，铸就社会主义文化的新辉煌。要通过牢牢掌握党对意识形态工作的领导权，巩固壮大奋进新时代的主流思想舆论，建设具有强大凝聚力和引领力的社会主义意识形态；弘扬以伟大建党精神为源头的中国共产党人精神谱系，深入开展社会主义核心价值观的宣传教育和爱国主义、集体主义、社会主义教育；弘扬中华传统美德，在全社会弘扬劳动精神、奋斗精神、奉献精神、创造精神、勤俭节约精神，提高全社会的文明程度；健全现代公共文化服务体系、现代文化产业体系和市场体系，推出更多能够增强人民精神力量的文化作品；加快构建中国话语体系，提升中国声音的国际传播效能和中华文明的世界影响力，为推进中国式现代化提供更为坚强的思想保证和更为强大的精神力量。

第五，在社会建设方面，改革开放以后，党带领人民加强社会建设，使我国人民的生活水平显著改善、社会治理成效明显改进，并创造了社会长期稳定的奇迹。与此同时，随着时代发展和社会进步，人民对美好生活的向往更加强烈，对民主、法治、公平、正义、安全、环境等方面的要求日益增长。新时代以来，党中央深刻指出了当前我国社会的主要矛盾已经转变为人民日益增长的美好生活需要同不平衡

---

[1]《习近平谈治国理政》（第四卷），外文出版社2022年版，第309页。

不充分发展之间的矛盾。新征程上，我国要继续增进民生福祉，提高人民的生活品质。要不断完善分配制度，努力提高居民收入在国民收入中的比重和劳动报酬在初次分配中的比重，完善按要素分配的政策制度，加大税收、社会保障、转移支付等的收入调节力度；深入实施就业优先战略，健全就业公共服务体系、终身职业技能培训制度、劳动法律法规；健全社会保障体系，完善基本养老保险全国统筹制度，促进多层次医疗保险的有序衔接；推进健康中国建设，优化人口发展战略，建立生育支持的政策体系，积极应对人口老龄化，发展养老事业和养老产业，为中国式现代化创造持续稳定团结的社会环境，汇聚更加稳固的社会凝聚力。

第六，在生态文明建设方面，改革开放以后，党日益重视对生态环境的保护，但是生态文明建设仍然是一个明显的短板，资源环境约束趋紧、生态系统退化等问题较为突出。新时代以来，党中央强调生态文明建设是关乎中华民族永续发展的根本大计，提出保护生态环境就是保护生产力、改善生态环境就是发展生产力以及"绿水青山就是金山银山"理念。新征程上，我国要继续推动绿色发展，促进人与自然和谐共生。要不断加快发展方式的绿色转型，推动产业结构、能源结构、交通运输结构等的调整优化，完善支持绿色发展的财税、金融、投资、价格政策和体系；深入推进环境污染防治，深入打好蓝天、碧水、净土保卫战；提升生态系统的多样性、稳定性、持续性，实施生物多样性保护重大工程；积极稳妥推进碳达峰、碳中和，推动能源的清洁低碳高效利用和能源革命，增强中国式现代化进程的可持续性。

《中共中央关于党的百年奋斗重大成就和历史经验的决议》指出，党在百年奋斗历程中积累了坚持开拓创新的宝贵经验，"党领导人民披荆斩棘、上下求索、奋力开拓、锐意进取，不断推进理论创新、实践创新、制度创新、文化创新以及其他各方面创新，敢为天下先，走出了前人没有走出的路，任何艰难险阻都没能阻挡住党和人民前进的步伐"①，在前进道路上，要"顺应时代潮流，回应人民要求，勇于推进改革，准确识变、科学应变、主动求变，永不僵化、永不停滞"②。

三、把推进改革同防范化解重大风险结合起来

在新征程上不断深化改革，既展现了党和国家的巨大政治勇气和历史主动性，也不可避免地受到来自客观现实情况的压力。深化改革的出发点除了要从我国经济社会发展的已有成就、现实需要、主观动力上进行考察，还应该从党和国家发展全局所面临的困难问题以及风险挑战的层面加以考察。2020年12月，习近平在中央全面深化改革委员会第十七次会议上讲道："要把推进改革同防范化解重大风险结合起来，深入研判改革形势和任务，科学谋划推动落实改革的时机、方式、节奏，推动改革行稳致远。"③党的二十大报告指出："我国发展进入战略机遇和风险挑战并存、不确定难预料因素增多的时期，各种'黑天鹅'、'灰犀牛'事件随时可能发生。"④在这种背景下，我

---

① 《中共中央关于党的百年奋斗重大成就和历史经验的决议》，人民出版社2021年版，第69页。

② 《中共中央关于党的百年奋斗重大成就和历史经验的决议》，人民出版社2021年版，第69页。

③ 《习近平谈治国理政》（第四卷），外文出版社2022年版，第234页。

④ 习近平：《高举中国特色社会主义伟大旗帜　为全面建设社会主义现代化国家而团结奋斗——在中国共产党第二十次全国代表大会上的讲话》，人民出版社2022年版，第26页。

正道前行
——中国式现代化的重大原则

们既要充分把握好当前我国现代化发展所具备的优势和机遇，也要清醒地认识到当前我国现代化发展所面临的风险和挑战，在深入推进各领域各方面改革的同时把改革同防范化解重大风险结合起来，从而使中国式现代化行稳致远，确保中华民族伟大复兴的历史进程有序展开。

在社会主义现代化建设的新征程上，要注重对各领域风险挑战的识别和把握。当前我国现代化进程总的来看受到来自国内和国际两个层面的影响和制约。

第一是政治和意识形态风险。"近些年来，国内外有些舆论提出中国现在搞的究竟还是不是社会主义的疑问，有人说是'资本社会主义'，还有人干脆说是'国家资本主义'、'新官僚资本主义'。这些都是完全错误的。"[①]这种舆论的产生一方面是由于近些年来我国经济社会发展进步较快，特别是经济体制持续进行改革，市场在资源配置中的作用大大增加，非公有制经济在国民经济中的比重大大增加，导致一些人对改革开放的政治属性产生质疑。另一方面是由于以美国为首的一些西方国家奉行霸权主义、强权政治，企图以此动摇我国的道路自信和制度自信。对此，习近平多次强调，中国特色社会主义是社会主义，而不是别的什么主义，明确把握了当代中国社会发展进步的政治方向。坚持和加强党的全面领导同样面临来自外部的风险挑战，以美国为首的一些西方国家利用一些国际传播途径污蔑中国共产党，企图以此混淆视听，干扰党发挥领导国家现代化建设的积极作用。此外，当前中国共产党内存在着精神懈怠、能力不足、脱离群众、消极腐败"四种危险"，这也对加强党的全面领导构成了挑战。

---

① 《习近平总书记系列重要讲话读本》，学习出版社、人民出版社2014年版，第15页。

第五章
坚持深化改革开放

对于防范化解政治和意识形态风险，在新征程上要继续加深"四个自信"，通过加强对中国特色社会主义的政治和理论宣传，增强党员干部和人民群众对中国特色社会主义道路、理论、制度、文化的理解和认识；坚持做到"两个维护"，党员干部和人民群众要主动自觉拥护和支持党的领导，促进党在总揽国家事务的过程中发挥出更加充分的作用；深入推进党的建设新的伟大工程，加强党的自我革命，加强党内法规建设为改进党的建设和强化党的领导提供制度保障；牢牢掌握党对意识形态工作的领导权，弘扬马克思主义在我国意识形态领域的指导地位，积极抵御来自西方"普世价值"的冲击，加强对主流媒体的管控力度。

第二是经济金融风险。近些年在国内金融领域出现了影子银行风险、互联网金融风险等问题，虽然这些风险已经被有效管控，但是由于存在对金融机构的监管不到位、借债人的非理性行为扩张、官商勾结和腐败等原因，新的风险仍在发生。此外，在新时代以来，党和国家毫不动摇地鼓励、支持、引导非公有制经济的发展，促使资本在全社会更广泛地流动和利用，但是也出现了资本野蛮增长的问题，造成了一定的经济风险。另外，以美国为首的一些西方国家奉行单边主义、贸易保护主义，对我国的经济和部分企业进行不当制裁，这也一定程度上损害了我国经济的正常发展。习近平在十九届五中全会上讲道："构建以国内大循环为主体、国内国际双循环相互促进的新发展格局，是根据我国发展阶段、环境、条件变化，特别是基于我国比较优势变化，审时度势作出的重大决策。"[1]对于防范化解经济金融风险，在新征程上要继续加快构建新发展格局，加快培育完整的内需体系并推动产业链、供应链优化升级，进一步增强国内大循环的主体地

---

[1]《习近平谈治国理政》（第四卷），外文出版社2022年版，第154页。

位和增强其在国际大循环中的带动作用,提升我国经济的自主性、能动性。正如习近平指出的那样:"只有加快构建新发展格局,才能夯实我国经济发展的根基、增强发展的安全性稳定性,才能在各种可以预见和难以预见的狂风暴雨、惊涛骇浪中增强我国的生存力、竞争力、发展力、持续力"[1];把发展的着力点放在实体经济上,扎实推进新型工业化,加快建设制造强国、质量强国,加强对金融领域的监管力度和金融立法;优化党管资本的方式、力度,正确处理资本和利益分配问题,深化资本市场改革,有效规范和引导各类资本的健康发展。

第三是科技风险。党的十九届五中全会提出了要把科技自立自强作为国家发展的战略支撑。当前,我国在一些关键核心科技领域的技术攻关仍未完成,且在芯片、光刻机、操作系统、激光雷达、高端电容电阻等一些重点科技领域受到来自外国的"卡脖子"风险。加快我国的科技自立自强,也是构建新发展格局、促进经济社会实现高质量发展的重要途径之一。对此,习近平指出:"加快科技自立自强。这是确保国内大循环畅通、塑造我国在国际大循环中新优势的关键。"[2]对于防范化解科技风险,在新征程上要继续完善国家创新体系,充分发挥政府、企业、高校的多元主体协作效能;推进关键核心技术的攻关,加强重大科技创新领域的战略研判和前瞻部署,解决好"卡脖子"问题;深化科技体制改革,形成支持全面创新的基础制度,健全新型举国体制;推进科教兴国战略、人才强国战略、创新驱动发展战略的有效联动,为我国科技事业的发展培养创新型人才。

---

[1] 习近平:《加快构建新发展格局 把握未来发展主动权》,载《求是》2023年第8期。

[2]《习近平谈治国理政》(第四卷),外文出版社2022年版,第158页。

第五章
坚持深化改革开放

第四是社会风险。社会的团结稳定是有序推进党和国家事业改革全局的重要基础性保障。当前，我国经济社会发展仍然存在不平衡、不充分的问题，行业、城乡、地区发展水平存在差距，导致人民的收入水平存在较大差别。此外，社会保障体系建设仍然不够完备，人民对于社会公平正义、生态美丽等高品质生活的需要仍然没有得到充分满足。这些都会引发一系列的社会矛盾，构成潜在的社会风险。对于防范化解社会风险，在新征程上要继续完善分配制度体系，有效促进全体人民的共同富裕，扩大社会保险的覆盖面，推进基本医疗保险、失业保险、工伤保险的省级统筹和基本养老保险的全国统筹，加强社会治理体系建设使党和政府、企业、群众发挥多元主体作用，在源头上减少可能引发社会矛盾的动因。

第五是外部风险。从国际背景来看，当前世界正经历百年未有之大变局，新一轮科技革命和产业变革深入发展，国际力量对比深刻调整，国际政治经济格局面临重构的趋势。与此同时，逆全球化思潮抬头，单边主义、保护主义明显上升，全球性问题加剧，世界进入新的动荡变革期。习近平对此的阐释深刻而严峻："如果我们不识变、不应变、不求变，就可能陷入战略被动，错失发展机遇，甚至错过整整一个时代。"[1]为应对深刻复杂变化的世界环境，我们应当准确识变、积极应变、主动求变，为自身的建设发展营造良好外部环境并持续提升自身的国际地位。对于防范化解外部风险，我国应当在推进中国式现代化的进程中不断壮大自身的经济、科技实力进一步提升综合国力，在推动世界政治经济格局演进的过程中发挥重要积极作用；积极参与全球问题的治理，与其他国家特别是发展中国家和社会主义国家一道，维护世界的和平与稳定，促进世界的繁荣和发展；不断建设具

---

[1]《习近平谈治国理政》（第二卷），外文出版社2017年版，第267页。

有中国特色的话语体系，向世界讲好中国故事、传播好中国声音、展示好中国形象，使世界局势朝着有利于社会主义、有利于中国的方向发展。

深入推进改革同防范化解重大风险结合起来是一项综合、系统的工程，党的二十大报告指出："要坚持以人民安全为宗旨、以政治安全为根本、以经济安全为基础、以军事科技文化社会安全为保障、以促进国际安全为依托，统筹外部安全和内部安全、国土安全和国民安全、传统安全和非传统安全、自身安全和共同安全，统筹维护和塑造国家安全，夯实国家安全和社会稳定基层基础，完善参与全球安全治理机制，建设更高水平的平安中国，以新安全格局保障新发展格局"[①]，清晰地阐明了在前进道路上防范化解重大风险的实施路径以及其最终服务于现代化建设的价值目的。

[①] 习近平：《高举中国特色社会主义伟大旗帜　为全面建设社会主义现代化国家而团结奋斗——在中国共产党第二十次全国代表大会上的讲话》，人民出版社2022年版，第52—53页。

第二节

坚定不移扩大对外开放

当今世界，经济全球化、政治多极化、文化多样化向纵深发展，扩大对外开放加强同世界的联系，在互利共赢中实现本国的长足发展是顺应历史潮流的正确选择。同时，当前我国正处于新发展阶段，经济社会还存在很多固有的、新生的矛盾问题需要加快解决，提升对外开放水平是推进现代化建设、实现高质量发展的题中应有之义。前进道路上，我国将坚定不移推动高水平对外开放，坚定不移维护真正的多边主义，坚定不移同世界共享市场机遇，坚定不移维护世界利益，推动人类社会向着更加公平、健康、可持续的方向发展。

一、对外开放是国家和民族走向现代化的必由之路

马克思、恩格斯创立了唯物史观，认为世界历史的演进是一个从低级不断向高级、从单一不断向多元发展的过程。他们在《德意志意识形态》中指出："各民族的原始封闭状态由于日益完善的生产方式、交往以及因交往而自然形成的不同民族之间的分工消灭得越是彻

底，历史也就越是成为世界历史。"[1]也就是说，生产力和生产关系的矛盾运动促进国家和民族的对外开放过程，而对外开放程度的扩大会进一步促进社会形态和世界历史向更高级的形态演变。此外，他们基于对19世纪欧洲资本主义社会的考察，在分析资本主义必将被社会主义所取代的同时，也阐明了资本主义文明对于世界历史的巨大进步意义，指出资本主义大工业的发展"首次开创了世界历史，因为它使每个文明国家以及这些国家中的每一个人的需要的满足都依赖于整个世界，因为它消灭了各国以往自然形成的闭关自守的状态"[2]，同样指出了对外开放对于国家发展进步的重大意义。

在中国古代史上，灿烂的中华文明曾经创造了许多对外开放的佳话。早在秦汉时期就奠定了对外开放的传统。秦与朝鲜、越南之间有丝绸、漆器、铁器等贸易往来，与西域也有民间交往。汉代是对外开放的大发展时期。公元前138年，汉武帝派遣张骞出使西域，是中原王朝首次以官方名义与西域的接触，其所开辟的"丝绸之路"为东西方经济文化交流奠定了坚实基础。魏晋南北朝时期对外开放进一步发展。中国与西域的关系持续保持，与南亚、西亚各国如大宛、波斯、天竺也均有往来。《洛阳伽蓝记》记载了当时世界各国与北魏的交往盛况："自葱岭以西，至于大秦，百国千城，莫不款附。"隋唐时期对外开放呈现高潮盛况。隋代奉行积极的对外开放政策，通过海路与东亚、东南亚、西亚、欧洲建立起密切的政治、经济、文化联系。唐代继续奉行对外开放政策，强盛的国力与发达的交通使唐代与当时世界上70多个国家建立了通使友好关系。玄奘西行印度、鉴真东渡日本，促进了中外文化交流。宋元时期对外开放得到了接续发展。两宋

---

[1]《马克思恩格斯选集》（第一卷），人民出版社2012年版，第168页。
[2]《马克思恩格斯选集》（第一卷），人民出版社2012年版，第194页。

第五章
坚持深化改革开放

与朝鲜半岛的王氏高丽政权,与日本的镰仓幕府,与东南亚和南亚的越南、印尼、印度的经济文化交流十分频繁,与阿拉伯、非洲的交流也有进一步发展。明清时期对外开放发生了重大转折。明成祖朱棣鼓励发展对外关系,派郑和七下西洋,促进了中国与亚非各国的联系。然而,由于受到倭寇侵扰,到朱元璋时撤废市舶司,禁止商船贸易和人民通藩下海。清朝沿袭了明朝的海禁政策,且自康熙年间颁布"禁海令"后,对外开放的门户越来越小。晚清时期的闭关锁国导致中国的发展远远落后于世界进步潮流。

中华民族几千年的历史证明,什么时候坚持对外开放,中华文明就会繁荣发展;什么时候固步自封、闭关锁国,中华文明就会停滞不前甚至倒退。对外开放在中华文明的形成与发展过程中发挥了重要的推动作用。

中国共产党是一个历来坚持胸怀天下、开放包容的大党。中国共产党在领导人民进行社会主义革命、建设和改革的过程中,积极建立和发展同外部世界的联系,积累了对外开放的宝贵理论和实践经验。在新中国成立前夕,毛泽东就指出"中国人民愿意同世界各国人民实行友好合作,恢复和发展国际间的通商事业,以利发展生产和繁荣经济"[①],为社会主义革命和建设初期发展和平稳定的对外关系、扩大同世界各国的经贸往来、促进我国社会主义事业的顺利开展都奠定了思想基础。1956年,毛泽东在《论十大关系》中分析了如何处理中国和外国的关系问题,提出了要向外国学习的口号。他指出:"我们的方针是,一切民族、一切国家的长处都要学,政治、经济、科学、技术、文学、艺术的一切真正好的东西都要学。但是,必须有分析有

[①]《毛泽东选集》(第四卷),人民出版社1991年版,第1466页。

正道前行
——中国式现代化的重大原则

批判地学,不能盲目地学,不能一切照抄,机械搬用。"[1]这充分指明了向外国学习有益经验的必要性、重要性和学习方法,对于我国扩大对外开放具有积极意义。1978年12月党的十一届三中全会召开,党中央将改革开放作为实现新时期总任务的根本方针确定下来。邓小平对于开放问题曾有着这样的表述,"现在的世界是开放的世界","经验证明,关起门来搞建设是不能成功的,中国的发展离不开世界",他指出,"像中国这样大的国家搞建设,不靠自己不行,主要靠自己,这叫做自力更生。但是,在坚持自力更生的基础上,还需要对外开放,吸收国外的资金和技术来帮助我们发展"[2]。在早期对外开放的实践中,我国通过发展对外贸易、引进外资和先进技术,建立经济特区,推进沿海城市的开放,极大调动了经济社会的发展潜力,促进了我国经济的快速增长和人民生活水平的快速提高。到20世纪90年代初,随着建立社会主义市场经济成为经济体制改革的目标,我国的对外开放开始向各个领域拓展。进入21世纪,伴随着变化的世界形势,我国继续秉承积极对外开放的态度和策略。2001年加入世界贸易组织推动我国的对外开放事业焕发出更强劲的活力。党的十六大报告提出,要坚持"引进来"和"走出去"相结合,全面提高对外开放水平。党的十七大报告提出,要加快转变经济发展方式,拓展对外开放的广度与深度,提高开放型经济水平。这些都促进我国的对外开放事业进入新阶段,也促进党和国家进步事业取得更加丰硕的成果。

进入新时代以来,对外开放被提升到更为重要的国家战略层面。党的十九大报告提出要推动形成全面开放新格局,指出要以"一带一

---

[1]《毛泽东文集》(第七卷),人民出版社1999年版,第41页。
[2]《邓小平文选》(第三卷),人民出版社1993年版,第64、78—79页。

路"建设为重点,坚持"引进来"和"走出去"并重,遵循共商共建共享原则,加强创新能力开放合作,形成陆海内外联动、东西双向互济的开放格局。党的二十大报告明确将推进高水平对外开放作为加快构建新发展格局、着力推动高质量发展的重要举措之一。习近平在2022年12月的中央经济工作会议上再次强调,要坚持推进高水平对外开放,稳步扩大规则、规制、管理、标准等制度型开放。可以说,坚持对外开放是不断提高我国的经济社会发展水平、提升我国的国际地位和国际话语权以及最终实现社会主义现代化的必由之路。

二、扩大开放助推我国经济社会的持久性发展

改革和开放都是我国建设社会主义现代化国家、实现中华民族伟大复兴的制胜法宝。习近平在博鳌亚洲论坛2018年年会开幕式上讲道:"实践证明,过去40年中国经济发展是在开放条件下取得的,未来中国经济实现高质量发展也必须在更加开放条件下进行"[1],指出了坚持对外开放对于我国经济社会发展的重大意义以及在新的历史条件下继续深化开放的必要性。习近平明确指出:"中国开放的大门不会关闭,只会越开越大"[2],向世人展示了中国进一步扩大对外开放、加深与外部联系的信心和决心。

在我国社会主义现代化建设的新征程上,要加快建成社会主义现代化强国、实现中华民族伟大复兴,就需要继续全面扩大开放。这是由我国所处的时代背景、所面临的国内发展条件共同决定的。习近平多次强调,世界百年未有之大变局和中华民族伟大复兴战略全局这"两个大局"是党谋划工作的基本出发点。当前,全面扩大开放也面

---

[1][2]《习近平谈治国理政》(第三卷),外文出版社2020年版,第194页。

临复杂多变的国际、国内环境。

从国际环境来看，当前，世界正处于百年未有之大变局，经济全球化向纵深发展，科技的更新迭代加快并增强了引领经济增长的动能。习近平曾深刻指出，经济全球化是社会生产力发展的客观要求和科技进步的必然结果。经济全球化为世界经济增长提供了强劲动力，促进了商品和资本流动、科技和文明进步、各国人民交往，符合各国共同利益。经济全球化既是社会生产力、科技发展的结果，同时也是各国社会生产力进一步得到解放和发展的重要外部条件，是当前世界复杂多变局势演进的最根本内在动因。对此，习近平在第二届中国国际进口博览会开幕式上这样说道："经济全球化是历史潮流。长江、尼罗河、亚马孙河、多瑙河昼夜不息、奔腾向前，尽管会出现一些回头浪，尽管会遇到很多险滩暗礁，但大江大河奔腾向前的势头是谁也阻挡不了的。"[1]也就是说，经济全球化是不可抗拒的历史潮流，我们应当从正确的角度加以审视，并采取积极的策略融入全球化过程，使经济全球化更加深入地促进我国经济社会的长足发展。在经济全球化不断向纵深发展的过程中，出现了逆全球化浪潮，一些国家将困扰自身的问题归咎于经济全球化，进而搞贸易和投资保护主义，这种理解无疑是片面的。正确的选择应当是，充分利用一切机遇，合作应对一切挑战。由此可见，外部世界全球化的深入发展要求我们顺应时代潮流、充分把握机遇，以更加开放的姿态促进自身的长远发展。

从国内环境来看，一方面，当前我国正处于向着第二个百年奋斗目标奋力进军的新发展阶段，正处于社会主义现代化建设的新征程。中国的发展离不开世界，进行社会主义现代化建设必须坚持对外开放。进入新时代以来我国已经在现代化建设方面取得了历史性成就、

---

[1]《习近平谈治国理政》（第三卷），外文出版社2020年版，第209页。

第五章
坚持深化改革开放

发生了历史性变革，党和国家进步事业的面貌焕然一新。在这种情况下，要使现代化建设持续顺利展开、中国特色社会主义道路行稳致远，就更需要发挥历史主动精神，采取积极的对外开放战略，主动扩大各领域、高水平的对外开放，从而充分掌握我国经济社会发展的主动权。另一方面，当前我国在社会主义现代化建设的过程中，在经济领域还存在一些发展的矛盾和问题，还存在很大的增长空间。进一步扩大对外开放，特别是经济领域的对外开放，是解决我国国内发展问题的重要方式。进入新发展阶段，构建以国内大循环为主体、国内国际双循环相互促进的新发展格局，需要形成以需求牵引供给、以供给创造需求的国内统一大市场。需要依托我国超大市场的规模效应，以扩大内需作为战略基点，利用创新驱动、高质量供给等手段引领和创造新的需求。然而，国内市场的分割阻碍了商品要素的流通与消费潜能的释放，成为阻碍国民经济良性循环的主要堵点。扩大高水平的经济对外开放、实施国内国际双循环相互促进的战略，能够通过国际循环有效促进国内循环，打破国内市场的分割、畅通国内经济的大循环。此外，当前中国经济发展进入增速换挡、结构优化、动力转换的新常态，建设更加完善的开放型经济体制是保持经济中高速增长和迈向中高端水平的必要保障。通过加强与各国经济的联系、扩大与各国的经济合作，在世界经济发展浪潮的推动作用和压力作用下，促进国内市场的各种资源和生产要素得到更加科学的配置、产能得到优化升级、国内需求得到进一步激发，从而有效解决我国经济发展面临的困难，并极大扩展我国经济增长的上升空间。

此外，扩大高水平的对外开放内涵丰富，除了经济领域的对外开放能够助推我国经济社会的健康发展之外，在社会、文化、生态等领域的开放也能够有效解决我国发展的多层次问题，助推经济社会的持续健康发展。扩大社会领域的对外开放，加强社会民间往来。扩大文化领域的对外开放，加深文化交流互鉴。扩大生态领域的对外开放，开展生态环境保护合作。这些都是高水平对外开放的重要表现。在此基础上，能够促进我国向世界传播有价值的中国声音、展示可爱的中国形象，促进世界加深对中国特色社会主义和中国共产党的正确理解，促使我国与世界各国发展友好的外交关系，从而为我国的现代化建设营造良好的外部政治环境；能够促进中华文化走向世界，促进社会主义文化的繁荣发展。中华优秀传统文化源远流长、博大精深，革命文化铿锵有力、催人奋进，社会主义先进文化汇聚理想、多姿多彩。在与世界各国加深文化交流互鉴的过程中，不仅促使中华优秀传统文化、革命文化、社会主义先进文化走向世界，也促进中华优秀传统文化得到更多的创造性转化和创新性发展，促进革命文化的精神内涵在当代中国得到继承和发扬，促进社会主义先进文化得到进一步的丰富和创新，从而推动我国文化事业的繁荣发展，发展中华民族现代文明；能够促进我国学习国外有益的社会治理经验和生态环境保护经验、技术，提高我国的社会建设水平和生态文明建设水平，从而在更广泛的层面增强社会主义现代化建设的可持续性、提高人民的生活水平并满足人民对美好生活的向往。

在前进道路上继续扩大对外开放的考量因素是综合性、多层次的：我国顺应经济全球化的历史进步潮流制定积极扩大开放的国家战略，立足我国社会主义现代化建设事业新的历史方位充分发挥历史主动精神把握对外开放的主动权，针对当前我国现代化建设过程中的矛盾问题通过扩大开放寻求有效的解决。在扩大对外开放的过程中，一方面能够促使我国经济社会中的发展建设问题得到一定改善，另一方面，更为关键的是能够带动我国经济社会的稳定、可持续、健康、长足发展，为我国经济社会的发展创造新的动能、增强新的活力。以开放促改革、促发展，这是扩大对外开放服务于社会主义现代化建设、服务于中华民族伟大复兴战略全局的根本意义所在。习近平对此有着这样的表述"开放是当代中国的鲜明标识……加入世界贸易组织以来，中国不断扩大开放，激活了中国发展的澎湃春潮"①，清晰地阐明了扩大开放对于我国经济社会发展进步的重大意义。

三、扩大开放提升中国式现代化的世界影响力

开放已经成为当代中国发展的亮丽名片。习近平在首届中国国际进口博览会开幕式上讲道："上海背靠长江水，面向太平洋，长期领中国开放风气之先……开放、创新、包容已成为上海最鲜明的品格。这种品格是新时代中国发展进步的生动写照。"②进入新时代以来，我国在党中央的领导下坚持对外开放的基本国策，奉行互利共赢的开放战略，构建全面开放的新格局，推动建设开放型世界经济，为世界的繁荣发展注入了强劲动力。扩大高水平对外开放，是以扩大经济领域的对外开放为中心的、更加全面的对外开放。习近平提出"中国人民将继续与世界同行、为人类作出更大贡献，坚定不移走和平发展道路，积极发展全球伙伴关系，坚定支持多边主义，积极参与推动全球治理体系变革，推动建设新型国际关系，推动构建人类命运共同体"③，清晰地指出了我国继续扩大对外开放的综合性实践路径。

我国在新征程上继续推进高水平对外开放，既解决国内发展面临的深层次矛盾问题助推社会主义现代化建设的顺利开展，又极大促进世界政治的和平稳定发展、世界经济的持续繁荣发展、全球性问题的

---

① 《习近平谈治国理政》（第四卷），外文出版社2022年版，第236页。
② 《习近平谈治国理政》（第三卷），外文出版社2020年版，第206页。
③ 《习近平谈治国理政》（第三卷），外文出版社2020年版，第194页。

正道前行
——中国式现代化的重大原则

有效解决,为人类社会不断走向更宽广的未来和构建人类命运共同体贡献中国智慧和中国力量。并且在此过程中,提升中国式现代化的世界感召力、影响力,从而助力社会主义现代化建设和中华民族伟大复兴的伟大历史进程。总的来看,我国在新征程上通过坚定不移维护真正的多边主义、坚定不移同世界共享市场机遇、坚定不移维护人类共同利益推进高水平对外开放,推动中国式现代化走向世界。

第一,坚定不移维护真正的多边主义。当今世界经济深刻调整,保护主义、单边主义抬头,多边主义和自由贸易体制受到冲击,增加了不稳定不确定的因素,使经济全球化遭遇波折,风险挑战加剧。贸易和投资的保护主义、单边主义是经济领域的霸权行为、强权行为,不利于各国加强经贸往来、经贸合作,也违背了经济全球化这一历史发展的客观规律,不利于世界经济的繁荣发展。维护多边主义、构建开放型世界经济应当是世界各国对于当前国际经济形势动荡变革的正确策略应对。中国自古就有天下大同的理想社会追求,历来主张同舟共济、和合共生的发展理念。新时代以来,党中央多次强调要坚定维护多边主义、促进双边和多边合作、维护世界贸易组织规则,以此促进世界经济的平稳有序发展。在第四届中国国际进口博览会开幕式上,习近平明确提出:"中国将坚定不移维护真正的多边主义。以世界贸易组织为核心的多边贸易体制,是国际贸易的基石。当前,多边贸易体制面临诸多挑战。中国支持世界贸易组织改革朝着正确方向发展,支持多边贸易体制包容性发展,支持发展中成员合法权益。"[①]我国既是多边主义的坚定倡导者,也是多边主义的坚定践行者。目前,中国已经与世界上许多国家签订了高标准自由贸易协定,持续推进对中欧投资协定、中日韩自由贸易协定、中国—海合会自由贸易协

[①]《习近平谈治国理政》(第四卷),外文出版社2022年版,第237页。

定的谈判进程，持续推动二十国集团、亚太经合组织、上海合作组织、金砖国家等多边经贸机制充分发挥积极作用。

第二，坚定不移同世界共享市场机遇。当前，世界经济整体增速放缓，全球通货膨胀率上升，再加上受到保护主义、单边主义的影响，经济复苏面临风险形势不容乐观。中国始终在推进自身建设、促进自身发展的同时，积极参与经济全球化进程，通过扩大全方位、高水平的对外开放，为世界经济的平稳增长贡献力量。目前，中国已经成为全球第二大消费市场和第一货物贸易大国。根据2022年10月世界银行公布的数据，从2013年至2021年间，中国对世界经济增长的平均贡献率达到38.6%，超过G7国家贡献率的总和，成为世界经济稳定的压舱石。在新征程上，我国要继续通过吸引外商投资、主动扩大进口、完善全面开放新格局、优化外资的营商环境、推动国际自由贸易建设等方式，拉动世界经济增长，以自身的繁荣发展助力世界经济的持续向好发展。对此，党的二十大报告做出了较为详细的阐释："依托我国超大规模市场优势，以国内大循环吸引全球资源要素，增强国内国际两个市场两种资源联动效应，提升贸易投资合作质量和水平。稳步扩大规则、规制、管理、标准等制度型开放。推动货物贸易优化升级，创新服务贸易发展机制，发展数字贸易，加快建设贸易强国。合理缩减外资准入负面清单，依法保护外商投资权益，营造市场化、法治化、国际化一流营商环境。推动共建'一带一路'高质量发展。优化区域开放布局，巩固东部沿海地区开放先导地位，提高中西部和东北地区开放水平。加快建设西部陆海新通道。加快建设海南自由贸易港，实施自由贸易试验区提升战略，扩大面向全球的高标准自由贸易区网络。有序推进人民币国际化。深度参与全球产业分工和合作，维护多元稳定的国际经济格局和经贸关系。"①

第三，坚定不移维护人类共同利益。除了在经济领域扩大高水平对外开放助力世界经济的恢复和发展，我国扩大在社会、文化、生态等重要领域的开放能够促进全球性问题的有效解决，并推动全球治理体系向更加健康、可持续的方向变革。习近平在第四届中国国际进口博览会开幕式上指出："中国将积极参与应对气候变化、维护全球粮食安全和能源安全，在南南合作框架内继续向其他发展中国家提供更多援助。"②新时代以来，我国针对一些国家的霸权主义和强权政治行为予以坚决反击，积极维护世界的和平与安全；我国积极参与全球气候问题治理，以负责任大国的担当推动《巴黎协定》的签订；我国积极推进美丽中国建设，加强自身的生态文明建设，同时提出到2030年实现碳达峰、到2060年实现碳中和的节能减排目标，力争为世界环保事业做出更大贡献；在社会贫困问题上，我国在2020年如期完成脱贫攻坚，全面建成了小康社会，在有着14亿人口的大国消除了绝对贫困，提前10年完成了联合国的减贫目标，为人类减贫事业做出了巨大贡献，同时也为世界贡献了减贫的中国方案；围绕地区冲突、恐怖主义、能源安全等重大地区性和全球性问题，我国积极主张以谈判形式解决冲突并推动开展多边商谈共谋发展之道，坚定维护以联合国为核心的国际体系和以国际法为基础的国际秩序，促进全球治理体系的加速变革。党的二十大报告指出，在新征程上，我国将积极参与全球治理体系改革和建设，践行共商共建共享的全球治理观，

---

① 习近平：《高举中国特色社会主义伟大旗帜 为全面建设社会主义现代化国家而团结奋斗——在中国共产党第二十次全国代表大会上的讲话》，人民出版社2022年版，第32—33页。

② 《习近平谈治国理政》（第四卷），外文出版社2022年版，第238页。

第五章
坚持深化改革开放

推进国际关系民主化。坚持积极参与全球安全规则制定，加强国际安全合作，积极参与联合国维和行动，为维护世界和平和地区稳定发挥建设性作用。

我国通过扩大高水平的对外开放，为解决世界和平、稳定、发展的难题提供中国方案、贡献中国智慧，促进人类社会向着更加光明的未来前进。而这一过程的实现是以我国国内的经济社会发展水平和发展理念为重要依托的。也就是说，我国在扩大对外开放的过程中实则展现了社会主义现代化建设的丰硕成果和生动实践。因此，我国在不断推动建设更加美好的世界、用中国方案不断惠及世界各国人民的同时，也能够极大提升中国式现代化的感召力和影响力。党的二十大报告指出了新时代以来我国实行更加积极主动的开放战略所取得的实践成果："构建面向全球的高标准自由贸易区网络，加快推进自由贸易试验区、海南自由贸易港建设，共建'一带一路'成为深受欢迎的国际公共产品和国际合作平台。我国成为一百四十多个国家和地区的主要贸易伙伴，货物贸易总额居世界第一，吸引外资和对外投资居世界前列，形成更大范围、更宽领域、更深层次对外开放格局。"[1]在前进道路上，继续深化对外开放，完善全面开放新格局，对于中国式现代化的深入推进无疑具有积极的作用。

---

[1] 习近平：《高举中国特色社会主义伟大旗帜　为全面建设社会主义现代化国家而团结奋斗——在中国共产党第二十次全国代表大会上的讲话》，人民出版社2022年版，第9页。

第三节

不断完善各领域体制机制，推动国家治理现代化

制度是一个国家发展壮大的根基所在。而制度优势是一个国家的最大优势，中国特色社会主义制度在实践过程中彰显出各方面的显著优势。前进道路上，要把深化改革攻坚和促进制度集成相结合，聚焦重大改革举措加强相关制度的创新和衔接，增进改革和发展的综合效益。要着力破解深层次体制机制障碍，不断彰显中国特色社会主义的制度优势。要增强社会主义现代化建设的动力和活力，不断把我国的制度优势更好转化为国家治理效能，推动国家治理体系和治理能力现代化。

一、毫不动摇坚持和巩固中国特色社会主义制度

中国古语有云："凡将立国，制度不可不察也。"这就是说，制度是关乎一个国家生存、发展的重要基础。那么，什么是制度？制度是在政治、经济、文化、社会等国家治理领域用以规范个人行为的规定、规则、法律体系。对于一个国家而言，制度是带动经济社会发展、促进深层次变革的体制机制性动力和保障，是国家发展的运作载

第五章
坚持深化改革开放

体。进入新时代以来，党中央提出全面深化改革的目标，全面深化改革也在实践过程中解决了许多过去没有解决的问题、办成了许多过去办不成的大事。而改革的实质是什么？毋庸置疑，改革的目的是解决发展中面临的矛盾问题、力求化解发展中遇到的风险挑战。所以，改革的实质可以说就是改制度，就是促进国家各领域制度的完善、变革和创新。《中共中央关于全面深化改革若干重大问题的决定》提出"全面深化改革的总目标是完善和发展中国特色社会主义制度，推进国家治理体系和治理能力现代化"[1]，清晰地指明了全面深化改革与完善发展中国特色社会主义制度之间的必然联系。

制度优势是一个国家的最大优势。邓小平曾对社会主义相对于资本主义的制度优势有着总体定性的判断："我们坚持社会主义，要建设对资本主义具有优越性的社会主义，首先必须摆脱贫穷"，他指出，在实行社会主义的分配制度前提下，如果到21世纪中叶我国的人均国民生产总值达到中等发达国家水平，那么"这不但是给占世界总人口四分之三的第三世界走出了一条路，更重要的是向人类表明，社会主义是必由之路，社会主义优于资本主义"[2]。也就是说，社会主义制度是更加完善的社会制度，对于国家发展进步乃至人类发展进步事业而言都具有更大的优势。改革开放新时期以来，我国不断进行国家制度的改革创新，探索出了符合中国国情和需要的中国特色社会主义制度，党带领人民创造出了经济长期快速发展和社会长期稳定的"两大奇迹"。而中国之"治"的根本在于中国之"制"。正如习近平指出的那样："新中国成立70年来，中华民族之所以能迎来从站起

---

[1]《中共中央关于全面深化改革若干重大问题的决定》，人民出版社2013年版，第3页。

[2]《邓小平文选》（第三卷），人民出版社1993年版，第225页。

来、富起来到强起来的伟大飞跃，最根本的是因为党领导人民建立和完善了中国特色社会主义制度，形成和发展了党的领导和经济、政治、文化、社会、生态文明、军事、外事等各方面制度，不断加强和完善国家治理。"[1]党的十九届四中全会通过的《中共中央关于坚持和完善中国特色社会主义制度、推进国家治理体系和治理能力现代化若干重大问题的决定》指出，中国特色社会主义制度具有多方面的显著优势。这决定了在新征程上我国应当毫不动摇地坚持和巩固中国特色社会主义制度。

中国特色社会主义制度具有多方面的显著优势，这主要体现在：坚持党的集中统一领导，坚持党的科学理论，保持政治稳定，确保国家始终沿着社会主义方向前进；坚持人民当家作主，发展人民民主，密切联系群众，紧紧依靠人民推动国家发展；坚持全面依法治国，建设社会主义法治国家，切实保障社会公平正义和人民权利；坚持全国一盘棋，调动各方面积极性，集中力量办大事；坚持各民族一律平等，铸牢中华民族共同体意识，实现共同团结奋斗、共同繁荣发展；坚持公有制为主体、多种所有制经济共同发展和按劳分配为主体、多种分配方式并存，把社会主义制度和市场经济有机结合起来，不断解放和发展社会生产力；坚持共同的理想信念、价值理念、道德观念，弘扬中华优秀传统文化、革命文化、社会主义先进文化，促进全体人民在思想上精神上紧紧团结在一起；坚持以人民为中心的发展思想，不断保障和改善民生、增进人民福祉，走共同富裕道路；坚持改革创新、与时俱进，善于自我完善、自我发展，使社会始终充满生机活力；坚持德才兼备、选贤任能，聚天下英才而用之，培养造就更多更优秀人才；坚持党指挥枪，确保人民军队绝对忠诚于党和人民，有力

---

[1]《习近平谈治国理政》（第三卷），外文出版社2020年版，第119页。

第五章
坚持深化改革开放

保障国家主权、安全、发展利益；坚持"一国两制"，保持香港、澳门长期繁荣稳定，促进祖国和平统一；坚持独立自主和对外开放相统一，积极参与全球治理，为构建人类命运共同体不断作出贡献。[①]

具体来看，在党的领导制度方面，党的领导是中国特色社会主义的最大优势。党的十八大以来，党中央团结带领广大人民群众创造出了脱贫攻坚和抗击疫情的"中国奇迹"，充分彰显了党的领导制度的巨大优势。资本主义国家发展数百年也解决不了绝对贫困问题，社会贫富分化更是难以解决的制度性顽疾。而自党的十八大以来，在中国共产党的坚强领导下，我国打赢了脱贫攻坚战，历史性地解决了困扰中华民族几千年的绝对贫困问题。在东西部扶贫协作方面，党中央统揽全局、协调各方，不断加大工作力度，形成了多层次、多形式、全方位的扶贫协作和对口支援格局，使区域发展差距扩大的趋势得到逐步扭转，开创了优势互补、长期合作、聚焦扶贫、实现共赢的良好局面。习近平对此深刻指出："这在世界上只有我们党和国家能够做到，充分彰显了我们的政治优势和制度优势。"[②]2020年初在全球范围内爆发新冠肺炎疫情使许多国家的社会发展受到严重冲击，经济增长率下降，社会矛盾增多。我国在党中央的集中统一领导下，始终把人民群众的身体健康和生命安全放在第一位，调动各方人力和资源，打赢了抗击疫情的人民战争，并使我国社会经济得到平稳有序恢复，做好了统筹疫情防控与经济社会发展的重大任务。

在经济制度方面，我国的公有制和国有制经济极大地保障和促进

[①]《中国共产党第十九届中央委员会第四次全体会议文件汇编》，人民出版社2019年版，第5—6页。

[②]《认清形势聚焦精准深化帮扶确保实效　切实做好新形势下东西部扶贫协作工作》，载《人民日报》2016年7月22日。

了社会经济的长足发展和进步。当前，以公有制为主体的所有制在我国的整个国家发展中仍然起到基础性作用。特别是在土地集体所有制基础上的家庭联产承包责任制的农村基本经济制度，为维护社会稳定和发展起到了基础性的压舱石作用。国有企业对整个国家的经济发展和社会进步的贡献良多。近年来，我国进入世界五百强的企业数量不断增加，其中多数为国有企业。国有企业在载人航天、探月工程、深海探测、高速铁路、特高压输变电、移动通信等领域取得了一批具有世界先进水平的重大科技创新成果，掌握了一大批关键核心技术。国有企业还承担了大量社会责任，参与了很多投资大、收益薄的基础设施和公共服务建设以及许多周期长、风险大的基础性科技研发。并且，当前在深化改革的过程中，国有企业逐步向事关国家安全、国民经济命脉、国计民生的重要领域集中，国有资本的布局结构逐步完善，国有经济的活力、控制力、影响力、国际竞争力、抗风险能力不断增强。未来，国有经济将更大促进我国社会主义现代化建设的持续展开。

在政治制度方面，我国的政治制度保障人民各项基本权利、维护和发展团结友好的民族关系、为接续推进社会主义现代化建设凝聚共识和向心力。人民代表大会制度是以人民为中心的根本政治制度，充分保障各行各业人民群众的社会和政治权利。民族区域自治制度以发展平等、团结、互助、和谐的社会主义民族关系为出发点，促进各民族的交往交流交融，推动构建中华民族共同体，为推进社会主义现代化建设营造各民族团结协作的生动景象。基层群众自治制度是全过程人民民主的重要环节，有利于保障人民群众的基本社会生活权利，促进人民群众更加积极主动地参与到社会治理和基层事务中。此外，我国在中国特色社会主义制度框架下，能够并用政府与市场"两只手"、并行国有与民营"两条腿"、充分发挥中央与地方"两个积极性"用以治理和建设国家进步事业，也充分证明了我国政治体制具有显著的实效性和优越性。

习近平曾指出，我国国家制度和国家治理体系既体现了科学社会主义基本原则，又具有鲜明的中国特色、民族特色、时代特色。[①]在前进道路上，我们要毫不动摇地坚持和巩固中国特色社会主义制度，为走好中国特色社会主义道路、顺利推进中国式现代化的进程提供稳定坚固的体制机制性保障。

二、着力破解深层次体制机制障碍，增强改革发展的综合效益

中国特色社会主义制度具有多方面的优势，在国家发展、人民生活水平提高、应对重大风险挑战等重大问题上都显现出超越其他社会制度的优越性。但是也要看到，当前，我国仍处于社会主义初级阶段，仍然存在较为明显的发展的不平衡不充分问题，距离在本世纪中叶建成社会主义现代化强国还有很长的路要走。因此，在新征程上，要继续坚持推进各领域的制度改革，着力破除各种深层次的体制机制性障碍，使中国特色社会主义的制度优势得到进一步彰显，并增强改革、发展、稳定的综合效能。

《中共中央关于坚持和完善中国特色社会主义制度、推进国家治理体系和治理能力现代化若干重大问题的决定》提出了我国的13项社会制度，涵盖中国特色社会主义根本制度、基本制度、重要制度。根本制度是体现我国社会主义性质的制度，包括中国共产党的领导制度、人民代表大会制度、马克思主义在意识形态领域指导地位制度、党对人民军队的绝对领导制度。基本制度是在根本制度的统领下，集

---

① 《习近平谈治国理政》（第三卷），外文出版社2020年版，第122页。

中体现国家经济社会发展的原则要求，并影响经济社会发展走向的制度，包括基本政治制度和基本经济制度。基本政治制度包括中国共产党领导的多党合作和政治协商制度、民族区域自治制度和基层群众自治制度。基本经济制度包括公有制为主体、多种所有制经济共同发展，按劳分配为主体、多种分配方式并存和社会主义市场经济体制。重要制度是由根本制度和基本制度派生出来的国家治理各领域各方面的主体性制度，包括法治体系、政府治理体系、文化制度、民生保障制度、社会治理制度、生态文明制度、"一国两制"制度体系、和平外交政策、党和国家监督体系等。当前，我国的各项制度需要采取何种举措加以完善和创新？

首先是完善和发展中国特色社会主义根本制度。要通过健全党的全面领导制度，完善党领导各种组织和各项事业的具体制度，确保党在各种组织中发挥领导作用，并把党的领导落实到统筹推进"五位一体"总体布局、协调推进"四个全面"战略布局的各方面；完善坚定维护党中央权威和集中统一领导的各项制度，推动全党自觉在思想上政治上行动上同以习近平同志为核心的党中央保持高度一致；树立不忘初心、牢记使命的信念，确保全党恪守党的性质和宗旨，坚持用共产主义远大理想和中国特色社会主义共同理想凝聚全党；健全为人民执政、靠人民执政的各项制度，坚持立党为公、执政为民；健全提高党的执政能力和领导水平的制度，坚持民主集中制，提高党把方向、谋大局、定政策、促改革的能力；完善全面从严治党制度，坚持党要管党、全面从严治党，增强忧患意识，持续推进党的自我革命等，从而完善党的领导制度体系，不断提高党科学执政、民主执政、依法执政水平。要通过健全人大对"一府一委两院"监督制度、健全代表联络机制、健全人大组织制度、选举制度和议事规则等，从而完善人民代表大会制度，使国家治理更好地体现人民意志、保障人民权益、激发人民创造。要通过健全用党的创新理论武装全党、教育人民的工作体系，完善党委（党组）理论学习中心组等各层级的学习制度，落实意识形态工作责任制等，从而完善马克思主义在意识形态领域指导地位的制度。要通过坚持人民军队最高领导权和指挥权属于党中央、健全人民军队党的建设制度体系、把党对人民军队的绝对领导贯彻到军队建设各领域全过程等，从而完善党对人民军队的绝对领导制度。

其次是完善和发展中国特色社会主义基本制度。在基本政治制度方面，要通过完善中国共产党领导的多党合作和政治协商制度，健全相互监督特别是中国共产党自觉接受监督、对重大决策部署贯彻落实情况实施专项监督等机制，完善民主党派中央直接向中共中央提出建议制度，完善支持民主党派和无党派人士履行职能的方法；巩固和发展最广泛的爱国统一战线，坚持大统战工作格局，谋求最大公约数，画出最大同心圆，凝聚港澳同胞、台湾同胞、海外侨胞力量，促进政党关系、民族关系、宗教关系、阶层关系、海内外同胞关系和谐；完善民族区域自治制度，坚定不移走中国特色解决民族问题的正确道路；健全基层党组织领导下充满活力的基层群众自治制度，在城乡社区治理、基层公共事务和公益事业中广泛实行群众的自我管理、自我服务、自我教育、自我监督，拓宽人民群众反映意见和建议的渠道，着力推进基层直接民主制度化、规范化、程序化等，从而完善基本政治制度，不断发展社会主义民主政治。在基本经济制度方面，《中共中央关于全面深化改革若干重大问题的决定》指出："全面深化改革，必须立足于我国长期处于社会主义初级阶段这个最大实际，坚持发展仍是解决我国所有问题的关键这个重大战略判断，以经济建设为中心，发挥经济体制改革牵引作用，推动生产关系同生产力、上层建筑同经济基础相适应，推动经济社会持续健康发展。"[1]由此可见，经济体制的改革能够促进各领域制度的改革和完善，是关乎国家发展全局的重要引擎。在新征程上，要通过毫不动摇巩固和发展公有制经济，毫不动摇鼓励、支持、引导非公有制经济发展的所有制制度，深化国有企业改革，完善中国特色现代企业制度，完善构建亲清政商关系的政策体系，健全支持中小企业发展的制度；坚持按劳分配为主体、多种分配方式并存的分配制度，提高劳动报酬在初次分配中的比重，健全劳动、资本、土地、知识、技术、管理、数据等生产要素由市场评价贡献、按贡献决定报酬的机制，健全以税收、社会保障、转移支付等为主要手段的再分配调节机制；加快完善社会主义市场经济体制，建设高标准的市场体系，完善公平竞争制度，全面实施市场准入负面清单制度，改革生产许可制度，健全破产制度，健全以公平为原则的产权保护制度，推进要素市场制度建设，加强资本市场基础制度建设，健全发展先进制造业和振兴实体经济的体制机制，完善农业农村优先发展和保障国家粮食安全的制度政策，健全城乡融合发展体制机制，构建区域协调发展新机制；完善科技创新体制机制，加快建设创新型国家，强化国家战略科技力量，构建社会主义市场经济条件下关键核心技术攻关的新型举国体制，建立以企业为主体、市场为导向、产学研深度融合的技术创新体系；建设更高水平开放型经济新体制，实施更大范围、更宽领域、更深层次的全面开放等，从而完善基本经济制度，不断推动经济高质量发展。

最后是完善和发展中国特色社会主义重要制度。要完善中国特色社会主义法治体系，不断提高党依法治国、依法执政的能力。完善中

---

[1]《中共中央关于全面深化改革若干重大问题的决定》，人民出版社2013年版，第5页。

国特色社会主义行政体制,构建职责明确、依法行政的政府治理体系。完善繁荣发展社会主义先进文化的制度,巩固全体人民团结奋斗的共同思想基础。完善统筹城乡的民生保障制度,满足人民日益增长的美好生活需要。完善共建共治共享的社会治理制度,保持社会稳定、维护国家安全。完善生态文明制度体系,促进人与自然的和谐共生。完善"一国两制"制度体系,推进祖国实现和平统一。完善独立自主的和平外交政策,推动构建人类命运共同体。完善党和国家监督体系,强化对权力运行的制约和监督,等等。综合采取以上制度改革举措,促进破解我国发展事业中的各种体制机制性弊端和障碍。

党的十九大报告提出,到2035年,"人民平等参与、平等发展权利得到充分保障,法治国家、法治政府、法治社会基本建成,各方面制度更加完善,国家治理体系和治理能力现代化基本实现"[①]。党的二十大报告再次提出到2035年要基本实现国家治理体系和治理能力现代化,这给加快完善和发展中国特色社会主义制度、破除各领域体制机制弊端和障碍提出了明确要求。在前进道路上,"我们既要坚持好、巩固好经过长期实践检验的我国国家制度和国家治理体系,又要完善好、发展好我国国家制度和国家治理体系,不断把我国制度优势更好转化为国家治理效能"[②]。

三、不断将我国制度优势转化为治理效能,增强现代化建设的动力活力

问渠那得清如许,为有源头活水来。制度和治理二者的关系就像

[①]《习近平谈治国理政》(第三卷),外文出版社2020年版,第22页。
[②]《习近平谈治国理政》(第三卷),外文出版社2020年版,第124页。

源头和活水一样。治理是制度在实践中的运用，是制度功能的发挥。进行制度的改革创新，最根本的是要使其作用于实践过程，使国家和社会的治理成效得到进一步提升。坚持和完善中国特色社会主义制度、推进国家治理体系和治理能力现代化作为全面深化改革的总目标，其实践内涵有两方面：一是持续推动我国国家制度或称国家治理体系的完善，二是持续推动国家治理效能的提升。党的十八届三中全会首次提出的国家治理现代化是以习近平同志为核心的党中央领导集体对周恩来提出的"四个现代化"的丰富和发展，准确把握了新时代我国经济社会发展的新条件、新要求。因此，在完善和发展好中国特色社会主义各项制度和体制机制的基础上，要进一步推进将制度优势更好地转化为国家治理效能，为我国经济社会发展增添更强劲的动力、使中国式现代化绽放出更持久的活力。

在新征程上，不断推进将我国制度优势转化为国家治理效能，需要从两个层面入手，一方面需要提高将制度有效转化为治理成效的水平，另一方面需要提高在治理过程中将战略、方针、政策落到实处的能力。即既要从制度转化过程着手，又要从治理过程着手，从国家和社会治理的全过程发力，从而促进国家治理效能的持续优化提升。

第一，要增强中国特色社会主义的制度自信。推动我国的制度优势更好转化为治理效能，需要加强我国国家制度和治理体系的理论研究和宣传教育，引导全党全社会充分认识到中国特色社会主义制度的显著优势，不断坚定制度自信。制度自信是推进制度优势转化为治理效能的民心基础和力量源泉，只有当大多数社会成员增强制度认同、坚定制度自信，各项制度的落实才能得到自觉遵守和严格执行，我国的制度优势才能更好地转化为治理效能。在新征程上，要构筑中国特色制度建设理论的学术体系、理论体系、话语体系，为坚定制度自信提供理论支撑。另外，要继续加强制度自信的宣传教育，讲好中国制度的故事,不断增强广大党员、干部和人民群众的制度自信,使全党全社会自觉支持和维护中国特色社会主义各项制度和体制机制,促进各项制度的有效执行和落实,提高治理成效。

第二,要提高我国制度的执行力。推动我国的制度优势更好转化为治理效能,需要着力提升制度的执行能力。习近平指出:"制度的生命力在于执行……要强化制度执行力,加强制度执行的监督,切实把我国制度优势转化为治理效能。"[1]再好的制度,如果不抓落实,只是写在纸上、贴在墙上,就会形同虚设,实际效果也将会大打折扣。在新征程上,要强化制度意识,深刻认识提高制度执行力的必要性和重要性。各级党委和政府要切实增强依法依规办事的意识,对制度要有敬畏感,自觉维护制度的刚性约束力;要维护制度权威,党员、干部要做制度执行的表率。为政之要,莫先于用人。党员、干部运用制度解决矛盾、处理问题的能力是制度转化为治理效能的主体性关键所在。广大党员、干部要加强思想淬炼、政治历练、实践锻炼、专业训练,严格按照制度履行职责、行使权力、开展工作,做制度执行的表率,进而引领全社会增强制度意识,自觉维护制度权威;要健全权威高效的制度执行机制,加强对制度执行的监督。要明确各项制度执行的主体责任、监督责任、领导责任,形成制度执行的强大推动力。要把监督检查、目标考核、责任追究有机结合起来,坚持有责必问、问责必严,坚决杜绝做选择、搞变通、打折扣的现象,对于把制度当摆设、破坏制度、违法违规的情况都要严肃查处,确保各项制度落地生根。同时,还要完善激励机制,要为干事者撑腰,让干事者心情舒畅,让干事者得实惠。也就是说,要从制度意识、制度执行者自

---

[1] 习近平:《坚持、完善和发展中国特色社会主义国家制度与法律制度》,载《求是》2019年第23期。

身的能力、制度执行的监督体系等主要方面有效提升制度转化为治理成效的水平。

第三，要加强系统治理、依法治理、综合治理、源头治理的有效性。推动我国的制度优势更好转化为治理效能，需要加强和改进治理环节的变革和创新，在治理过程上切实提高治理成效。《中共中央关于坚持和完善中国特色社会主义制度、推进国家治理体系和治理能力现代化若干重大问题的决定》，根据当前我国国家和社会治理的现状，明确提出要加强系统治理、依法治理、综合治理、源头治理。系统治理是指运用系统性原则和方法进行的治理。加强系统治理，就是要在加强党的集中统一领导下，加强国家和社会治理的各个社会主体的参与度，发挥政府主导作用，鼓励和支持社会多元主体共同参与，实现党、政府、社会的良性互动，构建全民共建共治共享的治理格局。依法治理，是指运用法治原则和方法进行的治理。加强依法治理，就是要切实培养法治思维，在全社会营造人人学法、懂法、知法、守法、用法、护法的良好氛围，真正做到办事依法、遇事找法。综合治理是指多个组织部门联手、运用多种方法手段开展的治理。加强综合治理，就是要变单一的行政治理方式为多种方式的综合运用，做到法治与德治相结合，强制约束与规范自律相结合，自我调节与社会调节相结合。源头治理是指对治理对象的根本性问题进行彻底的整治。加强源头治理，就是要找准问题的症结，在政策决策的制定上问需于民，确保每项制度、政策符合实际国情和群众要求，真正把群众利益诉求解决在基层，把社会矛盾化解在萌芽，提升治理的有效性。

推动我国的国家治理能力现代化，既立足于不断坚持和完善中国特色社会主义制度、破除各领域体制机制弊端、更好发挥中国特色社会主义的制度优势的基础，又反映出我国制度、法律、治理等上层建筑的发展水平，是我国社会主义现代化建设不断迈向更高水平的重要

第五章
坚持深化改革开放

表现。习近平深刻指出:"坚持和完善中国特色社会主义制度、推进国家治理体系和治理能力现代化既是一项长期战略任务,又是一个重大现实课题。"①因此,在前进道路上,要继续深化改革,不断把我国的制度优势更好地转化为治理效能,切实提升国家和社会发展各领域各环节的治理成效,使中国式现代化焕发出更加生动的活力。

没有改革开放,就没有中国的今天,也就没有中国的明天。《中共中央关于党的百年奋斗重大成就和历史经验的决议》中指出:"中国共产党和中国人民以英勇顽强的奋斗向世界庄严宣告,改革开放是决定当代中国前途命运的关键一招,中国特色社会主义道路是指引中国发展繁荣的正确道路,中国大踏步赶上了时代。"②伟大改革开放精神是中国共产党人精神谱系中的组成部分之一,这充分说明了改革开放对于当代中国社会不断发展从而走向强盛的重大意义,同时也充分预示着改革开放在当下仍然是实现我国社会主义现代化所应当坚持的重大原则,是能够推动中国式现代化行稳致远的关键一招。

---

① 《习近平谈治国理政》(第三卷),外文出版社2020年版,第129页。
② 《中共中央关于党的百年奋斗重大成就和历史经验的决议》,人民出版社2021年版,第23页。

延伸阅读

携手推进"一带一路"建设*

"一带一路"是新时代以来党中央根据国际、国内发展形势和需要的变化,审时度势制定的我国对外开放的新政策、新战略。自2013年提出以来,"一带一路"建设在促进各国之间深化政策沟通、加强设施联通、提升贸易畅通、扩大资金融通、增强民心相通等方面取得了显著的成果。

在深化政策沟通方面,形成政策协调是加强"一带一路"建设的政治基础。2017年5月,"一带一路"国际合作高峰论坛在北京举行,习近平在论坛开幕式上指出:"我们同有关国家协调政策,包括俄罗斯提出的欧亚经济联盟、东盟提出的互联互通总体规划、哈萨克斯坦提出的'光明之路'、土耳其提出的'中间走廊'、蒙古提出的'发展之路'、越南提出的'两廊一圈'、英国提出的'英格兰北方经济中心'、波兰提出的'琥珀之路'等……各方通过政策对接,实现了'一加一大于二'的效果。"在加强设施联通方面,以重大项目和重点工程为引领,不断完善基础设施网络,是"一带一路"建设的优先领域。我国在非洲建设的首条全线采用中国技术、设备和标准的电气化铁路亚吉铁路于2016年10月竣工通车,这是非洲的第一条跨国电气化铁路,为非洲人民的经济生活带来便利。在提升贸易畅通方面,投资贸易合作是"一带一路"建设的重点内容,只有消除投资和贸易壁垒,积极同沿线国家和地区共同商建自

---

* 参见赵晋平、罗雨泽:《一带一路建设的理论探索与实践成就》,载《人民日报》2017年5月11日。编者对内容有所修改。

由贸易区，才能有效激发释放合作潜力。据商务部2016年的数据显示，中国对"一带一路"沿线国家的直接投资达145亿美元，中国企业已在沿线20多个国家和地区建立了50多个经贸合作区，累计投资达185亿美元，"中国制造""中国服务"深入人心。同时，"一带一路"沿线国家的技术、服务和资本也流向中国，为我国经济发展注入了强劲活力。在扩大资金融通方面，深化金融领域合作、健全多元化投融资体系是"一带一路"建设的重要支撑。中国设立了丝路基金，主导筹建了亚洲基础设施投资银行、金砖国家新开发银行，设立的各类双边、多边产能合作基金规模已经超过1000亿美元，中国人民银行与20多个沿线国家央行签订了双边本币互换协议，我国的金融服务业正在积极地走出去。在增强民心相通方面，民心相通是"一带一路"建设的社会根基。近年来，我国与"一带一路"沿线国家在旅游开放、互派留学生、科技文化交流合作、医疗援助、民间及政党交流等方面都取得了积极进展，各国在共建"一带一路"的过程中实现民心相通。

"一带一路"是新时代我国对外开放的靓丽名片。未来，中央层面应继续发挥引领推动作用、地方层面做好分层对接工作、企业层面要不断积极参与，同时加强相关体制机制的整合创新，进一步促进"一带一路"建设取得更多成果，为我国和世界经济的发展提供新引擎。

第六章

坚持发扬斗争精神

敢于斗争、敢于胜利,是中国共产党不可战胜的强大精神力量。我们党诞生于国家内忧外患、民族危难之时,一出生就铭刻着斗争的烙印,一路走来就是在斗争中求得生存、获得发展、赢得胜利。

以什么样的精神状态、能否提供持续的精神动力，是中国式现代化奋斗目标能否如期实现极为关键的因素。今天，在中国共产党的坚强领导下，经过长期奋斗，我们比历史上任何时期都更接近、更有信心和能力去实现社会主义现代化强国和中华民族伟大复兴奋斗目标，也比历史上任何时期都面临更为复杂的中国之问、世界之问、人民之问、时代之问，因而更需要坚持发扬斗争精神。党的二十大报告强调指出，前进路上要把"坚持发扬斗争精神"作为中国式现代化的重大原则牢牢把握。于实质上深究，斗争精神是蕴含知行合一的系统体系，其中，坚定斗争意志作为精神层面的引领，是推进中国式现代化斗争必然所需的精神要素。统筹发展与安全作为实践层面的展开，是现代化斗争中必然聚焦的重点内容，两者都共同指向"打开事业发展新天地"的现代化斗争目标。新时代坚持发扬斗争精神要从知情意行不同层次入手，加强其内在作用联系，不断为中国式现代化的推进和拓展铸就强大精神支撑。

第一节

坚定斗争意志

斗争首先是一种主观存在的精神状态，坚定斗争意志作为价值层面的精神追求引领并贯穿于中国式现代化坚持发扬斗争精神的全部内容体系之中，具体表现为不怕牺牲、永不懈怠、一往无前的斗争信念。当前，继续开辟中国式现代化新境界，发扬斗争精神，不仅要深刻理解斗争意志的理论内涵，充分认识斗争意志在现代化进程中的历史演进，还要总体把握坚定斗争意志的实践要求，不断以"踏平坎坷成大道，斗罢艰险又出发"的顽强信念，增强全党全国各族人民的志气、骨气、底气，不信邪、不怕鬼、不怕压，知难而进、迎难而上。

一、深刻理解斗争意志的理论内涵

斗争精神的本质是意志品质，坚韧不拔的斗争风骨、坚持正义的斗争气节、高尚廉洁的斗争操守、敢战能胜的斗争胆魄均是斗争意志最核心、最重要的表达和彰显。习近平总书记指出，"历史只会眷顾坚定者、奋进者、搏击者，而不会等待犹豫者、懈怠者、畏难者"①，只有始终保持敢于斗争的风骨、气节、操守、胆魄，才能赢得尊严、赢得主动，进而应对一系列风险考验。

坚韧不拔的斗争风骨。于风骨上，坚定斗争意志意涵着中国共产党人在斗争实践中"滚石上山不松劲"，笃行斗争的精神品质。从这一点上讲，能否成为党和人民的忠诚卫士，能否始终在政治立场、政治方向、政治道路上同党中央保持高度一致，做到"啃硬骨"，"壮筋骨"，继而成为人民"主心骨"是衡量坚定斗争意志的显著依据。第一，"啃硬骨"。马克思曾指出："如果斗争只是在机会绝对有利的条件下才着手进行，那么创造世界历史未免就太容易了。"②自党的十八大以来，"容易的、皆大欢喜的改革已经完成了，好吃的肉都吃掉了，剩下的都是难啃的硬骨头"③，这个时候亟须中国共产党人以敢"啃硬骨"，敢"涉险滩"的坚韧勇气淬炼铮铮铁骨。第二，壮筋骨。理想信念是共产党人精神上的"钙"，没有理想信念或理想信念不坚定，精神上就会"缺钙"，就会得"软骨病"。现实生活中，一些党员、干部出现这样那样的问题，说到底是政治信仰不坚定，只有增强"四个意识"，坚定"四个自信"，做到"两个维护"，才能以坚定不移的理想信念持续补钙壮骨。第三，"主心骨"。中国共产党要"在应对国内外各种风险和考验的历史进程中始终成为全国人民的主心骨，在坚持和发展中国特色社会主义的历史进程中始终成为坚强领

---

① 《十九大以来重要文献选编》（上），中央文献出版社2019年版，第49页。

② 《马克思恩格斯文集》（第十卷），人民出版社2009年版，第354页。

③ 《习近平新时代中国特色社会主义思想学习纲要》，学习出版社、人民出版社2019年版，第81页。

第六章
坚持发扬斗争精神

导核心"①,这就需以"式敷民德,永肩一心"的为民情怀练就硬脊梁、铁肩膀、真本事,如此才能以坚韧不拔的斗争风骨不断在中国式现代化新征程上乘风破浪。

坚持正义的斗争气节。于气节上,坚定斗争意志意涵着坚持正义、毫不妥协、绝不低头,牢牢把握正确斗争方向的责任与使命,其不仅承续于中华民族的民族气节,还表现为不同时期中国共产党人的革命气节,只有"有了一腔浩然正气,才能无所畏惧地前进,才能不屈不挠地为国家为社会建功立业"②。第一,大义凛然的民族气节。自古以来,中华民族为坚守自身确信的正义而敢于斗争的民族气节成为数千年来支撑中华民族历经磨难而顽强屹立、生生不息的精神支柱。其中,"人生自古谁无死,留取丹心照汗青""视死如归、宁死不屈""苟利国家生死以,岂因祸福避趋之""艰难困苦,玉汝于成"的中华民族优秀气节,历经世代培育、弘扬和传承,成为了中华儿女高度自信的民族底气,也为中国共产党人滋养初心、淬炼灵魂、坚持正义提供了源源不断的优秀精神给养。第二,"浩然正气"的革命气节。"讲正气,就是要坚持和发扬共产党人的政治本色和革命气节。"③从中国共产党诞生之日起,党的性质和宗旨就决定了其要把实现社会公平正义作为一项政治主张和奋斗目标,因而坚持正义的斗争气节始终内含于中国共产党人不断实现社会公平正义的斗争实践中,表现为革命期间的"红船精神""井冈山精神""长征精神"等,

---

① 习近平:《高举中国特色社会主义伟大旗帜 为全面建设社会主义现代化国家而团结奋斗——在中国共产党第二十次全国代表大会上的报告》,人民出版社2022年版,第15页。

②《十四大以来重要文献选编》(中),中央文献出版社1997年版,第1561页。

③《江泽民文选》(第二卷),人民出版社2006年版,第367页。

建设期间的"雷锋精神""大庆精神""北大荒精神"等，改革期间的"特区精神""抗洪精神""劳模精神"等，新时代期间的"脱贫攻坚精神""伟大抗疫精神""北斗精神"等。正如习近平总书记所强调的，"我们讲的斗争，不是为了斗争而斗争，也不是为了一己私利而斗争，而是为了实现人民对美好生活的向往、实现中华民族伟大复兴知重负重、苦干实干、攻坚克难"[1]。从这一点来看，斗争气节实质上就是中国共产党为人民谋幸福，为民族谋复兴的正义体现，当然，不仅于此，斗争气节还反映在中国共产党为世界谋大同的正义中，即以世界眼光关注人类前途命运，不断为全人类解放而顽强斗争。

高尚廉洁的斗争操守。于操守上，坚定斗争意志意涵着中国共产党人在斗争实践中信念坚定、为民服务、勤政务实、敢于担当、清正廉洁的行为与修养。中国共产党要长期执政，就要始终保持清醒的头脑，保持自身的先进性和纯洁性，在"自身硬"上多下功夫。第一，涵养道德操守。干部要想行得端、走得正，就必须涵养道德操守，明礼诚信，怀德自重，保持严肃的生活作风、培养健康的生活情趣，特别是要增强自制力，做到慎独慎微。一个党员如果廉洁自律不过关，那么其道德操守就会大打折扣，故而要始终牢记清廉是福、贪欲是祸，树立正确的权力观、地位观、利益观，在任何时候都稳得住心神、管得住行为、守得住清白。如习近平总书记所说，"只要能守住做人、处事、用权、交友的底线，就能守住党和人民交给自己的政治责任，守住自己的政治生命线，守住正确的人生价值观"[2]。第二，

---

[1]《十九大以来重要文献选编》（中），中央文献出版社2021年版，第380页。

[2]《习近平关于全面从严治党论述摘编》，中央文献出版社2016年版，第177—178页。

第六章
坚持发扬斗争精神

恪守职业操守。中国共产党人的斗争从来不是不问结果，如果知识不够、眼界不宽、能力不强，就会削弱斗争成效。故而党员干部要"做起而行之的行动者、不做坐而论道的清谈客"，要努力加强自我约束，提升职业技能，勤学苦练，真抓实干，增强本领，凡是有利于党和人民的事，就要事不避难、勇于担当，恪守干事的职业操守。此外，党员干部还要不断提升拒腐防变的能力，大力弘扬党的优良作风，带头遵守党和国家的各项规章制度，将清正廉洁的思想真正贯穿于日常生活的行为细节之中，始终保持共产党员清正廉洁的职业本色，既要做到权为民所用、情为民所系、利为民所谋，也要做到踏石留印、抓铁有痕，不断以反腐倡廉的新进展、新成效取信于民。

敢战能胜的斗争胆魄。于胆魄上，坚定斗争意志意涵着"狭路相逢勇者胜"、不畏艰险、敢于担当的血性与锐气，其淋漓尽致地体现于习近平总书记高度提炼的党员干部的"五个敢于"之中。第一，面对大是大非敢于亮剑，即"凡是危害中国共产党领导和我国社会主义制度的各种风险挑战，凡是危害我国主权、安全、发展利益的各种风险挑战，凡是危害我国核心利益和重大原则的各种风险挑战，凡是危害我国人民根本利益的各种风险挑战，凡是危害我国实现'两个一百年'奋斗目标、实现中华民族伟大复兴的各种风险挑战，只要来了，我们就必须进行坚决斗争，而且必须取得斗争胜利"[1]。古人云，"斗则得，服则失"，在重大事件面前缺乏斗争胆魄、缄默无声，宁当"好好先生""开明绅士"，不接"烫手山芋"，就是妥协纵容，就是对党和人民事业的失职。第二，面对矛盾敢于迎难而上。中国共产党百年的发展历程处处铭刻着敢于迎难而上、动真碰硬的奋斗足迹。

---

[1]《习近平关于中国特色大国外交论述摘编》，中央文献出版社2020年版，第265页。

新时代推进中国式现代化发展迫切需要中国共产党人不为私心所扰、不为人情所困，破除"在其位不谋其政""遇到矛盾绕着走、碰见困难躲着行""只要不出事、宁可不干事"的庸人哲学，不断逢山开路，遇水架桥，攻克前进道路上的重重矛盾。第三，面对危机敢于挺身而出。沧海横流，方显出英雄本色，应对危机不仅要以"黄沙百战穿金甲，不破楼兰终不还"的勇气站出来、顶上去，还要准确识变、科学应变、主动求变，善于从眼前的危机、眼前的困难中捕捉和创造机遇。第四，面对失误敢于承担责任。中国共产党始终是有强烈担当精神和责任意识的革命政党，不仅在失误面前不逃避、不推诿、不畏惧，还勇于正视错误，担当责任，奔着问题去，揪着问题改。新时代探索社会主义现代化建设，失误固然不可避免，但迫切需要党员干部特别是领导干部以直面失误的坦荡胸怀勇于担责、主动作为。第五，面对歪风邪气敢于坚决斗争。"作风问题根本上是党性问题"[1]，中国共产党人向来坚持党性、坚定信念，惟有如此，才能树立良好作风，才能较真碰硬，不给歪风邪气滋生和蔓延的机会，才能让坚持真理、明辨是非、敢于担当的优良作风成为政治常态。

二、充分认识斗争意志在现代化进程中的历史演进

斗争是一种精神传承，百年来，"建立中国共产党、成立中华人民共和国、实行改革开放、推进新时代中国特色社会主义事业，都是

---

[1]《习近平关于全面从严治党论述摘编》，中央文献出版社2016年版，第154页。

第六章
坚持发扬斗争精神

在斗争中诞生、在斗争中发展、在斗争中壮大的"①。可以说，斗争精神早已深深融入中国共产党的精神血液，贯穿于中国式现代化发展的各个历史时期，且在不同历史阶段呈现出不同的精神特质。梳理过去百年来党的斗争精神在中国式现代化中的历史展开、剖析其蕴含的内在规律，对于当下深刻认识和把握斗争的精神实质、传承和发扬老一辈中国共产党人的斗争意志、激发和凝聚夺取新时代伟大斗争新胜利的磅礴伟力具有重要意义。

在夺取新民主主义革命伟大胜利时期，"坚定斗争意志"突出体现为浴血奋战、百折不挠。1921年，中国共产党在马克思主义与中国工人运动的结合过程中应运而生。1927年大革命失败后，中国共产党在紧紧依靠人民群众的同时，发动群众、组建人民军队，领导开展了秋收起义和南昌起义，在创建农村革命根据地的基础上，开辟出一条符合中国国情的"农村包围城市，武装夺取政权"的革命斗争道路。抗日战争时期，中国共产党在艰苦残酷的斗争中坚定光复河山的意志和决心，建立了抗日民族统一战线，开辟了广大抗日根据地和敌后战场，成为了全民族抗战的中流砥柱并最终取得抗日战争的彻底胜利。解放战争时期，在中国共产党的领导下，广大人民群众奋勇拼搏、顽强斗争，经过辽沈、淮海、平津三大战役，推翻了国民党反动统治。可以说，历经28年浴血奋战，中国共产党与人民一起推翻了帝国主义、封建主义、官僚资本主义三座大山，完成了新民主主义革命，实现了从封建专制向人民民主专政的伟大飞跃，为中国式现代化新道路奠定了民族独立的政治前提。而在此期间形成的以"开天辟地、敢为人先"为代表的斗争精神无疑构成了新民主主义革命时期党

---

① 《习近平关于防范风险挑战、应对突发事件论述摘编》，中央文献出版社2020年版，第219—220页。

正道前行
——中国式现代化的重大原则

坚定斗争的意志形态，集中体现了中国共产党为完成民族独立、人民解放、建立新中国的中心任务而开展艰苦卓绝斗争的精神风范。

在完成社会主义革命和推进社会主义建设时期，"坚定斗争意志"体现为自力更生、发愤图强。新中国成立后，斗争的环境、对象和指向发生了根本性的变化。中国共产党在领导人民进行巩固新生政权、恢复和发展国民经济和探索社会主义建设道路过程中，进一步对斗争精神进行了发展凝练。面对复杂形势和种种考验，中国共产党带领中国人民积极投身社会主义改造和建设浪潮，领导全国各族人民满怀信心地迎接挑战，取得了"旧中国几百年、几千年所没有取得过的进步"[①]。国民经济恢复后，党提出了过渡时期总路线，实行了第一个五年计划的经济建设，使得新中国迅速站了起来。随着1956年"三大改造"的完成和社会主义经济制度的建立，我国建立起社会主义制度，中国式现代化也在新的社会制度基础上迎来了实践探索的新阶段。特别是"四个现代化"的提出清晰勾画了中国现代化建设的宏伟蓝图，为全国人民指明了斗争方向。故而即使遭遇西方敌对势力的孤立、遏制、包围和威胁，中国共产党依然依靠自己的力量，带领人民维护了党和国家的团结统一，为中国式现代化新道路的形成发展奠定了不可或缺的物质技术基础，更为中国式现代化新道路的形成发展积累了丰富有益的实践经验和历史教训。历史再一次证明，中国共产党是善于斗争、勇于斗争的伟大政党，以"保卫和平、反抗侵略"的爱国主义精神为代表的斗争精神样态，充分体现了中国共产党为进行"和平改造"与"和平建设"伟大斗争而临危不惧、拼搏进取的精神底色。

[①]《改革开放三十年重要文献选编》（上），中央文献出版社2008年版，第34—35页。

第六章
坚持发扬斗争精神

在进行改革开放和社会主义现代化建设新时期,"坚定斗争意志"体现为解放思想、锐意进取。1978年,党的十一届三中全会作出了改革开放的历史性决策,将党和国家工作中心转移到经济建设上来,这意味着党的斗争方向和斗争目标发生了质的变化,由此开启了以社会主义现代化建设为主要形式的斗争历程。为解放和发展社会生产力,增强综合国力,以邓小平同志为代表的中国共产党人在坚持实事求是基本路线的基础上,科学提出社会主义初级阶段以公有制为主体、多种所有制经济共同发展的基本经济制度,以按劳分配为主体、多种分配方式并存的基本分配方式,逐步确立并完善了社会主义市场经济体制。随着改革开放的全新实践,"三步走"发展战略将我国社会主义现代化目标具体化为切实可行的步骤,由此探索中国式现代化道路建立在全新的发展起点上。但显然,中国式现代化建设是在人口多、底子薄、基础差的条件下起步的,需要很长的艰苦奋斗过程,如果"没有一点闯的精神,没有一点'冒'的精神,没有一股气呀、劲呀,就走不出一条好路,走不出一条新路,就干不出新的事业"[①]。基于此,在几代中国共产党人的努力下,中国人民积极同国际金融危机斗争,同霸权主义和强权政治斗争,同党自身的腐败问题斗争,以"大胆地试、大胆地闯"的斗志捍卫了中国特色社会主义,开辟了中国特色社会主义现代化建设道路,为中国式现代化提供了快速发展的物质条件。

在中国特色社会主义新时代斗争历程中,"坚定斗争意志"体现为自强自信、守正创新。党的十八大以来,以习近平同志为核心的党中央从坚持和发展中国特色社会主义道路的战略高度出发,根据复杂

[①]《邓小平关于建设有中国特色社会主义的论述专题摘编》,中央文献出版社1992年版,第102页。

正道前行
——中国式现代化的重大原则

多变的国际形势和国内发展要求，提出"必须进行具有许多新的历史特点的伟大斗争"，这表明在新的历史方位中，中国共产党人坚定斗争是顺应时代潮流和历史大势的要求。党的十九大报告指出："实现伟大梦想，必须进行伟大斗争。"[①]当前，世界正处于百年未有之大变局中，我国也面临着实现中华民族伟大复兴和全面建设社会主义现代化强国的艰巨任务，如习近平总书记所言，"在前进道路上，我们面临的风险考验只会越来越复杂，甚至会遇到难以想象的惊涛骇浪；我们面临的各种斗争不是短期的而是长期的，至少要伴随我们实现第二个百年奋斗目标全过程"[②]，对此，中国共产党领导人民坚持统筹推进"五位一体"总体布局、协调推进"四个全面"战略布局，在全面建设社会主义现代化国家、实现下一个百年目标的征程中与"发展的不平衡性和不充分性"作斗争；坚持刀刃向内、刮骨疗毒，以"凡腐必反、除恶务尽"的斗争意志，通过打虎、拍蝇、猎狐等系列行动，同腐败作风和行为作斗争。与此同时，立足于世界历史与人类命运共同体的战略高度，同一切威胁国家主权、安全、发展利益，危害我国人民根本利益，危害中华民族伟大复兴的外部因素进行坚决和持久的斗争。正是秉持锐意创新、砥砺前行的斗争品质，中国共产党在新的伟大斗争的历史性考验中带领人民"解决了许多长期想解决而没有解决的难题，办成了许多过去想办而没有办成的大事，推动党和国家事业发生历史性变革"[③]，为中国式现代化高质量发展擘画出更美

[①]《十九大以来重要文献选编》（上），中央文献出版社2019年版，第11页。

[②]《习近平强军思想学习问答》，解放军出版社、人民出版社2022年版，第136页。

[③]《十九大以来重要文献选编》（上），中央文献出版社2019年版，第6页。

好的蓝图。可见，坚定斗争意志并非概念与口号的堆砌，而是在中国式现代化建设各个历史阶段中不断淬炼形成的强大精神内核。

三、总体把握中国式现代化新征程坚定斗争意志的实践要求

"当前，世界百年未有之大变局加速演进，中华民族伟大复兴进入关键时期，我们面临的风险挑战明显增多，总想过太平日子、不想斗争是不切实际的。"[①]伫立于新征程，如何进一步夯实坚定的斗争意志事关中国式现代化行稳致远。对此，习近平总书记指出："斗争精神、斗争本领，不是与生俱来的。领导干部要经受严格的思想淬炼、政治历练、实践锻炼，在复杂严峻的斗争中经风雨、见世面、壮筋骨，真正锻造成为烈火真金。"[②]

在严格思想淬炼中涵养斗争认知。斗争认知是坚定斗争意志的思想基础。理论上清醒，政治上才能坚定，斗争起来才有底气、才有力量。换言之，坚定斗争意志首先要解决的是思想问题。如习近平总书记指出的："要学懂弄通做实党的创新理论，掌握马克思主义立场观点方法，夯实敢于斗争、善于斗争的思想根基。"[③]事实上，从党成立以来的斗争史看，中国共产党之所以能够一以贯之地发扬斗争自觉，增强忧患意识，带领人民取得一次次斗争的胜利，归根到底是因为我们党在斗争中有了科学理论的指导，因此才能在斗争中认准对

[①]《习近平谈治国理政》（第四卷），外文出版社2022年版，第533页。
[②]《习近平关于防范风险挑战、应对突发事件论述摘编》，中央文献出版社2020年版，第221—222页。
[③]《发扬斗争精神增强斗争本领 为实现"两个一百年"奋斗目标而顽强奋斗》，载《人民日报》2019年9月4日。

正道前行
——中国式现代化的重大原则

象、研判形势，进而做到有的放矢、游刃有余。就此而言，要在新时代坚定斗争意志必须要在严格的思想淬炼中涵养斗争认知，即要加强对习近平新时代中国特色社会主义思想的学习，这主要由以下三方面原因所决定：其一，这一思想是马克思主义中国化最新理论成果，是在中国特色社会主义进入新时代的大背景下产生的，因而能够对新时代的伟大斗争起到理论指导的作用。其二，这一思想具有鲜明的问题意识，即一切从中国实际情况出发，不仅敢于正视和发现问题，更善于分析和解决问题，而新时代的伟大斗争本质上就在于发现并解决问题，两者具有高度的契合性。其三，这一思想始终坚守以人民为中心的价值立场，坚持为人民服务、为人民谋幸福，把实现人民利益、增进人民福祉作为努力奋斗的目标，因而能够为新时代中国式现代化伟大斗争指明前进方向。在学习重点上，党员干部应当熟练掌握贯穿于其中的马克思主义立场、观点和方法，特别是以人民为中心的价值立场、辩证唯物主义的世界观和方法论及坚持问题导向的鲜明风格，并从中汲取信仰的力量，树立新的斗争追求和精神境界。在学习方法和态度上，党员干部要持之以恒、坚持不懈地学，要原原本本、真真实实地学，要带着信念、感情和使命学，做到真懂真信真用。唯有如此，才能达到淬炼思想的真正目的，才能为推进中国式现代化新发展提供丰富的斗争认知。

在强化政治历练中激发斗争豪情。斗争豪情是坚定斗争意志的情感体现。中国共产党人之所以能够激发强烈的斗争共鸣，归根结底因为其政治属性决定了其斗争的目的并非是谋求私利，而是为民族与人民求福利，换言之，践行政治初心是共产党人百年来坚定斗争意志的目的追寻。一部马克思主义政党发展史，同时也是一部共产党人始终坚守无产阶级政治立场的历史。马克思恩格斯非常重视共产党员的政治立场问题。为此他们通过批判错误思潮、加强理论教育等方式，坚

第六章
坚持发扬斗争精神

定了无产阶级对共产主义的信念。中国共产党自成立以来，不仅继承了马克思主义政党重视政治问题的传统，还根据新形势进行了丰富和发展，形成了讲政治的优良传统和重要经验。如习近平总书记强调的，"共产党不讲政治还叫共产党吗？"[①]新时代以政治历练激发斗争豪情，第一，要从"三力"入手，不断提高中国共产党人的政治判断力、政治领悟力、政治执行力，使其善于从政治上看问题，善于把握政治大局。第二，要切实用好党内政治生活平台，通过增强党内政治生活的政治性、时代性、原则性、战斗性，使党员干部自觉加强政治历练，接受严格的党内政治生活淬炼。第三，要完善监督机制，确保政治历练过程不偏离提高政治能力这个方向，避免政治历练过程沦为走形式。如此，党员干部才能在树立坚定政治理想、淬炼较高政治觉悟的基础上，发扬敢为天下先的热血豪情，为新时代伟大斗争提供更强的精神动力。

在增强实践锻炼中坚定斗争意志。历史经验告诉我们，"一个政党，一个国家，一支队伍，如果失去了斗争意志，是非常可怕的，离危亡也就不远了。"[②]实践作为马克思首要的和基本的观点，在斗争意志的形成过程中具有决定性的作用。俗话说"实践出真知"，人们正是在不断的实践中才获得了斗争的见识和经验。如果离开了实践，那么这一切都将无从谈起。对此，习近平总书记指出："要坚持在重大斗争中磨砺，越是困难大、矛盾多的地方，越是形势严峻、情况复

---

① 《习近平关于严明党的纪律和规矩论述摘编》，中央文献出版社、中国方正出版社2016年版，第23页。

② 任仲文：《新时代党员干部如何发扬斗争精神》，人民日报出版社2020年版，第6页。

杂的时候，越能练胆魄、磨意志、长才干。"[1]由此可见，实践锻炼是夯实党员干部斗争意志的根本途径。党员干部应当自觉投入到新时代中国特色社会主义的伟大实践中去，"主动投身到各种斗争中去，在大是大非面前敢于亮剑，在矛盾冲突面前敢于迎难而上，在危机困难面前敢于挺身而出，在歪风邪气面前敢于坚决斗争"[2]。通过亲身的体验和感知不断提高自身对新时代伟大斗争的认识，进而达到坚定斗争意志、磨炼斗争本色的目标。除此之外，党组织也应当积极为党员干部提供实践锻炼的平台，通过让党员干部挂职、下派、蹲点、支援及交流等形式，不断使党员干部接受思想洗礼和实践磨炼。对此，习近平总书记强调，"要多选一些在重大斗争中经过磨砺的干部，同时要让没有实践经历的干部到重大斗争中去经受锻炼，在克难攻坚中增长胆识和才干。"[3]由是观之，在自我努力和党组织培养的双重作用下，党员干部必定能在伟大的实践中磨砺斗争品格、坚定斗争信念。

---

[1][2]《发扬斗争精神增强斗争本领 为实现"两个一百年"奋斗目标而顽强奋斗》，载《人民日报》2019年9月4日。

[3]《严把标准公正用人拓宽视野激励干部 造就忠诚干净担当的高素质干部队伍》，载《人民日报》2018年11月27日。

第二节

统筹发展与安全

斗争是一种客观存在的实践行为，统筹发展与安全作为实践层面的过程性展开内蕴着浓重的问题意识和解决问题的思路。新时代坚持发扬斗争精神要树立正确的大局观，要把握本质与全局，抓住主要矛盾与矛盾的主要方面。鉴于此，习近平总书记提出要"坚持统筹发展和安全，坚持发展和安全并重，实现高质量发展和高水平安全的良性互动"[1]，具体而言就是要准确把握当前的安全风险挑战，以总体国家安全观为思想武器，不断加强国家安全体系和能力建设，为中国式现代化伟大斗争提供坚实保障。

一、风险研判：明晰现代化国家安全形势

习近平总书记在2019年秋季学期中央党校（国家行政学院）中青年干部培训班开班式上指出："当前和今后一个时期，我国发展进

---

[1]《习近平外交思想学习纲要》，人民出版社、学习出版社2021年版，第62页。

入各种风险挑战不断积累甚至集中显露的时期。"[1]党的二十大报告也进一步强调："我国发展进入战略机遇和风险挑战并存、不确定难预料因素增多的时期，各种'黑天鹅'、'灰犀牛'事件随时可能发生。"[2]对此，高度重视并准确识别系列风险挑战，增强战略主动和忧患意识是统筹发展与安全这一斗争战的先手棋。

应当看到，"我们面临的重大风险，既包括国内的经济、政治、意识形态、社会风险以及来自自然界的风险，也包括国际经济、政治、军事风险等"[3]。从外部来看，当今世界正处在大发展大变革大调整时期，治理赤字、信任赤字、发展赤字、和平赤字有增无减，传统和非传统安全问题呈联动性、跨国性、多样性发展，全球动荡源和风险点显著增多，中国发展面临的外部风险和博弈前所未有。第一，政治上，单边主义和霸权主义肆意蔓延。美国作为当今世界唯一超级大国，凡事奉行美国优先原则，不断挑战现行国际政治经济秩序，导致现存国际规则体系受到严重冲击，致使推动世界多极化，维护公正合理的国际政治经济秩序面临巨大威胁。第二，经济上，贸易保护主义、经济霸凌主义、逆全球化趋势抬头，国际经贸规则制定呈现政治化、碎片化苗头。特别是美国等西方发达国家为维护既有利益，频频采取金融、科技、贸易等手段遏制新兴市场国家和发展中国家，不断挑起贸易摩擦，造成世界经济增长持续低迷，严重阻碍了全球产业链供应链价值链的有序重构，使中国在推动贸易和投资自由化便利化进程中遭遇严重挑战。第三，国际关系上，大国关系正在深刻调整，各

---

[1]《习近平关于防范风险挑战、应对突发事件论述摘编》，中央文献出版社2020年版，第21页。

[2]《中国共产党第二十次全国代表大会文件汇编》，人民出版社2022年版，第22页。

[3]《习近平谈治国理政》（第二卷），外文出版社2017年版，第81页。

第六章
坚持发扬斗争精神

国保守主义倾向愈演愈烈，既有较量又有借力的态势日益凸显，世界格局明显呈现动荡征兆。西方霸权主义者动辄诉诸武力或以武力相威胁，域外国家打着各种旗号插手域内国家和别国内部事务，造成地区局势紧张。尤其美国视中国为最大挑战，除动用政治、经济、军事手段遏制围堵和打压中国外，还无所不用其极地利用文化霸权，策划煽动冲突，矮化、丑化、妖魔化中国，渲染"中国威胁论"，严重危及我国国家安全。当然，不仅如此，在应对气候变化、防控传染性疾病、保障粮食安全和能源安全等方面的问题和挑战的不断出现，也给全球治理提出了新的课题。特别是乌克兰危机爆发与美西方对俄实施全面制裁进一步恶化了外部环境。作为最大的能源进口国，全球能源的供应短缺和价格波动无疑对我国能源安全形成了新的挑战。

从内部来看，我国面临的风险涉及政治、经济、社会、科技、党建等多个领域，具有复杂性、不确定性、严峻性等突出特征，对我国全面推进中国式现代化建设构成了严重威胁，必须予以高度警惕。在政治安全方面，政治方向迷失是极其危险的方向性错误。如一些党员不坚持中国共产党的领导，不坚持和发展中国特色社会主义极易给党和人民的事业带来巨大损失。在经济安全方面，发展不平衡不充分的突出问题尚未解决，经济新常态带来系列挑战。对此，习近平总书记强调："当前，金融风险易发高发，虽然系统性风险总体可控，但不良资产风险、流动性风险、债券违约风险、影子银行风险、外部冲击风险、房地产泡沫风险、政府债务风险、互联网金融风险等正在累积，金融市场上也乱象众生。"[①]在社会安全方面，我国城乡关系深刻变化、社会结构急剧变动，人民群众利益诉求多样，发展不平衡不

[①]《习近平关于防范风险挑战、应对突发事件论述摘编》，中央文献出版社2020年版，第58页。

充分使得我国经济社会发展与人民群众的期望之间还存在一定差距。与此同时，在就业、教育、社会保障、医药卫生、食品安全、安全生产、社会治安、住房市场调控等方面存在的不足与生态环保问题、民生保障短板、社会治理弱项相互交织，极可能激化社会矛盾，威胁社会稳定。在科技安全方面，创新能力不强，关键核心技术受制于人，科技储备不足的风险突出，特别在网络信息技术方面仍缺乏一定的自主可控能力。习近平总书记指出："从世界范围看，网络安全威胁和风险日益突出，并日益向政治、经济、文化、社会、生态、国防等领域传导渗透。特别是国家关键信息基础设施面临较大风险隐患，网络安全防控能力薄弱，难以有效应对国家级、有组织的高强度网络攻击。这对世界各国都是一个难题，我们当然也不例外。"[1]在党建安全方面，尽管党的十八大以来，党在理论与实践中不断建立和完善不敢腐、不能腐、不想腐的形态与机制且取得了显著成效，但党内仍然存在"四大危险"。一是精神懈怠危险，如一些党员干部缺乏理想信念，缺乏责任心和斗志，在精神上不思进取、贪图享受、安于现状、懈怠懒散。二是能力不足危险，如一些党员干部难以胜任所肩负的历史重任。三是脱离群众危险，如一些党员干部高高在上、不愿深入群众，背离党同人民群众密切联系的优良传统。四是消极腐败危险，如一些党员干部宗旨意识淡化、组织观念淡薄、纪律意识弱化、贪图虚名等。除此之外，更多领域的安全如生物领域的生物多样性丧失与疫情灾害问题、能源领域的能源绿色转型与能源安全的关系问题以及生态领域的生态保护和污染防治问题也要高度重视，不能掉以轻心。

总而言之，"图之于未萌，虑之于未有"，面对国际国内风险不断

---

[1]《习近平关于社会主义社会建设论述摘编》，中央文献出版社2017年版，第182页。

积累、交织形成系统性安全风险，只有坚持发扬斗争精神，以高瞻远瞩的目光谋篇布局，科学研判风险发展的联动效应，从思想和行动上做好防控系统性风险的充足准备，才能确保实现中国式现代化发展质量、结构、规模、速度、效益、安全相统一。

二、体系布局：推进国家安全体系现代化

除了防范风险的先手，也要有积极斗争的高招，新时代在法治轨道上全面建设社会主义现代化国家，须围绕体系建设这一顶层设计，推进国家安全体系现代化，不断铸牢维护国家安全的"盾"。在中央国家安全委员会第一次会议上，习近平总书记就提出要以总体国家安全观为思想武器"构建集政治安全、国土安全、军事安全、经济安全、文化安全、社会安全、科技安全、信息安全、生态安全、资源安全、核安全等于一体的国家安全体系"[1]。党的二十大报告强调，要聚焦推进国家安全体系和能力现代化的重点任务，构建系统完备、科学规范、运行有效的国家安全制度体系，筑牢中国式现代化建设国家安全制度屏障。

完善领导体制。党的二十大报告指出，"坚持党中央对国家安全工作的集中统一领导，完善高效权威的国家安全领导体制"[2]，是推进国家安全体系和能力现代化的最高原则和根本保证。长期以来，国家安全呈现全局性、动态性和复杂性等特征，必须要建立健全集中统

---

[1] 全国干部培训教材编审指导委员会组织编写：《全面践行总体国家安全观》，党建读物出版社、人民出版社2019年版，第7页。
[2] 《中国共产党第二十次全国代表大会文件汇编》，人民出版社2022年版，第44页。

一、高效权威的国家安全领导体制。2018年4月17日，十九届中央国家安全委员会第一次会议审议通过《党委（党组）国家安全责任制规定》，明确了各级党委（党组）维护国家安全的主体责任。2021年4月29日，党中央出台的《中国共产党领导国家安全工作条例》，再次从制度上强化了党对国家安全工作的绝对领导。进入新时代，由于国家安全风险的多样性、关联性、耦合性，在现实社会中存在许多看得见和看不见的"风险综合体"，高效整合多方应急力量和资源，通盘考虑国家安全领域的各类风险和不稳定因素，完善党委（党组）领导的国家安全工作责任制，进一步加强党对国家安全工作的领导尤为重要，有助于切实强化国家安全工作的统一性和权威性，发挥党的集中统一领导优势和"政治势能"，提升国家安全工作的统筹协调能力和动员能力。

强化国家安全工作协调机制。即在中央国家安全委员会统一决策部署国家安全工作的基础上，加强应急管理部、国家卫健委、平安中国建设协调小组等相关部门的协同配合，逐渐形成中央与地方之间、各部门之间、地区之间协同联动的国家安全工作协调机制。具体而言，要不断完善国家安全法治体系、战略体系、政策体系、风险监测预警体系、国家应急管理体系，完善重点领域安全保障体系和重要专项协调指挥体系（七大体系），强化经济、重大基础设施、金融、网络、数据、生物、资源、核、太空、海洋等安全保障体系建设。就完善国家安全法治体系、战略体系和政策体系、风险监测预警体系、国家应急管理体系而言，党的二十大明确将"完善国家安全法治体系"纳入国家安全体系大框架进行统筹部署，将"完善国家安全战略体系"作为推进国家安全体系和能力现代化的重要任务统筹把握，新时代进一步维护国家现代化安全，应在中央国家安全委员会的统一决策部署下，结合中国式现代化对维护总体国家安全的新要求，结合国家安全面临的新问题、新情况和新形势修订相应的制度法规，不断完善国家安全配套政策和工作机制，确保国家安全工作协调、顺畅、高效。就重点领域安全保障体系和重要专项协调指挥体系而言，应全面梳理和重点聚焦重点领域、重点地区、重点方向的国家安全立法工作，高度重视环境安全、太空安全、粮食安全、大数据安全、深海安全、海外利益安全等具有新兴战略意义领域的安全立法，着力保障国家安全体系制度化、科学性、有效性、可持续。

加快涉外法治工作战略布局，形成系统完备的涉外法律法规体系。党的二十大报告提出："要加快涉外法治工作战略布局，协调推进国内治理和国际治理。"[1]这是推进国家治理体系和治理能力现代化的内在要求。当前，涉外法律体系在推进中国式现代化建设中的分量更加突出、作用也更加重要，对此，习近平总书记强调："面对新一轮对外开放，涉外法治工作必须加强战略布局，占领制高点，掌握主动权。"[2]第一，要加强涉外领域立法，强化法治思维，不断完善涉外法律法规体系、涉外执法体系、涉外司法体系、涉外法律服务体系，综合利用立法、执法、司法等手段开展斗争，有效防范化解外部风险挑战。要丰富和完善涉外法律内容和形式，运用法治方式反制打压遏制，健全反制裁、反干涉、反"长臂管辖"机制，增强涉外法律体系的系统性，提升涉外执法司法的效能性，切实为高水平现代化发展保驾护航。第二，要增强国际规则制定话语权，建立良好的国际法治合作关系。一方面，要切实把握涉外法治建设的中心任务和主要任务，积极参与全球法律治理改革和国际规则制定，推动依法处理涉外

---

[1]《习近平谈治国理政》（第四卷），外文出版社2022年版，第296页。

[2] 习近平：《论坚持全面依法治国》，中央文献出版社2020年版，第257页。

经济、社会事务，推动参与进行气候、网络、公共卫生等国际新兴热点领域的条约谈判工作，不断增强我国在国际事务中的话语权和影响力。另一方面，要坚持统筹推进国内法治和涉外法治，深化司法领域国际合作，把拓展执法司法合作纳入双边或多边关系合作机制，进一步延伸已有国际联合执法合作的深度和广度以共同打击暴力恐怖势力、民族分裂势力、跨国有组织犯罪活动等。第三，要提高涉外法律斗争能力，不断拓展我国法律域外适用的能力和范围，构建贯通境内外，面向海外中国机构、企业和公民的全球法律服务平台，以更高的应对和解决各类涉外突发事件的能力维护国家主权、安全、发展利益，确保涉外法治体系和能力现代化走深走实。

完善国家安全力量布局，构建全域联动、立体高效的国家安全防护体系。所谓全域联动、立体高效，就是各个地方各个方面统筹协调，实现全要素全社会协同联动，形成共同维护公共安全效应。党的二十大报告提出，"统筹维护和塑造国家安全""提高公共安全治理水平""完善社会治理体系"，为完善国家安全力量布局和构建国家安全防护体系指明了方向。其中，在推动公共安全治理水平方面，一要坚持安全第一、预防为主，建立大安全大应急框架，完善公共安全体系，要加强信息化源头管控、精准化监测预警、动态化风险评估等制度机制建设，推动公共安全治理模式向事前预防转型。二要推进安全生产风险专项整治。完善和落实安全生产责任制，加强重点行业、重点领域安全监管，深入开展安全隐患排查整治，有效遏制重特大安全事故。三要强化食品药品安全监管，健全生物安全监管预警防控体系，全面提高国家生物安全治理能力。四要加强个人信息保护，完善个人信息保护立法和行政监督，增强公民个人信息保护意识，不断提升个人信息保护的技术能力。在完善社会治理体系方面，一要健全共建共治共享的社会治理制度，完善网格化管理、精细化服务、信息化支撑的基层治理平台，畅通规范群众诉求表达、利益协调、权益保障通道，逐步提升社会治理效能。二要加快推进市域社会治理现代化，充分发挥党的领导政治优势，统筹政府、社会、市场各方力量，完善市域社会治理的组织架构和组织方式，提高市域社会治理能力。三要强化社会治安整体防控，积极推进立体化信息化社会治安防控体系建设，大力推广社会面快速响应等机制，有效提升社会面掌控力。四要发展壮大群防群治力量，更好地广纳民智、广聚民力，建设人人有责、人人尽责、人人享有的社会治理共同体。国家安全防护体系作为实现治理体系和治理能力现代化的重要方面，必须切实筑牢，才能稳固中国式现代化的国家安全底板。

三、能力建设：推进国家安全能力现代化

国家安全现代化是中国式现代化的题中之义，当前和今后统揽新征程伟大斗争须切实增强维护国家安全能力。党的二十大报告明确提出，到2035年，社会保持长期稳定，国家安全体系和能力全面加强。要实现这一点，就要聚焦推进能力现代化的重点任务，强化塑造国家安全态势的能力，确保现代化建设各项部署要求落地见效。

坚定维护国家政权安全、制度安全、意识形态安全。习近平总书记指出："政治安全涉及国家主权、政权、制度和意识形态的稳固，是一个国家最根本的需求，是一切国家生存和发展的基础条件。"[1]进一步强调政治安全就是要坚持把政权安全、制度安全、意识形态安全放在首要位置，继而为现代化国家安全提供根本政治保证。第一，

---

[1] 全国干部培训教材编审指导委员会组织编写：《全面践行总体国家安全观》，党建读物出版社、人民出版社2019年版，第71页。

坚持维护政权安全。政权安全是推进国家安全能力现代化的基础性屏障。中国式现代化是中国共产党领导的社会主义现代化，新时代增强维护国家安全能力，首先在坚持党的领导地位和执政地位这个重大原则问题上，立场坚定，始终把握正确政治方向，坚守政治立场和政治原则，同一切危害党的领导地位和执政地位的错误行为作斗争，为中国式现代化发展奠定稳定的政权基础。第二，坚持维护制度安全。制度安全是标识总体国家安全的重要范畴，也是中国式现代化处于持续安全状态的保障。走好中国式现代化道路需坚持好、巩固好、完善好我国国家制度和国家治理体系，推动中国特色社会主义各方面制度更加成熟更加定型，使"中国之治"的制度优势在防范化解现代化政治领域重大风险中得以最大化彰显。第三，坚持维护意识形态安全。"意识形态关乎旗帜、关乎道路、关乎国家政治安全"[1]，维护意识形态安全就是要在深刻变动的现代化发展格局与思想动态中，自觉增强风险辨识意识和斗争精神，旗帜鲜明坚持马克思主义指导地位不动摇，着力防范和化解中国式现代化推进过程中的"去唯物论"风险、价值"两极论"风险、"非政治化"风险，坚决抵御西方敌对势力对我国的意识形态渗透，牢牢掌握意识形态风险防范的战略主动权、思想主导权。当然，除了坚定维护国家政权安全、制度安全、意识形态安全外，还要持续加大对维护国家安全所需的物质、技术、装备、人才、法律、机制等保障方面的能力建设，不断提升国家安全保障水平，以更好地适应中国式现代化国家安全工作。

加强重点领域安全能力建设。第一，确保粮食、能源资源、重要产业链供应链安全。保障国家粮食安全是实现经济发展、社会稳定、

---

[1]《习近平关于防范风险挑战、应对突发事件论述摘编》，中央文献出版社2020年版，第38页。

第六章
坚持发扬斗争精神

国家安全的重要基础，能源资源安全是关系国家经济社会发展的全局性、战略性问题，产业链供应链安全稳定是大国经济必须具备的重要特征。党的二十大报告强调指出，要推进国家安全体系和能力现代化，坚决维护国家安全和社会稳定。经济安全是国家安全的基础，确保粮食、能源资源、重要产业链供应链安全是维护经济安全的重要内容。就全方位夯实粮食安全根基而言，要坚决扛稳保障粮食安全重任，严格落实粮食安全党政同责，加大耕地保护和粮食安全责任制考核力度，牢牢守住18亿亩耕地红线。要加强用途管制，规范占补平衡，强化土地流转用途监管，积极利用农业科技和装备支撑持续抓好高标准农田建设，为推进中国式现代化提供坚实的粮食安全基础。就深入实施能源资源安全战略而言，要加强能源供应保障能力建设，一方面既要立足以煤为主的基本国情，统筹推进煤炭清洁高效开发利用，又要加快规划建设新型能源体系，因地制宜发展氢能、生物质能、地热能等可再生能源，推动能源清洁低碳高效利用。另一方面，要推进能源产供储销体系建设和能源安全监测预警能力建设，强化重要能源设施、能源网络、战略通道安全防护，做好能源资源安全保障，为中国式现代化发展提供所需的能源资源持续、可靠和有效供给。就提升产业链供应链韧性和安全水平而言，要努力实现科技自立自强，坚决打赢关键核心技术攻坚战，加快补齐在信息技术、工业制造、航空航天、海洋、生物医药、材料等领域的核心技术、关键基础材料方面的短板，尽快解决一批"卡脖子"问题。要加大基础研究投入，实施重点领域产业链供应链贯通工程，构建现代化基础设施体系，建立健全产业链供应链风险监测体系，着力提升产业链供应链稳定性和产业综合竞争力，为构建现代化产业体系、推动高质量发展提供坚实支撑。第二，加强海外安全保障能力建设，要健全科学、有效、全面的海外权益保障性体制机制，强化风险防范的硬、软件保障设施和涉外应急的资源、手段、能力建设，不断维护我国海洋权益和公民、法人在海外的合法权益，为中国式现代化实现高质量发展和高水平安全的良性互动建立更加安全、更为可靠的能力基础。

　　加强国家安全教育。党的二十大报告指出："全面加强国家安全教育，提高各级领导干部统筹发展和安全能力，增强全民国家安全意识和素养，筑牢国家安全人民防线。"[①]国家安全教育是推动国家安全工作全民参与的重要手段，加强国家安全教育，须多措并举、综合施策，以系统化方式有效推进。首先，要把总体国家安全观作为根本指导。总体国家安全观是国家安全教育的核心内容，必须深刻领会精神实质和基本要求，切实提高维护国家安全和社会稳定的自觉性、主动性和积极性。其次，要把学习贯彻国家安全法作为重点内容。国家安全法是我国第一部关于国家安全的专项法律，对国家安全的概念、国家安全工作的指导思想、领导体制、基本要求，维护国家安全的任务、职责、制度、保障等，做了全面规范，是维护国家安全和社会稳定的基本法律依据，也是国家安全教育的重点内容。在学习理解国家安全法的基础上，还应当结合学习国防法、网络安全法、反间谍法、军事设施保护法等相关法律法规，更深入、更全面地理解国家安全法的基本内容。再次，要把锻造忠诚纯洁可靠的国家安全干部队伍作为关键一环。干部特别是各级领导干部作为国家安全教育的关键少数，在国家安全教育中肩负表率作用，要积极以安全教育推动党员干部增强忧患意识、树立底线思维，进而自觉地统筹发展和安全两件大事，做到守土有责、守土负责、守土尽责。最后，要把增强全民国家安全

[①] 习近平：《高举中国特色社会主义伟大旗帜　为全面建设社会主义现代化国家而团结奋斗——在中国共产党第二十次全国代表大会上的报告》，人民出版社2022年版，第53—54页。

意识和素养作为基本要求。开展国家安全教育须在"全民"上下功夫、用气力，既要进一步丰富和完善国家安全教育的内容，建立集国家安全教育、国防教育、爱国主义教育为一体的内容体系，提高国家安全教育的科学性、规范性，也要进一步创新国家安全教育形式，探索运用信息化、智能化等现代高科技手段，提高国家安全教育的吸引力、感召力，不断通过深入细致的宣传教育，增强全民国家安全意识和素养，使维护国家安全和社会稳定成为人民群众的自觉行动。

第三节

依靠顽强斗争打开事业发展新天地

斗争是中国共产党人主观认识能动性与客观实践能动性的统一体现，蕴含着一以贯之的目标旨向。无论是作为价值追求的斗争意志，还是作为过程展开的统筹发展与安全，其最终都落脚到"依靠顽强斗争打开事业发展新天地"这一目标归宿上。习近平总书记指出，"中华民族伟大复兴，绝不是轻轻松松、敲锣打鼓就能实现的，实现伟大梦想，必须进行伟大斗争"[①]，具体而言就是以远大目标为统领，进一步夯实斗争理论、把握斗争方向、增强斗争本领，在凝聚斗争合力的基础上开创中国式现代化建设新局面。

一、夯实中国式现代化斗争的理论根基

坚持发扬斗争精神要把握科学规律，不断深化对斗争的认知。对此，习近平总书记强调，只有理论上坚定，政治上才能坚定，党性上才能坚定。新时代推进中国式现代化发展进程亟需中国共产党人把认

[①]《十九大以来重要文献选编》(中)，中央文献出版社2021年版，第654页。

第六章
坚持发扬斗争精神

真领悟马克思主义基本原理、学懂弄通习近平新时代中国特色社会主义思想、深入学习四史作为必修课，不断克服理论不足、本领恐慌等限制。

要在认真领悟马克思主义基本原理中夯实斗争理论基础。敢于斗争是马克思主义与生俱来的政治品格，马克思主义正是在同内外敌人的斗争中发展起来并最终成为无产阶级革命斗争的指导思想。事实上，作为一个重要的哲学概念，斗争既是马克思主义基本原理中的重要范畴，同时也是马克思主义政党实现自身历史使命的必由之路，具有普遍规律性。由此，只有从规律的高度分析和看待斗争，以马克思主义理论为指导，特别是以马克思主义实践论、矛盾论为基础，我们才不会陷入盲目斗争。长期以来，我们党始终坚持以马克思主义为指导，坚持从中国实际出发，自觉认识规律，科学把握规律，正确运用规律，带领人民探索中国式现代化方案，开辟中国式现代化道路伟大实践，创建中国式现代化的理论体系，形成人类文明新形态。经验证明，第一，正是因为深入学习马克思主义，始终坚定共产主义的理想信念，我们党领导的斗争才是正义的，党才能成为坚强的领导核心，成为进行伟大斗争的主心骨，从而带领人民合力抗击风险挑战。第二，正是以马克思主义为指导，始终坚持实事求是，我们党才能依据历史发展的规律去促成社会的变革与发展，才能在具体斗争工作中形成行之有效的策略和方案。第三，正是贯彻马克思主义科学原理，始终坚持人民立场，心怀民族复兴的历史使命，我们党才能充分发挥斗争的自觉性与能动性，弘扬斗争精神和牺牲精神，坚持有条件论但不"唯条件"论，以彻底的革命者和永远的先锋者姿态，与阻碍历史进步和社会发展的因素做斗争。总之，斗争精神是马克思主义自身所具有的独特的精神特质，新时代要在不断现实矛盾的斗争中实现奋斗目标，就要进一步学习马克思主义基本原理，学习辩证唯物主义和历史

正道前行
——中国式现代化的重大原则

唯物主义,不断把握社会规律。

在学懂弄通习近平新时代中国特色社会主义思想中夯实斗争理论功底。习近平新时代中国特色社会主义思想是21世纪马克思主义创新发展的典范,是党和国家必须长期坚持的指导思想,蕴含着无穷的斗争智慧、斗争规律和斗争方法。只有学懂弄通、做实悟透习近平新时代中国特色社会主义思想,才能获得科学方法,进而不断强身壮骨、增强斗争底气。党的十八大以来,以习近平同志为核心的党中央团结带领全党全国各族人民始终坚持敢于斗争,积极面对和解决外部环境变化带来的各种风险挑战、国内改革发展稳定方面存在的深层次矛盾和问题、管党治党中存在的党内消极腐败问题等,以伟大的历史主动精神、巨大的政治勇气、强烈的责任担当,投身党和国家事业发展一系列重大问题的斗争实践,提出了关于"斗争是什么"的思考、关于"为什么要斗争"的分析、关于"斗争谁"的洞察、关于"靠谁斗争"的把握以及关于"如何斗争"的规划,进一步阐明了新时代敢于斗争的思想意蕴,彰显了习近平新时代中国特色社会主义思想斗争性的鲜明品格。其中关于"什么是斗争",明确了斗争并不是简单的与谁斗争,或武力斗争,而是一个具有丰富内涵的阐述。随着时代发展、任务推进,斗争被不断赋予新的含义。关于"为什么斗争",习近平总书记强调指出,全面建设社会主义现代化国家新征程要经受风高浪急甚至惊涛骇浪的重大考验,要战胜风险挑战,没有斗争精神是不行的。关于"斗争谁",凸显了中国共产党的斗争是为了实现人民对美好生活的向往,故而一切阻碍人民幸福的风险挑战都是党斗争的对象。关于"靠谁斗争",即坚持依靠伟大的中国人民来斗争。长期以来,我们的斗争不是领导干部单打独斗,而是要紧紧依靠广大人民,坚持走群众路线,一切为了群众、一切依靠群众,从群众中来、到群众中去,不断夯实敢于斗争、善于斗争的群众基础。关于"如何

第六章
坚持发扬斗争精神

斗争",强调既要政治过硬,也要本领高强,这是因为进行具有许多新的历史特点的伟大斗争,既要发扬斗争精神,也要增强斗争本领。深入梳理和总结习近平关于斗争的系列论述,善于运用习近平新时代中国特色社会主义思想中蕴含的世界观和方法论分析和解决问题,才能不断夯实敢于斗争、善于斗争的思想根基,使斗争更有底气和力量。

在深入学习四史中夯实斗争理论底气。党和国家产生、发展、壮大各个时期、各个重大节点、各个重大历史事件等,都是处理重大矛盾和问题、与困难进行斗争的生动教科书,蕴含着丰富的历史经验。尤其是党的十八大以来,以习近平同志为核心的党中央深入推进全面从严治党、党风廉政建设和反腐败斗争,在全面深化改革、破除各种体制机制弊端,打赢脱贫攻坚战,打赢新冠肺炎疫情防控阻击战等斗争实践中显现出丰富的理论智慧。深刻把握这些颇具开创性的历史,就要从党的、社会主义发展的历史理论中感悟马克思主义的真理力量和实践力量,深化对四史理论一脉相承又与时俱进理论品质的认识,深化对科学理论指导伟大社会实践重要性的认识,既从知来路方面积累成功的斗争经验,又从明去路方面掌握高超的斗争方法。习近平总书记强调指出,要在党史"学习中激发信仰、获得启发、汲取力量,树立为祖国为人民永久奋斗、赤诚奉献的坚定理想"[①]。基于此,要进一步深化四史学习,就要采用多种教育方式,建立常态化长效化学习机制,以"经常性教育与集中性教育、大众化传播与分众化动员、理论性研讨与体验式教学、榜样示范与典型带动相结合"不断提高党员辩证思维能力,使其树立正确的历史观,进而准确把握历史发展的

[①] 《习近平新时代中国特色社会主义思想学生读本(大学)》,人民出版社2021年版,第225页。

主题主线、主流本质。如在"不忘初心、牢记使命"主题教育中,把学习党史、国史、改革开放史和社会主义发展史作为重要内容。在全党开展党史学习教育、在全社会进行"四史"宣传教育,学习《论中国共产党历史》《毛泽东邓小平江泽民胡锦涛关于中国共产党历史论述摘编》《习近平新时代中国特色社会主义思想学习问答》《中国共产党简史》等权威著作,不断以深厚历史和历史主动精神提振斗争意志,夯实共同推进中国式现代化强国斗争的理论基础。

二、把握中国式现代化斗争的政治方向

中国式现代化坚持发扬斗争精神,必须要有明确的斗争方向,否则便容易在斗争中迷失自我、迷失道路。对此,习近平总书记指出,"共产党人的斗争是有方向、有立场、有原则的,大方向就是坚持中国共产党领导和我国社会主义制度不动摇"[1]。

坚持中国共产党领导不动摇。中国共产党作为最高政治领导力量,对中国特色社会主义的发展起着核心的作用,它不仅是我们战胜困难的定海神针,也是我们赢得胜利、取得发展的根本保证。中国式现代化的发展历程无不证明这样一个道理,即如果没有中国共产党的领导,那也就没有中国今天这样的成就。换言之,"党的领导决定中国式现代化的根本性质,只有毫不动摇坚持党的领导,中国式现代化才能前景光明、繁荣兴盛;否则就会偏离航向、丧失灵魂,甚至犯颠

---

[1]《发扬斗争精神增强斗争本领 为实现"两个一百年"奋斗目标而顽强奋斗》,载《人民日报》2019年9月4日。

第六章　坚持发扬斗争精神

覆性错误。"[1]基于此,新时代推进中国式现代化,必须在党的领导下进行。原因有两方面,其一,推进中国式现代化是一个系统工程,需要统筹兼顾、系统谋划、整体推进,若没有党坚强有力的领导,没有党对事关斗争基本问题的宏观把握与顶层指导,那是不可能取得成功的。坚持中国共产党领导不动摇,就是要充分发挥党总揽全局、协调各方的领导作用,把党的领导落实到中国式现代化各领域各方面各环节,进一步提高党的政治领导力、思想引领力、群众组织力、社会号召力,确保我国社会主义现代化建设正确方向,确保中国式现代化拥有团结奋斗的坚强的政治基础、思想基础、群众基础、社会基础。其二,新时代中国式现代化斗争所指向的目标任务蕴含着鲜明的政治特性、人民旨向。除了人民群众的利益,中国共产党没有自身的特殊利益,正是这样的马克思主义政党,才能"维护人民根本利益,增进民生福祉,不断实现发展为了人民、发展依靠人民、发展成果由人民共享,让现代化建设成果更多更公平惠及全体人民"[2]。那么,如何在斗争中进一步坚持党的全面领导,一方面从党自身来说,要以刀刃向内、刮骨疗毒的决心解决自身问题,始终保证自身先进性、纯洁性、革命性、创造力、凝聚力、战斗力,另一方面从党员干部尤其是领导干部来说,要保持头脑清醒、立场坚定,坚决拥护党中央权威和集中统一领导,力求在复杂的斗争形势中掌握主动、廓清方向、赢得胜利。

坚持社会主义制度不动摇。坚持中国共产党的领导与坚持社会主

---

[1]《正确理解和大力推进中国式现代化》,载《人民日报》2023年2月8日。

[2]《中国共产党第二十次全国代表大会文件汇编》,人民出版社2022年版,第23页。

正道前行
——中国式现代化的重大原则

义制度在本质上是一致的,这是因为中国共产党的一个核心理念是实行社会主义制度。就此而言,新时代的伟大斗争要在党的领导下进行也就必然要求在斗争中坚持社会主义制度不动摇。这也就意味着,我们的斗争,并不是对社会主义制度的自我否定,也不是对社会主义制度的改弦易张,而是通过斗争来发现和解决社会主义发展进程中存在的问题,以期不断推进我国社会主义制度自我完善和发展,赋予社会主义新的生机活力。此外,我们所坚持的这些根本制度、基本制度和重要制度作为中国式现代化的制度保障,也是中国式现代化的显著制度优势,是中国式现代化保持社会主义性质、取得巨大成就的根本原因。因此,无论我们怎样进行斗争,也无论在何时进行斗争,都要坚持不能动摇的坚决不动摇,要真正发挥中国特色社会主义制度的独特优势。如果离开这些而抽象地谈论中国式现代化斗争,就偏离了正确的政治方向,而斗争也就失去了其本来的意义。习近平总书记认为,新时代的伟大斗争作为实现伟大梦想的重要一环,必须牢牢坚持社会主义的政治方向,因为这关系到我们走什么路、举什么旗的问题,在这一问题上,我们必须保持政治定力,而不能有丝毫的模糊和动摇。在此基础上,我们还要提高制度的执行度、规范力、引领力,通过"着力破解深层次体制机制障碍,不断彰显中国特色社会主义制度优势,不断增强社会主义现代化建设的动力和活力,把我国制度优势更好转化为国家治理效能"[①],充分保障中国式现代化斗争向更高目标协调推进。

[①]《中国共产党第二十次全国代表大会文件汇编》,人民出版社2022年版,第23页。

三、增强中国式现代化斗争的实践本领

实践本领既是干部历练成长的必经之路，也是进行中国式现代化伟大斗争的迫切需要。党的二十大报告强调，要"加强干部斗争精神和斗争本领养成，着力增强防风险、迎挑战、抗打压能力，带头担当作为，做到平常时候看得出来、关键时刻站得出来、危难关头豁得出来"[1]，进一步来看，就是要汲取斗争智慧、提升专业能力、健全制度保障以不断练就和彰显勇于斗争的奋斗姿态，使中国式现代化斗争更有信心、更有底气、更有保障。

汲取斗争智慧。新时代的伟大斗争不是有勇无谋的乱斗，也不是无凭无据的批斗，而是必须遵循一定的章法和规范。对此，习近平总书记在中央党校（国家行政学院）中青年干部培训班开班式上指出，"在各种重大斗争中，我们要坚持增强忧患意识和保持战略定力相统一、坚持战略判断和战术决断相统一、坚持斗争过程和斗争实效相统一"[2]，以不断强化斗争技能。第一，坚持增强忧患意识和保持战略定力相统一。在推进中国式现代化进程中，斗争无时不有、无处不在，面对这种日益复杂多变的局势，首先需要中国共产党人增强忧患意识，时刻绷紧风险预判这根弦，确保风险在可知可控的范围内。当然，增强忧患意识并不是要求党员干部时刻提心吊胆。相反，越是在复杂环境中越是要有坚定的战略定力。习近平总书记强调，只有始终

---

[1]《中国共产党第二十次全国代表大会文件汇编》，人民出版社2022年版，第55页。

[2]《习近平关于防范风险挑战、应对突发事件论述摘编》，中央文献出版社2020年版，第221页。

保持强大的战略定力，党和人民的伟大事业才会有希望，中国特色社会主义才能往正确方向前进。第二，坚持战略判断和战术决断相统一。如果说坚持忧患意识和保持战略定力是斗争技能必备的前提条件的话，那么进行战略判断和施行战术决断则是斗争技能的具体要求。在习近平总书记看来，做好战略判断的关键是要发挥好辩证唯物主义这个共产党人的看家本领，把握好诸多斗争中的"两点论"和"重点论"，从重点领域和主要方面着手，对斗争的局势有一个宏观认识。当然，新时代的伟大斗争不能仅停留在战略判断上。因此，一旦作出了科学的战略判断，就应当及时地制定出相应的战略战术，包括采取何种斗争形式、运用何种斗争策略等，做到果断出击，以时不我待的紧迫感投入到伟大的斗争中去。第三，坚持斗争过程和斗争实效相统一。一方面，党员干部要加强对斗争过程的研究和考察，特别是要弄清斗争的性质、斗争的覆盖面、斗争持续时间的长短、斗争的难易程度及斗争的发展趋势等问题。唯有如此，才能牢牢掌握斗争的主动权和领导权。另一方面，我们虽然强调注重过程，但最终是为目的、为结果服务的。也就是说，在开展中国式现代化的斗争实践中，更应当重视斗争所取得的效果，不能出现过程轰轰烈烈，而效果平平淡淡的现象。针对此，为了更好地增强斗争的实效性，习近平总书记提出了一系列富有成效的方针策略，即要坚持有理有利有节，具体而言就是要将马克思主义的立场、观点和方法贯穿其中，要把握好时、度、效的统一，要有计划、有步骤地进行；即要合理选择斗争方式、把握斗争火候，在原则问题上寸步不让，在策略问题上灵活机动。

提升斗争能力。新时代的伟大斗争是建立在专业能力基础之上的创造性实践。中国共产党作为党治国理政的中坚力量，党员干部尤其是领导干部作为新时代进行伟大斗争的"关键少数"既要政治过硬，也要本领高强，如此才能推进中国式现代化斗争取得伟大胜利。历史

第六章
坚持发扬斗争精神

充分证明，赢得斗争的胜利，不是靠坐而论道、空喊口号、不讲章法，而是靠专业思维、专业素养、专业方法等斗争本领来说话。事实上，中国式现代化斗争领域的不断拓展、斗争形势的日益复杂，均对党和党员干部的专业能力和综合素养提出了新的更高要求。在党的斗争本领方面，要"全面增强党的执政本领"，且从增强学习本领、政治领导本领、改革创新本领、科学发展本领、依法执政本领、群众工作本领、狠抓落实本领、驾驭风险本领等八个方面对全面增强执政本领进行了深刻阐述。在党员干部的专业能力方面，年轻干部要起而行之、勇挑重担，积极投身新时代中国特色社会主义伟大实践，经风雨、见世面，真刀真枪锤炼能力，以过硬本领展现作为、不辱使命。更进一步，要"加快知识更新、加强实践锻炼，使专业素养和工作能力跟上时代节拍，避免少知而迷、无知而乱，努力成为做好工作的行家里手"[①]。具体而言：一是要在实践中勇于担当作为。自觉强化责任意识和担当精神，发挥"关键少数"的示范引领作用，主动承担急难险重的任务，在改革发展的主战场攻坚克难，在科技攻关的最前沿奋力拼搏，在维护稳定的第一线履职尽责，努力在改革发展稳定的重大实践中砥砺品格、锤炼作风、提高本领，提升处理复杂问题、应对复杂局面的能力。二是要善于总结提炼实践经验。在重大斗争实践中积累形成的经验，蕴含着许多富有创造性的实践智慧和斗争方法，是丰富斗争历练、提高斗争本领的重要资源。要坚持"实践—认识—再实践"的原则，加强对重大斗争实践的归纳提炼，形成系统性、条理化、规律性的经验，为新时代党员干部坚持发扬斗争精神、增强斗争本领提供丰厚的历史滋养。三是要重视学习，善于学习，这是中国共

[①]《习近平关于全面从严治党论述摘编》，中央文献出版社2016年版，第142页。

产党独特的精神气质，是党员干部健康成长、提高素质、增强本领、不断进步的重要途径。无论是党还是党员干部都要有加强学习的紧迫感，要一刻不停地增强本领，以过硬的专业能力胜任中国式现代化斗争任务，推动现代化建设目标蓝图一步步变为现实。

健全制度保障。制度是确保斗争精神永不褪色、永不弱化、永不变质的关键，也是我们进行中国式现代化伟大斗争的底气。新征程以顽强斗争打开事业发展新天地，需要把引导机制、激励机制、监督机制有机融合在一起，不断创新完善制度保障，如此才能更好地激发中国共产党在伟大斗争中敢为、能为、有为，更好地发挥党员干部和人民群众的积极性、主动性和创造性，进而更强地凝聚中华民族的向心力。第一，要建立健全正确政绩观的引导机制。正确的政绩观是党员干部在实践中涵养斗争精神的前提，要引导他们以"功成不必在我，功成必定有我"的无私情怀投入轰轰烈烈的斗争实践中去，努力克服形式主义、官僚主义、痕迹主义等错误思想，既要做到勤于斗争，也要做到乐于斗争。第二，要建立健全实践的鼓励机制。具体而言就是要以完善担当作为的激励机制为抓手，保证斗争精神落实到行动中。党的十九届四中全会明确提出将完善担当作为的激励机制作为发扬斗争精神、增强斗争本领的重要方式，突出强调提升共产党人斗争精神与该机制的正向对应关系。特别是建立一线实践的鼓励机制，只有鼓励广大党员深入一线实践中动真碰硬，经受磨炼，才能真正提高他们的思想境界和工作能力，达到永葆斗争精神的目的。第三，构建监督机制。监督机制作为外在约束力，督促共产党人发扬斗争精神，是共产党人斗争精神落地生根的关键环节。一方面，相应的监督机制，给那些不能发扬斗争精神的共产党人以一定的制约力与威慑力。另一方面，监督机制的构建使共产党人斗争精神始终保持在正确的前进轨道上，防止有人打着斗争精神的旗号与名义违背共产党人的政治原则，搞无原则、无底线的错误斗争。

总而言之，坚持发扬斗争精神是系统工程，坚定斗争意志重在解决精神层面"敢不敢"斗争的问题，统筹发展与安全重在解决实践层面"会不会"斗争的问题，依靠顽强斗争取得事业发展新天地重在解决目标层面斗争能否实现的问题。深入探寻各层面斗争的强化路径，发挥各层面斗争积极性，统筹凝聚各层面斗争合力，是中国式现代化坚持发扬斗争精神的根本遵循。习近平总书记曾多次强调"越是艰险越向前"，在中国式现代化新征程时代号角的号召下，愈发需要以敢于斗争、善于斗争的意志、能力，奋力谱写中华民族伟大复兴更加绚丽的华章！

延伸阅读

高山不畏难，清渠映初心*

草王坝村，一个被层峦叠嶂的山峰掩映着的村庄，"山高石头多，出门就爬坡，一年四季苞谷沙，过年才有米汤喝……"这首流传已久的民谣，是对草王坝村的真实写照。因为缺水，当地只能种一些耐旱的苞谷。苞谷粒炒熟去皮再磨成粉，蒸熟后成了当地人餐桌上的主食，这种"苞沙饭"难以下咽，在喉咙口直打转转。与草王坝缺水的窘境相比，7公里外野彪村的马家河水量丰沛。如果能修一条水渠，把水引过来，就能解决全村的饮水和灌溉。

1958年，时年23岁的黄大发被推选为草王坝村大队长，上任后他下定决心，一定要为村民通上水，让大家吃上大米饭。在当地政府的支持下，年轻的黄大发率领群众扑在了水渠修建的第一线。然而，真正干起来，却远比想象难得多。草王坝与野彪村之间大山绝壁隔断，必须经过三座约300米高400米长的悬崖。没有修渠技术，测量就靠竖起几根竹竿用眼睛瞄。没有水泥，就直接糊上黄泥巴。但洪水一来，水渠又被冲垮，修修补补数载，大伙吃尽了苦头。尽管如此，黄大发从未想过放弃，通过不断学习技术、精准测绘，再次修渠。随着工程修建到最为险要的擦耳岩时，面对三四百米高的悬崖，黄大发第一个站出来，把绳子拴在大树上，再系到腰上，顺着石壁慢慢去寻找放炸药的合适位置，他说"共产党员怕牺牲能行吗？先烈们拿身体去堵枪眼，我们做事就要有这种精神"。

---

* 参见《"当代愚公"黄大发：绝壁天渠映初心》，新华社，2021年7月23日。编者对内容有所修改。

第六章
坚持发扬斗争精神

历时30余年,靠着锄头、钢钎、铁锤和双手,黄大发带领群众与荒山斗、与贫困斗,在绝壁上凿出一条总长9400米、跨3个村的"生命渠",引来汩汩清泉,造福了一方百姓。疾风知劲草,烈火见真金。敢不敢斗争、能不能斗争,是检验党员干部党性修养的"试金石"。习近平总书记指出:"年轻干部要自觉加强斗争历练,在斗争中学会斗争,在斗争中成长提高,努力成为敢于斗争、善于斗争的勇士。"

第七章

切实贯彻中国式现代化的重大原则

要守好中国式现代化的本和源、根和魂,毫不动摇坚持中国式现代化的中国特色、本质要求、重大原则,确保中国式现代化的正确方向。

党的二十大报告指出："从现在起，中国共产党的中心任务就是团结带领全国各族人民全面建成社会主义现代化强国、实现第二个百年奋斗目标，以中国式现代化全面推进中华民族伟大复兴。"[①]中国式现代化是一个涉及各方面、各领域的复杂工程，需要遵循能够关涉各领域、各方面的重大原则。对此，习近平总书记强调，前进道路上必须牢牢把握"坚持和加强党的全面领导""坚持中国特色社会主义道路""坚持以人民为中心的发展思想""坚持深化改革开放""坚持发扬斗争精神"的重大原则。这"五个重大原则"为推动全面建成社会主义现代化强国提供了科学指引和根本遵循。坚持这些原则并非纸上谈兵，而是要不折不扣地贯彻落实到各方面、各领域，充分发挥其在推进中国式现代化的实践中的作用。贯彻落实中国式现代化的重大原则，要系统把握中国式现代化的重大原则，将中国式现代化的重大原则贯彻落实到"五位一体"总布局中，贯彻落实到其他重要领域中。

---

① 习近平：《高举中国特色社会主义伟大旗帜　为全面建设社会主义现代化国家而团结奋斗——在中国共产党第二十次全国代表大会上的报告》，人民出版社2022年版，第21页。

第一节

系统把握中国式现代化的重大原则

"坚持和加强党的全面领导""坚持中国特色社会主义道路""坚持以人民为中心的发展思想""坚持深化改革开放""坚持发扬斗争精神"这"五个重大原则"内涵丰富、逻辑严密、结构严谨。系统把握中国式现代化的重大原则是贯彻落实中国式现代化重大原则的前提。只有正确、系统、科学地把握中国式现代化的重大原则,才能不断增强贯彻落实中国式现代化重大原则的理论自觉、政治自觉、行动自觉。中国式现代化的重大原则,分别明确了全面建设社会主义现代化国家的领导主体、路径选择、根本立场、活力源泉和精神气质,这些要素共同构成了一个有机整体。我们对此必须在整体上进行把握。

一、"坚持和加强党的全面领导"明确了全面建设社会主义现代化国家的领导主体

"坚持和加强党的全面领导"回答了全面建设社会主义现代化国家新征程中"谁领导"的问题。领导主体是一个国家、一个民族实现现代化的关键所在,也是一个国家、一个民族实现现代化的根本保证,"谁来领导"直接关系着现代化建设的前进方向、道路抉择和发

正道前行
——中国式现代化的重大原则

展模式。不同于西方现代化模式，中国式现代化是"最坚决的、始终起推动作用"的中国共产党领导的现代化，"党领导人民成功走出中国式现代化道路，创造了人类文明新形态"[1]。党的二十大报告指出："全面建设社会主义现代化国家、全面推进中华民族伟大复兴，关键在党。"[2]中国共产党领导是中国特色社会主义最本质的特征，是中国特色社会主义制度的最大优势，是党和国家的根本所在、命脉所在，是全国各族人民的利益所系、命运所系，是中国最大的国情。推进中国式现代化，必须毫不动摇地坚持和加强党的全面领导。作为领导主体，中国共产党的领导关系到完成全面建成社会主义现代化强国的艰巨任务、应对全面建成社会主义现代化强国面临的风险挑战、实现全面建设社会主义现代化国家的目标。

完成全面建成社会主义现代化强国的艰巨任务，必然要求坚持和加强党的全面领导。党的二十大报告指出："全面建设社会主义现代化国家，是一项伟大而艰巨的事业，前途光明，任重道远。"[3]全面建设社会主义现代化国家是中国式现代化的题中应有之义。坚持和加强党的全面领导，是中国式现代化最鲜明的特征和最突出的优势，是推进中国式现代化必须坚持的首要原则。"党的领导直接关系中国式

---

[1] 《中共中央关于党的百年奋斗重大成就和历史经验的决议》，人民出版社2021年版，第64页。

[2] 习近平：《高举中国特色社会主义伟大旗帜　为全面建设社会主义现代化国家而团结奋斗——在中国共产党第二十次全国代表大会上的报告》，人民出版社2022年版，第63页。

[3] 习近平：《高举中国特色社会主义伟大旗帜　为全面建设社会主义现代化国家而团结奋斗——在中国共产党第二十次全国代表大会上的报告》，人民出版社2022年版，第26页。

第七章
切实贯彻中国式现代化的重大原则

现代化的根本方向、前途命运、最终成败。"[①]在前进道路上，只有始终坚持和强化党的全面领导，我国的社会主义现代化建设才能保证正确方向，中国式现代化才能正确推进、稳步推进、科学推进，全面建设社会主义现代化国家的重大任务才能逐渐完成。

应对全面建成社会主义现代化强国面临的风险挑战，迫切需要坚持和加强党的全面领导。全面建成社会主义现代化国家，前途光明、任重道远，是一项伟大而艰巨的事业。前进道路上必然会遇到各种风险挑战甚至是惊涛骇浪。历史和现实都充分证明，党是中国人民的主心骨，党的全面领导是战胜一切风险挑战的"定海神针"。新中国成立特别是改革开放以来，我们遭遇过很多来自国际的、国内的、党内的困难挑战，但最终无一不在党的坚强领导下化险为夷、化危为机，中华民族伟大复兴进入不可逆转的历史进程。前进道路上，只要我们坚持和加强党的全面领导，就一定能凝聚全党全国各族人民的磅礴伟力，筑起防范化解各种风险挑战的铜墙铁壁，确保中国式现代化的巨轮乘风破浪、行稳致远。

实现全面建设社会主义现代化国家的目标，必须坚持和加强党的全面领导。为了实现全面建设社会主义现代化国家的目标，党的二十大报告将实现第二个百年奋斗目标的阶段、任务和路径进一步具体化。我们要清醒地看到，宏伟目标不会轻松实现，前进道路必然风雨兼程。越是接近目标，就越需要注意"行百里者半九十"，不断坚持和巩固党的领导地位和执政地位，把党的领导充分贯彻、落实和体现到社会主义现代化建设方方面面，使党始终成为全体人民最可靠的主心骨，确保全面建成社会主义现代化强国的宏伟目标顺利实现。

[①]《正确理解和大力推进中国式现代化》，载《人民日报》2023年2月8日。

二、"坚持中国特色社会主义道路"明确了全面建设社会主义现代化国家的路径选择

"坚持中国特色社会主义道路"回答了"以什么样的路径建设社会主义现代化国家"的问题，深刻揭示了中国特色社会主义道路与全面建设社会主义现代化国家的内在逻辑，庄严宣示了坚持和发展中国特色社会主义的强大定力和坚定决心。方向决定道路，道路决定命运。中国式现代化是社会主义性质的现代化，我们建设的现代化国家本质上是社会主义国家。中国特色社会主义道路，是创造人民美好生活、全面建设社会主义现代化国家、实现中华民族伟大复兴的必由之路。

从历史看，中国特色社会主义道路是中国现代化道路探索史的宝贵成果。实现现代化是近代以来中国必须回答的课题。近代以来，中国开展了太平天国运动、洋务运动、戊戌变法、义和团运动等一系列艰难求索，均以失败告终。究其原因，这些道路不以彻底的理论作为指导思想，也没有同中国发展进步的根本方向保持一致。中国共产党在吸收借鉴别国经验得失的基础上，依靠中国人民，历经艰辛，成功探索并开创、坚持和发展了中国特色社会主义道路。以毛泽东同志为主要代表的中国共产党人为中国特色社会主义的开创提供了宝贵经验、物质基础。以邓小平同志为主要代表的中国共产党人，深刻总结我国社会主义建设正反两方面经验教训，借鉴世界社会主义运动经验，坚持独立自主、自力更生走自己的路，成功开创了中国特色社会主义；以江泽民同志为主要代表的中国共产党人，在国内外形势复杂、世界社会主义出现严重曲折的严峻考验面前，成功捍卫了中国特色社会主义，把中国特色社会主义成功推向21世纪；以胡锦涛同志

第七章
切实贯彻中国式现代化的重大原则

为主要代表的中国共产党人,推动全面建设小康社会,成功在新的历史起点上坚持和发展中国特色社会主义。党的十八大以来,面对新的历史方位,以习近平同志为核心的党中央接续奋斗书写中国特色社会主义伟大篇章,迎来了实现中华民族伟大复兴的光明前景。中国特色社会主义是科学社会主义理论逻辑和中国社会发展历史逻辑的辩证统一,这条道路既坚持科学社会主义的基本原则,体现人类社会历史发展的必然趋势,又扎根中国具体实际,代表中国人民发展进步的根本方向。由此可见,中国特色社会主义道路是全面建设社会主义现代化国家的科学路径。

从现实看,中国特色社会主义道路是全面建设社会主义现代化国家的正确路径。道路的正确与否关系到现代化建设的兴衰成败。当前,很多发展中国家盲目移植西方现代化模式,导致了包括经济停滞、国家分裂、政治动荡、社会撕裂等一系列严重后果。在全面建设社会主义现代化国家的新征程上,中国面临新的使命任务、新的战略目标、新的重大考验,世情、国情、党情都发生了深刻变化,把握正确的方向、坚持正确的道路同样至关重要。如果我们的道路走歪了,中国的社会主义现代化建设就会迷失方向、误入歧途,甚至出现"颠覆性错误",中华民族伟大复兴也就不能实现。全面建设社会主义现代化国家是中国式现代化的重要组成部分,中国式现代化"深深植根于中华优秀传统文化,体现科学社会主义的先进本质,借鉴吸收一切人类优秀文明成果,代表人类文明进步的发展方向,展现了不同于西方现代化模式的新图景,是一种全新的人类文明形态"[1]。而中国特色社会主义不是简单套用马克思主义经典作家设想的模板,不是简单

---

[1]《正确理解和大力推进中国式现代化》,载《人民日报》2023年2月8日。

延续我国历史文化的母版，不是其他国家社会主义实践的再版，也不是国外现代化发展的翻版。因此，中国特色社会主义道路与中国式现代化具有高度耦合性。只有不困惑、不动摇、不畏难，始终坚持中国特色社会主义道路，才能够从容应对急流险滩，完成全面建设社会主义现代化国家、实现中华民族伟大复兴的重任。

三、"坚持以人民为中心的发展思想"明确了全面建设社会主义现代化国家的价值旨归

"坚持以人民为中心的发展思想"回答了"全面建设社会主义现代化国家为了谁"这一问题，彰显了全面建设社会主义现代化国家的价值旨归，是现代化建设中方向性、原则性、根本性的重大问题。一个国家和民族的现代化以什么作为价值旨归决定了其体现谁的意志、代表谁的利益。作为以马克思主义为根本指导思想、以中国共产党为核心领导力量的现代化，中国式现代化必然体现了人民性的鲜明品格。中国式现代化根本上是坚持人民至上、坚守人民立场、尊重人民主体地位的现代化。

为了谁，是检验现代化性质的"试金石"。西方的现代化模式虽然创造了比过去一切世代总和还要多的生产力，作出过历史性贡献，但它具有的"资本主义基因"却也使人走向异化。与西方的现代化模式不同，中国式现代化是以人民为中心的现代化，在发展归宿上以人民福祉为第一目标。中国式现代化立足人民根本利益，实现了现代性与人民性的内在统一，使现代化服务于人民，不断为人民谋幸福，满足人民对美好生活的向往，增强人民的获得感、幸福感、安全感。全面建设社会主义现代化国家囊括了各方面、各领域，就是为了推动社会的全面发展和人的自由而全面的发展。党的二十大报告指出，"江

第七章
切实贯彻中国式现代化的重大原则

山就是人民，人民就是江山。中国共产党领导人民打江山、守江山，守的是人民的心。"[1]奋进新征程，面向新未来，我们必须把坚持以人民为中心的发展思想作为推进中国式现代化必须牢牢把握的重大原则，坚定人民立场、尊重人民创造、集中人民智慧，依靠人民创造历史，坚定不移走共同富裕道路，不断满足人民群众对美好生活的需要，确保现代化建设成果更多更公平惠及全体人民。

四、"坚持深化改革开放"明确了全面建设社会主义现代化国家的动力之源

"坚持深化改革开放"回答了"现代化建设的动力是什么"的问题。中国式现代化是进行时而非完成时，不能以静止、孤立、僵化的眼光对待，必须打破本本主义，始终保持前进的旺盛活力和勃勃生机。改革开放是中国式现代化的鲜明标识，更是中国式现代化的动力之源。只有坚持改革开放，中国式现代化发展才能有强大动力，全面建成社会主义现代化国家的任务才能顺利实现。

坚持改革开放是扎实推进全面建设社会主义现代化国家进程的不竭动力。在看到中国式现代化取得历史性成就的同时，也要充分认识到继续推进中国式现代化面临着更深层次、更加复杂的难题。扎实推进全面建设社会主义现代化国家进程必须解决这些难题。比如，在高质量发展上，存在创新能力相对薄弱、产业结构不合理、新旧动能转换不畅等许多瓶颈；在扎实推进共同富裕上，收入分配差距依然偏

---

[1] 习近平：《高举中国特色社会主义伟大旗帜　为全面建设社会主义现代化国家而团结奋斗——在中国共产党第二十次全国代表大会上的报告》，人民出版社2022年版，第46页。

大、收入分配制度仍不完善、精神文明与文化普惠发展仍有短板；在意识形态领域，网络舆论乱象依然存在；在社会建设方面，就业、教育、医疗、居住、养老等还面临不少难题。全面建设社会主义现代化国家，就必须以更深层次的改革开放，打破僵化保守思想观念束缚，冲破惯有路径依赖禁锢，破除更深层次的体制机制障碍，清除复杂利益固化藩篱。只有坚持改革开放，不断改革不适应生产力要求的生产关系和不适应经济基础的上层建筑，大胆吸收借鉴人类社会创造的一切文明成果，才能进一步解放思想，解放和发展生产力，为全面建设社会主义现代化国家提供强大动力和坚实支撑。

改革开放是新征程上中国式现代化与世界交融互促的重要动力。"各个相互影响的活动范围在这个发展进程中越是扩大，各民族的原始封闭状态由于日益完善的生产方式、交往以及因交往而自然形成的不同民族之间的分工消灭得越是彻底，历史也就越是成为世界历史。"[1]对于中国而言，开放的大门不会关闭，中国的社会主义现代化建设与世界各国紧密相关、相互促进。中国式现代化就是在与各民族国家共生共融共进、互依互联互通中不断发展的，既通过引领时代潮流和人类前进方向深刻影响世界历史进程，也因为"各国人民是一个休戚与共的命运共同体"而被世界历史进程深刻影响。中国式现代化是世界历史的重要组成部分，在改革和开放的互促中不断发展进步是历史必然。只有坚持改革开放，统筹国际国内两个大局，利用好国际国内两个市场、两种资源、两类规则，才能更好把握战略机遇、化解风险挑战，不断夺取全面建设社会主义现代化国家新胜利。

---

[1]《马克思恩格斯文集》（第一卷），人民出版社2009年版，第540—541页。

第七章
切实贯彻中国式现代化的重大原则

五、"坚持发扬斗争精神"是全面建设社会主义现代化国家的精神状态

全面建设社会主义现代化国家是一项伟大而艰巨的事业，前进道路上充满各种风险挑战，极有可能要经受风高浪急甚至惊涛骇浪的重大考验。中国特色社会主义进入新时代，世界百年未有之大变局也在加速演进，需要应对的风险和挑战、需要解决的矛盾和问题比以往更加错综复杂。对此，习近平总书记指出："必须进行具有许多新的历史特点的伟大斗争。"[1]全党必须坚持发扬斗争精神，依靠顽强斗争打开党的事业发展新天地。

马克思主义矛盾论认为，事事有矛盾、时时有矛盾，社会发展的根本动力是矛盾，有矛盾就会有斗争。从这个意义上讲，推进和拓展中国式现代化，就是在旧矛盾不断解决、新矛盾不断产生中经过伟大斗争持续化解矛盾夺取发展胜利的过程。习近平总书记指出："没有一个国家、民族的现代化是顺顺当当实现的。"[2]虽然全面建设社会主义现代化国家前景光明，但过程必定艰难曲折。从国际看，世界经济复苏进程曲折，经济全球化遭遇逆流，冷战思维、强权政治阴魂不散，传统安全和非传统安全威胁层出不穷，恐怖主义、气候变化、重大传染性疾病等全球性挑战更加凸显。从国内看，发展不平衡不充分问题仍然突出，高质量发展短板弱项和薄弱环节仍然明显，结构性、体制性、周期性问题相互交织，经济社会发展矛盾错综复杂；从党内看，党面临的执政考验、改革开放考验、市场经济考验、外部环境考

---

[1]《习近平谈治国理政》（第四卷），外文出版社2022年版，第12页。
[2]《习近平谈治国理政》（第四卷），外文出版社2022年版，第59页。

验将长期存在，精神懈怠危险、能力不足危险、脱离群众危险、消极腐败危险将长期存在，党存在着大党独有难题。交互叠加的矛盾所形成的更大不稳定不确定性，加剧了全面建设社会主义现代化国家的艰难曲折，"我们面临的风险考验只会越来越复杂，甚至会遇到难以想象的惊涛骇浪。我们面临的各种斗争不是短期的而是长期的，至少要伴随我们实现第二个百年奋斗目标全过程。"[1]这就必须在全面建设社会主义现代化国家的实践中坚持斗争精神，保持斗争姿态，以斗争意志取代逃避意识，以迎难而上取代退缩却步，以主动迎战替代妥协退让，不断开辟中国式现代化的新境界。

总之，"五项重大原则"分别明确了新时代、新征程上全面建设社会主义现代化国家必须坚持的领导主体、必由之路、根本立场、活力源泉和精神气质，各项原则互相协调、相互配合，都在全面建设社会主义现代化国家的实践中扮演着重要角色，为推动全面建成社会主义现代化国家提供了科学指引和根本遵循。只有对这些原则进行整体性把握，才能为贯彻落实这些原则奠定坚实基础。

---

[1]《习近平关于防范风险挑战、应对突发事件论述摘编》，中央文献出版社2020年版，第21页。

第二节

在总体布局中贯彻落实
中国式现代化的重大原则

贯彻落实中国式现代化的重大原则，需要在各领域、各方面具体地贯彻。"五位一体"总体布局包括了经济建设、政治建设、文化建设、社会建设、生态建设这五大方面，是中国特色社会主义的战略布局，与"把我国建设成富强民主文明和谐美丽的社会主义现代化强国"[1]这一目标高度契合。从这个意义上看，统筹推进"五位一体"总体布局符合中国式现代化的题中应有之义。因此，中国式现代化的重大原则也必须要贯彻落实到"五位一体"总体布局中。

一、在经济建设中坚持中国式现代化的重大原则

发展是党执政兴国的第一要务。高质量发展是全面建设社会主义现代化国家的首要任务，实现高质量发展是中国式现代化的一大本质要求。我们必须坚持党对经济工作的集中统一领导，坚持中国特色社

---

[1]《十九大以来重要文献选编》（中），中央文献出版社2021年版，第262—263页。

会主义经济发展道路，坚持以人民为中心，坚持深化改革开放，坚持发扬斗争精神，确保高质量发展的实现，为全面建设社会主义现代化国家奠定坚实基础。

第一，坚持党对经济工作的集中统一领导。习近平总书记指出："中国特色社会主义有很多特点和特征，但最本质的特征是坚持中国共产党领导。加强党对经济工作的领导，全面提高党领导经济工作水平，是坚持民主集中制的必然要求，也是我们政治制度的优势。党是总揽全局、协调各方的，经济工作是中心工作，党的领导当然要在中心工作中得到充分体现，抓住了中心工作这个牛鼻子，其他工作就可以更好展开。"[①]具体而言，一是深入学习领会习近平经济思想。在新时代，习近平经济思想是我们开展经济工作的科学指导思想，我们必须要坚持以习近平经济思想指导经济建设实践。二是构建加强党对经济工作集中统一领导的体制机制。构建并完善党对经济工作集中统一领导的体制机制，有利于保障党充分领导经济工作。要构建并完善务实高效的统筹决策机制、各方联动的协调推进机制、坚强有力的督办落实机制，保障经济工作的顺利开展。三是提高党对经济工作集中统一领导的能力。习近平总书记指出："现在，经济形势变化很快，我们不熟悉、不知道的事情很多，要做好工作，就要深入调研、加强分析、加强学习、提高本领。"[②]要提高党领导经济工作的专业化能力和水平、党领导经济工作的法治化水平，补足开展经济工作的"能力短板"，克服推进经济建设的"本领恐慌"。

---

① 习近平：《论坚持党对一切工作的领导》，中央文献出版社2019年版，第6页。

② 习近平：《论坚持党对一切工作的领导》，中央文献出版社2019年版，第168页。

第七章
切实贯彻中国式现代化的重大原则

第二，坚持中国特色社会主义经济发展道路。中国特色社会主义经济发展道路是中国特色社会主义道路的核心组成部分，坚持中国特色社会主义经济发展道路，就是在经济领域坚持中国特色社会主义。中国特色社会主义经济发展道路在中国特色社会主义道路的基本规定性基础上，内涵还包括：坚持以经济建设为中心，解放生产力发展生产力的现代化建设道路；以社会主义市场经济为方向的经济改革道路；以创新、协调、绿色、开放、共享新发展理念为引领的经济高质量发展道路等。[①]中国必须坚定不移地沿着中国特色社会主义经济发展道路前进，保证中国经济方向不偏、道路不乱。今后，我们要坚持党对经济工作的领导不动摇，一如既往地重视经济工作，坚持社会主义基本经济制度，更好地发挥市场在资源配置中的决定性作用，更好地发挥政府的作用，坚持公平与效率的有机统一，实现高质量发展。

第三，坚持以人民为中心的发展思想。中国经济发展的根本立场就是人民至上。只有坚持以人民为中心，才会有正确的发展观、现代化观；只有坚持以人民为中心，才能从群众切身利益需要来审视经济工作，进而推动经济高质量发展。长期以来，正是中国共产党人一以贯之地坚持人民本位，不断发扬人民的主体性，中国的经济才能充满活力，中国的经济才能迅速发展、健康发展。今后做好中国的经济工作，仍然要坚持以人民为中心的发展思想。具体而言，一是做到发展为了人民。要坚持新发展理念，深化供给侧改革，推动经济高质量发展，把以人民为中心的思想贯穿在实践的全过程。既关注人民基本需要，又关注人民更高层次需要。二是发展依靠人民。唯物史观认为，人民是历史的创造者，是推动社会进步的决定性力量。要尊重人民首

[①] 逄锦聚：《在世界百年未有之大变局中坚持和发展中国特色社会主义经济发展道路》，载《经济研究参考》2020年第16期。

创精神，不断从人民群众中汲取发展经济的活力。三是做到发展成果由人民共享。人民不仅是物质精神财富的创造者，也是拥有者享受者，必须推动收入分配改革，全面推进乡村振兴，促进区域协调发展。

第四，坚持深化改革开放。习近平总书记指出："改革开放是决定当代中国命运的关键一招，也是决定实现'两个一百年'奋斗目标、实现中华民族伟大复兴的关键一招。"[①]改革开放是党和人民大踏步赶上时代的重要法宝，是应对发展环境深刻复杂变化的必然要求，是立足新发展阶段、贯彻新发展理念、构建新发展格局、推动高质量发展的必然选择。在全面建设社会主义现代化国家新征程上，要深入推动改革创新，坚定不移扩大开放。为此，一是准确把握深化改革开放的历史方位。党的十一届三中全会开启了改革开放和社会主义现代化建设历史新时期，开创了改革开放的伟大事业。党的十八届三中全会则提出全面深化改革，实现了改革由局部探索、破冰突围到系统集成、全面深化的转变，开创了我国改革开放的全新局面。全面建设社会主义现代化国家新征程上，要继续将深化改革开放作为应对变局、开拓新局的重要抓手。二是坚守深化改革开放的目标方向。牢牢把握改革开放的正确方向，根据党的二十大所设计的时间表、路线图，加快构建系统完备、科学规范、运行有效的制度体系。三是学好用好深化改革开放的正确方法。要更加稳妥处理好改革发展稳定的关系，增强全局意识和系统观念，增强底线思维和风险意识，不断完善推动高质量发展、建设现代化经济体系的体制机制，守住不发生系统性风险的底线。

[①]《习近平关于全面深化改革论述摘编》，中央文献出版社2014年版，第3页。

第五,坚持发扬斗争精神。全面建设社会主义现代化国家是一项伟大而艰巨的事业,前进道路上充满各种风险挑战,极有可能要经受风高浪急甚至惊涛骇浪的重大考验。要实现高质量发展,同样面临各种风险挑战。要以顽强的斗争精神推动中国经济高质量发展。一方面,要同外部挑战作斗争。世界百年未有之大变局与世纪疫情叠加,国际形势充满了不确定性,以美国为首的西方国家与中国多次发生贸易摩擦,对此,中国必须勇于斗争、善于斗争,确保中国经济能够抵御外部冲击。另一方面,要同内部挑战作斗争。在国内,中国经济发展需要"啃硬骨头",需要以强烈的斗争精神来打破各种不利于经济发展的制度梗阻。

二、在政治建设中贯彻中国式现代化的重大原则

就中国的社会主义政治建设而言,主要指的是发展社会主义民主政治。人民民主不仅是社会主义的生命,也是全面建设社会主义现代化国家的应有之义。"全过程人民民主"是中国共产党对社会主义民主政治的集中概括,是社会主义民主的本质属性。发展全过程人民民主是中国社会主义政治建设的主要内容,是中国式现代化的本质要求之一。因此,要在发展全过程人民民主的实践中贯彻中国式现代化的重大原则。

第一,把党的领导贯穿到全过程人民民主的各领域、各项制度、各个环节中。全过程人民民主不会自动发展,离不开一个代表中国最广大人民根本利益、领导国家政权、动员社会力量的强大政党去总揽全局和协调各方,这个政党就是中国共产党。作为我国最高政治领导力量,中国共产党指引正确方向、凝聚基本共识、动员人民参与、协调各种力量,发挥着总揽全局、协调各方的领导作用,在全过程人民

民主的运行中扮演着领导者的角色。发展全过程人民民主必须将党的领导嵌入全过程人民民主中。具体而言，一是将党的领导落实在全过程人民民主的经济、政治、社会、文化、生态文明等各领域，探索党在各领域领导全过程人民民主的具体路径。二是将党的领导落实到全过程人民民主的根本政治制度、基本政治制度、重要政治制度等各项制度中。全过程人民民主具有一定的制度载体，相应地，党的领导也要体现在根本政治制度、基本政治制度、重要政治制度中。三是将党的领导嵌入全过程人民民主的民主选举、民主协商、民主决策、民主管理、民主监督等各环节，推动各个环节之间的有效衔接。

第二，坚持中国特色社会主义政治发展道路。坚持中国特色社会主义政治发展道路，就是在政治领域坚持中国特色社会主义道路。新中国成立以来特别是改革开放以来，中国成功开辟和坚持了中国特色社会主义政治发展道路，保障亿万人民始终成为国家和社会的主人，确保中国政治生活既充满生机又平稳运行。走中国特色社会主义政治发展道路，关键在于"坚持党的领导、人民当家作主、依法治国有机统一"。习近平总书记指出："坚持党的领导、人民当家作主、依法治国有机统一。党的领导是人民当家作主和依法治国的根本保证，人民当家作主是社会主义民主政治的本质特征，依法治国是党领导人民治理国家的基本方式，三者统一于我国社会主义民主政治伟大实践。"[①]习近平总书记的这些重要论述，科学阐发了党的领导、人民当家作主、依法治国的辩证关系，指明了中国特色社会主义政治的方向。我们要在坚持党的领导的前提下，科学处理党的领导、人民当家作主、依法治国之间的关系，保证推进全过程人民民主不出现"颠覆性错误"。

[①]《论坚持全面依法治国》，中央文献出版社2020年版，第184页。

第三，坚持以人民为中心的价值旨归。人民是全过程人民民主的主体，发展全过程人民民主必须在国家政治生活和社会生活中为了人民、依靠人民，践行以人民为中心的价值取向。党领导人民发展全过程人民民主，就是支持和保证人民当家作主，把体现人民利益、反映人民愿望、维护人民权益、增进人民福祉贯彻落实到党治国理政的各领域、各环节。要健全民主制度，创新民主实践，保证人民在党的领导下通过各种途径和形式管理国家事务、管理经济文化事业、管理社会事务，保证人民平等参与、平等发展权利，发展更加广泛、更加充分、更加健全的全过程人民民主，充分体现全过程人民民主"最广泛、最真实、最管用"的特点。

第四，优化全过程人民民主，加强人类政治文明交流互鉴。发展全过程人民民主，推动社会主义政治建设的发展，同样需要坚持深化改革开放的原则。具体而言，一方面，要对全过程人民民主不断优化。对全过程人民民主的优化就是一种政治改革。全过程人民民主自然是高质量民主，但仍需不断优化以不断满足人民的需要。要加强人民当家作主制度保障，不断完善人民当家作主制度体系；全面发展协商民主；积极发展基层民主；巩固和发展最广泛的爱国统一战线。另一方面，要加强政治文明交流互鉴。政治文明交流互鉴就是在政治领域坚持开放。不同的政治文明构成了丰富多彩的人类政治文明百花园。正是由于文明交流互鉴，人类社会才能不断发展政治文明。各种政治文明之间的关系是平等的，要加强各种政治文明的交流互鉴，促进全过程人民民主的进一步发展，推动人类政治文明更加繁荣。需要指出的是，加强人类政治文明交流互鉴并不是盲目移植外国的政治文明形态，而是在坚持中国特色社会主义政治发展道路的前提下，对其他政治文明进行批判性吸收。

第五，在全过程人民民主的实践中发扬斗争精神。全过程人民民主的推进离不开斗争精神的弘扬。从外部看，西方的民主话语霸权仍未在根本上得到瓦解，西方仍在大肆鼓吹西式民主，对全过程人民民主的发展带来一定的挑战。从内部看，部分中国学者仍然没有跳出西方民主思维和研究范式，对西式民主仍然盲目迷信，这为全过程人民民主的发展带来一定的负面影响。为此，中国要不断深入推进全过程人民民主，释放全过程人民民主的效能，加强对全过程人民民主的宣传教育，继续提升国内对全过程人民民主的认同。此外，还要勇于挑战西方民主话语霸权，直面西方话语攻讦，有力回击西方关于民主的种种话语霸凌。

三、在文化建设中落实中国式现代化的重大原则

习近平总书记指出："中国共产党从成立之日起就把建设民族的科学的大众的中华民族新文化作为自己的使命，积极推动文化建设和文艺繁荣发展。"[①]中国共产党始终把文化和文化建设摆在重要位置，文化建设是"五位一体"总体布局的重要内容，也是全面建设社会主义现代化国家的必然要求。社会主义文化建设离不开对中国式现代化重大原则的贯彻落实。

第一，坚持中国共产党对社会主义文化建设的领导。坚持党管文化建设既是我们党的优良传统和政治优势，也是推进社会主义文化建设健康发展的根本保证。在革命、建设、改革各个历史时期，我们党一直都坚持对文化建设的领导，确定文化工作的纲领目标，为文化建设指明了正确的政治方向。在新时代新征程上，依然要坚持党对社会

[①] 习近平：《在中国文联十一大、中国作协十大开幕式上的讲话》，人民出版社2021年版，第2页。

主义文化建设的领导。一方面，确保马克思主义在文化建设中的指导地位。马克思主义是科学的方法论和世界观，更是立党立国的指导思想。中国特色社会主义文化建设离不开马克思主义科学的指导，必须要将马克思主义思想作为指导思想贯穿其中。需要指出的是，习近平新时代中国特色社会主义思想是当代中国马克思主义、二十一世纪马克思主义，是中华文化和中国精神的时代精华，实现了马克思主义中国化时代化新的飞跃，在全面建设社会主义现代化国家的新征程上，我们必须坚持以习近平新时代中国特色社会主义思想为指导。另一方面，不断加强文化领域的领导班子建设。实践证明，一项事业发展得好坏，关键在于领导干部。要打造一支政治方向正确、文化素养深厚、文化建设工作精通的领导干部队伍，在文化建设中发挥"关键少数"的作用。

第二，坚持中国特色社会主义文化发展道路。中国特色社会主义文化发展道路是中国特色社会主义道路的重要内容。党的十七届六中全会对中国特色社会主义文化发展道路作出了系统论述。归纳起来，这条道路坚持以马克思主义为指导，以为人民服务、为社会主义服务为方向，以百花齐放、百家争鸣为方针，以科学发展为主题，以建设社会主义核心价值体系为根本任务，以满足人民精神文化需求为出发点和落脚点，以改革创新为动力，以发展面向现代化、面向世界、面向未来的，民族的科学的大众的社会主义文化以及增强国家文化软实力、建设社会主义文化强国为战略目标，以提高全民族文明素质和培育有理想、有道德、有文化、有纪律的社会主义公民为基本目标。党的二十大报告也强调，"全面建设社会主义现代化国家，必须坚持中国特色社会主义文化发展道路"①。在新征程上，必须始终沿着中国特色社会主义文化发展道路，建设社会主义文化强国，发展中华民族现代文明。

第三，坚持以人民为中心的价值导向。社会主义文化建设就是要坚持人民至上。对此，一是明确社会主义文化建设为了人民。中国共产党全心全意为人民服务的宗旨，要求中国共产党必须站在人民立场上推进文化事业发展，深化马克思主义中国化的文化建构。二是社会主义文化建设依靠人民。习近平总书记指出："人民是历史的创造者，是时代的雕塑者。一切优秀文艺工作者的艺术生命都源于人民，一切优秀文艺创作都为了人民。"②文化建设必须紧紧依靠人民，从人民的实践中汲取文艺创作的灵感，以人民生活为文化建设源泉，以人民心声为文化建设主旨，以人民故事为文化建设题材。三是使文化发展成果惠及全体人民。党和政府要有力回应人民的精神文化需要，着力解决文化发展不平衡不充分的问题，加快文化领域供给侧结构性改革，建设覆盖城乡、便捷高效、保基本、促公平的现代公共文化服务体系。同时，努力解决文化"产业化""市场化"中的价值导向问题。文化产业不仅担负着文化创新的重任，而且还是传播主流价值观的渠道。要把社会效益放在首位，为人民提供文化精品。

第四，深化文化领域有关的制度改革，加强中外文化交流。在社会主义文化建设方面坚持深化改革开放的原则，具体体现为深化文化领域的有关制度改革，加强中外文化交流互鉴。一方面，要深化文化

---

① 习近平：《高举中国特色社会主义伟大旗帜　为全面建设社会主义现代化国家而团结奋斗——在中国共产党第二十次全国代表大会上的报告》，人民出版社2022年版，第42—43页。

② 习近平：《论党的宣传思想工作》，中央文献出版社2020年版，第264页。

领域的有关制度改革。要在坚持马克思主义在意识形态领域指导地位的根本制度的前提下，不断完善与文化建设相关的基本制度、重要制度。另一方面，要加强中外文化交流。"各美其美、美人之美"是文化的独特魅力。对于其他国家、其他民族的文化，要抱着包容理解的态度，海纳百川、博采众长、兼收并蓄，将中华文化传播到世界的每个角落，不断提升中国的文化软实力和国际竞争力。

第五，在社会主义文化建设中发扬斗争精神。开展社会主义文化建设是"破""立"并举的过程。不"破"则不"立"。这里的"破"指的是发扬斗争精神，"立"指的是发展社会主义先进文化、建设社会主义文化强国。开展社会主义文化建设面临很多挑战和干扰，如果不能妥善应对各种挑战，推进社会主义文化建设、建设社会主义文化强国则无从谈起。从国际环境看，以美国为首的西方国家加紧对中国进行意识形态渗透，不断输出西方文化，对中国的文化安全造成严重威胁。从国内环境看，历史虚无主义、民族虚无主义等错误思潮仍然拥有一定的市场，这些错误思潮对社会主义文化建设也带来了一定的干扰。只有发扬斗争精神，对外部的文化渗透和内部的错误思潮展开针锋相对的斗争，才能营造风清气正的舆论环境，为发展社会主义先进文化创造有利条件。

四、在社会建设中落实中国式现代化的重大原则

实现全体人民共同富裕属于社会建设的范畴，也是中国式现代化的一大本质要求，因此，社会主义社会建设要落实中国式现代化的重大原则。

第一，坚持并加强党的领导。党的领导是中国特色社会主义最本质的特征，也是中国特色社会主义制度的最大优势。新中国成立70

正道前行
——中国式现代化的重大原则

多年来，我们比较成功地解决了占世界五分之一人口的温饱问题，创造了世所罕见的经济快速发展和社会长期稳定的奇迹，社会建设取得辉煌成就。中国特色社会主义社会建设的最宝贵经验就是坚持党的领导。坚持并强化党的全面领导，也是新时代新征程上社会建设顺利推进的根本政治保证。要发挥党统揽全局、协调各方的作用，把改善民生、推动社会治理的各项工作纳入各级党委、政府重要议事日程，特别从完善党委对社会建设的领导机制、保障机制和工作机制等着手，提升治理能力，将我国国家根本制度和基本制度的巨大优势更好地转化为新时代社会建设的伟大力量。同时，还要处理好党委、政府、社会之间的关系，在党的领导前提下促进三者相互融合，形成推动中国特色社会主义社会建设的强大合力。

第二，探索基于国情的中国社会建设之路。中国共产党的性质是中国工人阶级的先锋队，也是中国人民和中华民族的先锋队。我国是工人阶级领导的、以工农联盟为基础的人民民主专政的社会主义国家。中国共产党的性质和中国的国体决定了我们开展社会建设必须坚持社会主义道路，必须遵循科学社会主义的基本原则。在新时代新征程上，中国必须在党的坚强领导下，致力于实现人的自由全面发展，不断推动社会公平正义，努力使人民群众的获得感、幸福感、安全感更加充实、更有保障、更可持续。同时，也要考虑到中国的具体实际，不能超越中国的发展阶段和发展水平。我国一直处于并将长期处于社会主义初级阶段，中国的发展仍然存在着不平衡、不充分的问题，我们要坚持从实际出发，收入提高必须建立在劳动生产率提高的基础上，福利水平的提高必须建立在经济和财力可持续增长的基础上。质言之，既要坚持科学社会主义的基本原则，以马克思主义为指导，不断推进社会建设，也要充分考虑到中国具体实际，量力而行、尽力而为，体现原则性与灵活性的有机统一，探索一条基于国情的中

第七章
切实贯彻中国式现代化的重大原则

国社会建设之路。

第三，坚持以人民为中心的发展思想。习近平总书记指出："人民对美好生活的向往就是我们的奋斗目标。"[①]社会建设要始终以人民为本位。要坚持在发展中保障和改善民生，鼓励共同奋斗创造美好生活，不断实现人民对美好生活的向往。我们要实现好、维护好、发展好最广大人民根本利益，深入群众、深入基层，采取更多惠民生、暖民心举措，着力解决好人民群众急难愁盼问题，健全基本公共服务体系，提高公共服务水平，提高均衡性和可及性，扎实推进共同富裕。特别是着力于解决收入分配、就业、社会保障、医疗等方面存在的问题，强化在公共服务中的公平正义，保证人民群众享受经济和社会建设的成果。与此同时，还要调动人民群众的积极性，动员广大群众参与社会治理，构建共建共治共享的社会治理新格局，鼓励人民群众为中国特色社会主义社会建设献计献策，使人民成为中国特色社会主义社会建设的受益者、参与者。

第四，优化有关制度，借鉴国外社会建设的经验。在社会建设方面坚持深化改革开放的原则，就是要对有关制度进行优化，借鉴国外社会建设的经验和技术。一方面，优化与社会建设相关的制度。要不断健全处理人民内部矛盾的体制机制使群众的利益诉求表达通道保持畅通；要继续完善收入分配制度，健全就业公共服务体系，健全社会保障体系，深化医药卫生体制改革，打破各种不利于社会建设的制度梗阻，为开展各项社会建设提供有力的制度保障。另一方面，借鉴世界先进的社会建设和社会治理的经验与技术，以开放的胸怀吸收学习其他国家开展社会建设的宝贵经验，积极运用世界最新技术成果赋能

[①]《十八大以来重要文献选编》（上），中央文献出版社2014年版，第471页。

社会建设。当然，需要注意的是，借鉴其他国家的社会建设经验不能背离社会主义道路，不能脱离中国社会建设所面临的实际，要做到以我为主、为我所用。

第五，以斗争精神推动社会建设。社会建设存在着很多难题，面临着很多矛盾，要迎难而上，全力战胜社会建设的各种困难，依靠斗争开创中国特色社会主义社会建设新局面。改革进入了深水区，社会建设同样进入了深水区，需要啃很多"硬骨头"。要正确处理人民内部矛盾，善于化解各种社会矛盾，将社会矛盾努力消灭在萌芽状态；要妥善处理政府与资本的关系，建立新型政商关系，坚持用好资本、发挥效能和规范发展、约束无序的辩证统一，促进资本与社会主义市场经济相适应，依法规范和引导资本健康发展，发挥其作为重要生产要素的积极作用，规制负面效应；要勇于以"壮士断腕"的姿态破除阻碍社会建设推进的利益藩篱，确保关系国计民生的领域能够满足人民的需要。

五、在生态文明建设中践行中国式现代化的重大原则

21世纪是生态文明的世纪，生态文明建设已经成为我国社会主义现代化建设兴衰成败的重要因素。党的十八大将生态文明纳入"五位一体"总体布局中。生态文明是中国特色社会主义事业的重要组成部分，符合中国式现代化的题中之义。中国式现代化是人与自然和谐共生的现代化，促进人与自然和谐共生是中国式现代化的本质要求，"美丽"是社会主义现代化强国的一个重要方面。因此，推进中国式现代化不能忽视生态文明建设，生态文明建设必须践行中国式现代化的重大原则。

第一，坚持并加强党对生态文明建设的领导。没有中国共产党对

第七章
切实贯彻中国式现代化的重大原则

生态文明建设的坚强领导，生态建设推进就无从谈起。要不断坚持并强化党对生态文明建设的领导，具体而言：一是加强政治领导。各级党委认真贯彻落实党中央决策部署，将生态文明建设工作当作一场持久战去统筹规划，科学把握生态文明建设的正确方向。二是加强思想领导。党的十八大以来，中国共产党形成了习近平生态文明思想，是新时代我国生态文明建设的根本遵循和行动指南。必须深入领会、贯彻、落实习近平生态文明思想，科学指导新时代中国特色社会主义生态文明建设实践。三是加强组织领导。要在生态文明领域的各类社团当中建立党的组织，用党建引领社团工作和社团发展，并通过组织各种党组织活动，努力提高党员的生态文明素养和生态文明建设能力，充分发挥他们在生态文明建设中的先锋模范作用。

第二，坚持中国特色社会主义的发展方向。生态文明的发展不能脱离中国特色社会主义的道路和方向。生态文明不仅是一个技术问题，也与政治、意识形态密切相关。一方面，中国特色社会主义生态文明建设需要遵循社会主义的方向。中国共产党是社会主义生态文明的领导核心，是我国生态文明建设的领导力量。造福人民是我国生态文明建设的价值取向，依靠人民群众是我国生态文明建设的工作路线。建设社会主义生态文明，是我国生态文明的社会主义制度规定和属性。另一方面，要充分考虑到中国的实际。中国特色社会主义生态文明建设不能盲目照搬他国的生态文明建设方案，必须建立在对中国的历史传统、现实要求、未来图景进行判断和分析的基础上。中国的特殊性使中国可以学习世界上任何一个国家的经验教训但是没有任何一个国家能够成为中国的榜样或者说理想范式。

第三，坚持以人民为中心的发展思想。生态文明建设是关系到民生的社会问题，开展中国特色社会主义生态文明建设必须一直坚持人民本位。为此，一是把人民的评判作为检验生态文明建设成效的依据。评估生态文明建设的效果，最终要看人民生存环境是否真正得到了改善。二是不断满足人民对美好生态环境的需要。随着人民群众物质文化生活水平不断提高，对生态环境的要求越来越高。可以说，新时代做好民生工作，不仅要创造更多物质财富和精神财富以满足人民日益增长的美好生活需要，也要提供更多优质生态产品以满足人民对美好生态环境的需要。三是发挥人民在生态文明建设中的主体作用。要充分调动和发挥全体人民的力量，使每一个人都成为生态文明建设的践行者和推动者。四是让全体人民共享生态建设成果。要推进美丽中国建设，坚持山水林田湖草沙一体化保护和系统治理，统筹产业结构调整、污染治理、生态保护、应对气候变化，协同推进降碳、减污、扩绿、增长，推进生态优先、节约集约、绿色低碳发展，更好满足当代人民群众的优美生态环境需要。

第四，坚持创新生态文明体制，以全球视野开展生态文明建设。对于生态文明建设而言，坚持、践行深化改革开放的原则指的是坚持创新生态文明体制，以全球视野开展生态文明建设。一方面，要优化、创新生态文明体制。鉴于我国生态文明体制存在着环境管理机构职权不够系统、环境管理的公众参与机制不完善、生态治理对象归属权模糊等问题，需要构建"产权清晰、多元参与、激励约束并重、系统完整的生态文明制度体系"[①]。另一方面，要以全球视野开展生态文明建设。习近平总书记指出："以全球视野加快推进生态文明建设，树立负责任大国形象，把绿色发展转化为新的综合国力、综合影

[①]《十九大以来重要文献选编》（上），中央文献出版社2019年版，第506页。

第七章 切实贯彻中国式现代化的重大原则

响力和国际竞争新优势。"[1]要加强与世界主要发达国家和相关发展中国家在新一轮科技、产业和能源技术革命的合作,积极参与和引领全球环境治理,在国际社会讲好生态文明建设的中国故事。

第五,在生态文明建设中发扬斗争精神。开展生态文明建设面临来自国内和国际的双重挑战。从国内看,一些与生态文明建设相关的体制机制在一定程度上制约了生态文明建设,一些制度梗阻、利益藩篱有待破除。从国际看,西方发达国家根据自身生态技术水平和环境承载能力,从自身利益出发制定国际生态环境标准,并强制发展中国家遵守执行,为中国等发展中国家的生态文明建设带来一定的干扰。为此,中国必须发扬斗争精神,坚持斗争原则,注意斗争策略,把握斗争艺术,坚持问题导向,直面各种难题,同阻碍国内环保工作开展的利益藩篱、制度梗阻作斗争,直面并回击西方国家对中国生态文明建设的挑战。

总之,发展中国特色社会主义事业,推进中国式现代化,都需要统筹"五位一体"总体布局。中国式现代化的重大原则是中国治国理政各方面、各领域都适用的原则,必须把中国式现代化的重大原则贯彻落实到治国理政的方方面面,特别是经济、政治、文化、社会、生态文明这五个方面,最终将我国建设成富强民主文明和谐美丽的社会主义现代化强国。

---

[1] 《十八大以来重要文献选编》(中),中央文献出版社2016年版,第502页。

正道前行
——中国式现代化的重大原则

📖 延伸阅读

党的二十大代表热议：以中国式现代化全面推进中华民族伟大复兴，牢牢把握重大原则，不断夺取全面建设社会主义现代化国家新胜利*

习近平总书记在党的二十大报告中指出："我国发展进入战略机遇和风险挑战并存、不确定难预料因素增多的时期，各种'黑天鹅'、'灰犀牛'事件随时可能发生。我们必须增强忧患意识，坚持底线思维，做到居安思危、未雨绸缪，准备经受风高浪急甚至惊涛骇浪的重大考验。"

报告阐明了前进道路上必须牢牢把握的重大原则：坚持和加强党的全面领导，坚持中国特色社会主义道路，坚持以人民为中心的发展思想，坚持深化改革开放，坚持发扬斗争精神。代表们纷纷表示，要牢牢把握重大原则，坚定信心、锐意进取，主动识变应变求变，主动防范化解风险，不断夺取全面建设社会主义现代化国家新胜利。

——听党话、跟党走，坚持和加强党的全面领导。

"新时代十年的伟大变革充分证明，党是风雨来袭时全体人民最可靠的主心骨。"湖北代表说，新征程上，要坚持和加强党的全面领导，坚决维护党中央权威和集中统一领导，把党的领导落实到党和国家事业各领域各方面各环节，在政治立场、政治方向、政治原则、政治道路上同以习近平同志为核心的党中央保持高度一致，使党始终成为中国特色社会主义事业的坚强领导核心。

---

* 参见《党的二十大代表热议——以中国式现代化全面推进中华民族伟大复兴》，载《人民日报》2022年10月21日。编者对内容有所修改。

第七章
切实贯彻中国式现代化的重大原则

——道不变、志不改，坚持中国特色社会主义道路。

"旗帜决定方向，道路决定命运。新时代十年的伟大变革充分说明，中国特色社会主义道路不仅走得对、走得通，而且走得稳、走得好。"安徽代表说，中国特色社会主义是实现中华民族伟大复兴的必由之路，"当前，世界百年未有之大变局加速演进，世界之变、时代之变、历史之变的特征更加明显。新征程上，我们要坚持在中国特色社会主义道路上实现现代化，把国家和民族发展放在自己力量的基点上，把中国发展进步的命运牢牢掌握在自己手中，把中国特色社会主义伟大事业不断推向前进。"

——惠民生、暖民心，坚持以人民为中心的发展思想。

"党的二十大报告提出'不断实现发展为了人民、发展依靠人民、发展成果由人民共享'，鼓舞人心、凝聚民心。"认真学习报告，陕西代表说，新征程上，要上下齐心、共同努力，想方设法解决好百姓急难愁盼问题，在发展中保障和改善民生，让现代化建设成果更多更公平惠及全体人民。

——增活力、拓空间，坚持深化改革开放。

改革开放是决定当代中国命运的关键一招，也是决定实现"两个一百年"奋斗目标、实现中华民族伟大复兴的关键一招。

广东代表认为，这些年，改革开放为广大民营企业发展注入了更多信心和活力，"随着改革不断推进，深层次体制机制障碍进一步破解，社会主义市场经济体制进一步成熟定型，民营经济还将走向更加广阔的舞台。"

——敢斗争、善斗争，坚持发扬斗争精神。

中国石化代表表示，我国作为发展中大国，要有效应对能源、

正道前行
——中国式现代化的重大原则

> 资源、粮食等国际大宗商品市场波动,就必须千方百计守住底线、掌握发展主动权,"在能源行业,我们要加强技术攻关,全力保障能源供应,把能源的饭碗牢牢端在自己手里。"

主要参考文献

[1] 中共中央马克思恩格斯列宁斯大林著作编译局编译.马克思恩格斯全集：第一卷［M］.北京：人民出版社，1995.

[2] 中共中央马克思恩格斯列宁斯大林著作编译局编译.马克思恩格斯全集：第二卷［M］.北京：人民出版社，1957.

[3] 中共中央马克思恩格斯列宁斯大林著作编译局编译.马克思恩格斯全集：第十卷［M］.北京：人民出版社，1998.

[4] 中共中央马克思恩格斯列宁斯大林著作编译局编译.马克思恩格斯全集：第十二卷［M］.北京：人民出版社，1962.

[5] 中共中央马克思恩格斯列宁斯大林著作编译局编译.马克思恩格斯全集：第二十九卷［M］.北京：人民出版社，2020.

[6] 中共中央马克思恩格斯列宁斯大林著作编译局编译.马克思恩格斯选集：第一卷［M］.北京：人民出版社，2012.

[7] 中共中央马克思恩格斯列宁斯大林著作编译局编译.马克思恩格斯选集：第四卷［M］.北京：人民出版社，2012.

[8] 中共中央马克思恩格斯列宁斯大林著作编译局编译.马克思恩格斯文集：第一卷［M］.北京：人民出版社，2009.

[9] 中共中央马克思恩格斯列宁斯大林著作编译局编译.马克思恩格斯文集：第二卷［M］.北京：人民出版社，2009.

[10] 中共中央马克思恩格斯列宁斯大林著作编译局编译.马克思恩

格斯文集：第三卷［M］.北京：人民出版社，2009.

［11］中共中央马克思恩格斯列宁斯大林著作编译局编译.马克思恩格斯文集：第五卷［M］.北京：人民出版社，2009.

［12］中共中央马克思恩格斯列宁斯大林著作编译局编译.马克思恩格斯文集：第九卷［M］.北京：人民出版社，2009.

［13］中共中央马克思恩格斯列宁斯大林著作编译局编译.马克思恩格斯文集：第十卷［M］.北京：人民出版社，2009.

［14］中共中央马克思恩格斯列宁斯大林著作编译局编译.列宁全集：第六卷［M］.北京：人民出版社，2013.

［15］中共中央马克思恩格斯列宁斯大林著作编译局编译.列宁全集：第八卷［M］.北京：人民出版社，2013.

［16］中共中央马克思恩格斯列宁斯大林著作编译局编译.列宁全集：第二十五卷［M］.北京：人民出版社，1958.

［17］中共中央马克思恩格斯列宁斯大林著作编译局编译.列宁全集：第三十二卷［M］.北京：人民出版社，1985.

［18］中共中央马克思恩格斯列宁斯大林著作编译局编译.列宁全集：第四十一卷［M］.北京：人民出版社，1986.

［19］中共中央马克思恩格斯列宁斯大林著作编译局编译.列宁全集：第四十二卷［M］.北京：人民出版社，1986.

［20］毛泽东选集：第二卷［M］.北京：人民出版社，1991.

［21］毛泽东选集：第三卷［M］.北京：人民出版社，1991.

［22］毛泽东选集：第四卷［M］.北京：人民出版社，1991.

［23］毛泽东文集：第三卷［M］.北京：人民出版社，1996.

［24］毛泽东文集：第七卷［M］.北京：人民出版社，1999.

［25］毛泽东文集：第八卷［M］.北京：人民出版社，1999.

［26］邓小平文选：第一卷［M］.北京：人民出版社，1994.

[27] 邓小平文选：第二卷［M］.北京：人民出版社，1994.

[28] 邓小平文选：第三卷［M］.北京：人民出版社，1993.

[29] 中共中央文献研究室编.邓小平年谱：1975—1997［M］.北京：中央文献出版社，2004.

[30] 江泽民文选：第一卷［M］.北京：人民出版社，2006.

[31] 江泽民文选：第二卷［M］.北京：人民出版社，2006.

[32] 江泽民文选：第三卷［M］.北京：人民出版社，2006.

[33] 胡锦涛文选：第一卷［M］.北京：人民出版社，2016.

[34] 胡锦涛文选：第二卷［M］.北京；人民出版社，2016.

[35] 胡锦涛文选：第三卷［M］.北京：人民出版社，2016.

[36] 习近平谈治国理政：第一卷［M］.北京：外文出版社，2014.

[37] 习近平谈治国理政：第二卷［M］.北京：外文出版社，2017.

[38] 习近平谈治国理政：第三卷［M］.北京：外文出版社，2020.

[39] 习近平谈治国理政：第四卷［M］.北京：外文出版社，2022.

[40] 习近平著作选读：第一卷［M］.北京：人民出版社，2023.

[41] 习近平著作选读：第一卷［M］.北京：人民出版社，2023.

[42] 中共中央文献研究室.建国以来重要文献选编：第十册［M］.北京：中央文献出版社，1994.

[43] 中共中央文献研究室.建国以来重要文献选编：第十九册［M］.北京：中央文献出版社，1994.

[44] 中共中央文献研究室.十三大以来重要文献选编：上［M］.北京：人民出版社，1991.

[45] 中共中央文献研究室.十八大以来重要文献选编：上［M］.北京：中央文献出版社，2014.

[46] 中共中央党史和文献研究院.十九大以来重要文献选编：上［M］.北京：中央文献出版社，2019.

[47] 中共中央党史和文献研究院.十九大以来重要文献选编：中[M].北京：中央文献出版社，2021.

[48] 中共中央党史和文献研究院.习近平关于中国特色大国外交论述摘编[M].北京：中央文献出版社，2020.

[49] 中共中央文献研究室.习近平关于社会主义经济建设论述摘编[M].北京：中央文献出版社，2017.

[50] 中共中央党史和文献研究院.习近平关于总体国家安全观论述摘编[M].北京：中央文献出版社，2018.

[51] 中共中央文献研究室编.习近平关于协调推进"四个全面"战略布局论述摘编[M].北京：中央文献出版社，2015.

[52] 中共中央党史和文献研究院.习近平关于防范风险挑战、应对突发事件论述摘编[M].北京：中央文献出版社，2020.

[53] 中共中央文献研究室.习近平关于全面深化改革论述摘编[M].北京：中央文献出版社，2014.

[54] 中共中央党史和文献研究院、中央"不忘初心、牢记使命"主题教育领导小组办公室.习近平关于"不忘初心、牢记使命"论述摘编[M].北京：党建读物出版社、中央文献出版社，2019.

[55] 中共中央文献研究室.毛泽东年谱（1949—1976）：第六卷[M].北京：中央文献出版社，2013.

[56] 建党以来重要文献选编（1921—1949）：第1册[M].北京：中央文献出版社，2011.

[57] 中国共产党第十九届中央委员会第四次全体会议文件汇编[M].北京：人民出版社，2019.

[58] 胡锦涛.高举中国特色社会主义伟大旗帜 为夺取全面建设小康社会新胜利而奋斗——在中国共产党第十七次全国代表大会上的报告[M].北京：人民出版社，2007.

[59] 习近平.高举中国特色社会主义伟大旗帜　为全面建设社会主义现代化国家而团结奋斗——在中国共产党第二十次全国代表大会上的报告［M］.北京：人民出版社，2022.

[60] 习近平.决胜全面建成小康社会夺取新时代中国特色社会主义伟大胜利——在中国共产党第十九次全国代表大会上的报告［M］.北京：人民出版社，2017.

[61] 中共中央关于党的百年奋斗重大成就和历史经验的决议［M］.北京：人民出版社，2021.

[62] 习近平关于全面从严治党论述摘编［M］.北京：中央文献出版社：2016.

[63] 习近平关于防范风险挑战、应对突发事件论述摘编［M］.北京：中央文献出版社，2020.

[64] 习近平关于严明党的纪律和规矩论述摘编［M］.北京：中央文献出版社、中国方正出版社，2016.

[65] 习近平关于中国特色大国外交论述摘编［M］.北京：中央文献出版社，2020.

[66] 习近平关于总体国家安全观论述摘编［M］.北京：中央文献出版社，2018.

[67] 习近平强军思想学习问答［M］.北京：解放军出版社、人民出版社，2022.

[68] 习近平外交思想学习纲要［M］.北京：人民出版社、学习出版社，2021.

[69] 中共中央宣传部.习近平新时代中国特色社会主义思想学习纲要［M］.北京：学习出版社、人民出版社，2023.

[70] 中共中央宣传部.习近平总书记系列重要讲话读本［M］.北京：人民出版社，2014.

[71] 习近平.论坚持党对一切工作的领导[M].北京：中央文献出版社，2019.

[72] 习近平.论中国共产党的历史[M].北京：中央文献出版社，2021.

[73] 习近平.论坚持全面深化改革[M].北京：中央文献出版社，2018.

[74] 习近平.论坚持人民当家作主[M].北京：中央文献出版社，2021.

[75] 习近平.论党的宣传思想工作[M].北京：中央文献出版社，2020.

后　记

党的二十大提出以中国化现代化全面推进中华民族伟大复兴，对中国式现代化理论做了全面阐述。中国式现代化的重大原则，是中国式现代化理论的重要方面，是中国式现代化实践的战略指引。浙江人民出版社出版现代化丛书，我应邀主持编写了这本著作。

这本著作是集体研究的结果，从确定书稿的大纲到书稿的撰写和修改，都是经过多次集体讨论，陶文昭对全书负总责。具体分工是，陶文昭导论，杨慧第一章，郑策第二章，杨建宇第三章，陈慧玲第四章，刘思杨第五章，王坤丽第六章，王前第七章。

书稿出版过程中，得到浙江人民出版社的大力支持，颜晓峰教授提出了指导性意见，特此表示感谢。本书所涉及的课题博大精深，由于各方面的原因，书稿难免存在一些不足和问题，还需要我们以后继续进行研究。

陶文昭

中国人民大学马克思主义学院